ANNA SAUERBREY

MACHTWECHSEL

Wie eine neue
Politikergeneration das
Land verändert

Rowohlt · Berlin

Originalausgabe
Veröffentlicht im Rowohlt · Berlin Verlag, Juni 2022
Copyright © 2022 by Rowohlt · Berlin Verlag GmbH, Berlin
Satz aus der Mercury bei Dörlemann Satz, Lemförde
Druck und Bindung CPI books GmbH, Leck, Germany
ISBN 978-3-7371-0144-8

Die Rowohlt Verlage haben sich zu einer nachhaltigen Buchproduktion
verpflichtet. Gemeinsam mit unseren Partnern und Lieferanten setzen
wir uns für eine klimaneutrale Buchproduktion ein, die den Erwerb von
Klimazertifikaten zur Kompensation des CO_2-Ausstoßes einschließt.
www.klimaneutralerverlag.de

MIX
Papier aus verantwor-
tungsvollen Quellen
FSC
www.fsc.org
FSC® C083411

Inhalt

Einleitung

Am Tag, nachdem der FDP-Politiker Thomas Kemmerich mit den Stimmen der AfD zum Ministerpräsidenten von Thüringen gewählt wurde, fährt Christian Lindner nach Erfurt. Er will, er soll, er muss Kemmerich zum Rücktritt bewegen. Thomas Kemmerich ist ein großer, kahlköpfiger Geschäftsmann, der gern Cowboystiefel trägt und aus DDR-Betrieben in Thüringen ein Friseurimperium aufgebaut hat. Im Wahlkampf plakatierte er: «Endlich eine Glatze, die in Geschichte aufgepasst hat.» Doch ihm fehlt offenbar ein Gespür für die Wucht des historischen Tabubruchs, den er begangen hat. Er tappte in eine Falle der AfD, als er kandidierte, und vollendete die Farce, indem er die Wahl annahm, inklusive Handschlag mit dem AfD-Rechtsaußen Björn Höcke im Plenum des Thüringer Landtags. Und auch Christian Lindner braucht etwa vierundzwanzig Stunden, um zu erkennen, dass Kemmerich nicht zu halten ist.

Lindner und Kemmerich treffen sich in der Erfurter Staatskanzlei, in jenem Büro, in dem noch wenige Tage zuvor der Ministerpräsident der Linken, Bodo Ramelow, residierte. Trotz des republikweiten Aufruhrs seit der Wahl am Vortag hatte irgendjemand Ruhe und Zeit, das Türschild auszutauschen, dort steht nun «Thomas Kemmerich». Vor der Staatskanzlei haben sich Demonstranten versammelt, sie sind bis in das Büro zu hören. Lindner und Kemmerich sprechen eine Stunde lang miteinander. Am

7

frühen Nachmittag teilen sie in getrennten Pressekonferenzen mit, dass Kemmerich auf das Amt des Ministerpräsidenten von Thüringen verzichtet.

Bei seiner Pressekonferenz in Erfurt sieht Christian Lindner etwas zerzaust und übernächtigt aus. Die Stunden seit Kemmerichs Wahl waren heftig, und Lindner hat schon einige heftige politische Tage erlebt, den Exodus seiner Partei aus dem Bundestag 2013 zum Beispiel oder jenen Tag, als er 2017 die Verhandlungen zur Jamaika-Koalition für gescheitert erklärte. Das «Thüringen-Beben», wie Zeitungen die Ereignisse schnell nennen, wird auch für ihn zu einer prägenden Erfahrung.

In diesen Tagen im Februar 2020 ringt die deutsche Politik um die Auslegung eines politischen Tabus, das da lautet: keine wie auch immer geartete Kooperation mit der zunehmend rechtsextremen AfD. Es geht um viel mehr als nur darum, wer Thüringen regiert. Populismusforscher sind sich einig: Der Ausschluss von rechtsextremen und rechtspopulistischen Parteien von exekutiver Verantwortung und die klare Abgrenzung der demokratischen Kräfte sind ungemein wichtig für die Stabilität liberaler Demokratien, in denen Extreme erstarkt sind. Bis zum Februar 2020 schien es in Deutschland auch unter den Parteien einen Konsens darüber zu geben. Mit der Wahl Kemmerichs wurde dieser Konsens plötzlich infrage gestellt.

In Thüringen sollte sich zeigen, wie die deutsche Demokratie und ihre Politikerinnen und Politiker mit dem neuen, komplizierter gewordenen Sechs-Parteien-System zurechtkommen. Das Wahlergebnis stellt die Parteien vor ein Dilemma. Bleibt es beim Ausschluss der AfD, werden CDU und Linke zur Zusammenarbeit oder ein anderes Bündnis in eine Minderheitsregierung gezwungen. In beiden Fällen würden die demokratischen Parteien Neuland betreten. Könnten sie sich zusammenraufen? Wäre die Polarisierung auszuhalten, das Bundesland auf diese Weise zu regieren?

Das Thüringen-Beben ist aber auch ein Schlüsselmoment für

Christian Lindner und die Generation, der er angehört. Es ist jene Generation, die in der deutschen Politik zukünftig die Weichen stellen wird. In den Ereignissen von Thüringen kulminieren politische und gesellschaftliche Entwicklungen, die sie geprägt haben, darunter eben auch die Zersplitterung des deutschen Parteiensystems und der Aufstieg populistischer Parteien. Diese Entwicklungen sind indirekte Folgen der Megatrends nicht nur in Lindners Erwachsenenleben, Folgen von Individualisierung, Globalisierung und Digitalisierung; Folgen all der inneren und äußeren Erschütterungen westlicher Demokratien in den zwanzig Jahren seit dem 11. September. Das Thüringen-Beben zeigt schlaglichtartig, wie kompliziert die Gesellschaft ist, der Lindners Generation und die Ampel-Regierung nun eine gigantische Transformation zumuten wollen: den klimaneutralen Umbau des Landes und seiner Wirtschaft bis 2045. Es zeigt auch, wie kompliziert das politische System geworden ist, das diese Transformation zuwege bringen muss.

Christian Lindner ist 1979 geboren und gehört damit zu einer Alterskohorte, die Soziologen die «Generation X» nennen – sie umfasst die Jahrgänge zwischen 1965 und 1980. Diese Generation übernimmt nun die Macht in vielen Schlüsselpositionen der Republik. Mit dem Umbruch von der Ära Merkel zur Ampel-Regierung geht also auch ein Generationenwechsel einher. Gen-X-Politikerinnen und -Politiker prägen das Ampel-Kabinett und die Staatssekretärsebene genauso wie die neue CDU-Spitze, auch wenn mit Friedrich Merz und Olaf Scholz «ganz oben» noch die Vorgängergeneration vertreten ist.

Doch was bedeutet das eigentlich? Ist diese neue politische Alterskohorte einfach nur jünger als ihre Vorgänger – oder tatsächlich anders? Wie sind sie aufgewachsen, was hat sie geprägt? Wie leben sie – und leben sie anders, als etwa Angela Merkel gelebt hat? Fühlen sie sich im Wortsinne als Zeit-Genossen, also als Generation mit verbindenden Gemeinsamkeiten? Welche Strategien haben sie entwickelt, um die Aufgaben ihrer Zeit zu bewältigen? Wie hat ihre Zeit sie geformt – und wie formen sie ihre Zeit?

Dieses Buch zeichnet ein Gruppenporträt der politischen Generation X. Es beruht auf Interviews mit zahlreichen Spitzenpolitikern und mit Menschen in ihrem Umfeld, zudem auf Beobachtungen im politischen Alltag der Hauptstadt aus meiner Arbeit als Journalistin. Zum einen sollen die wichtigsten Politikerinnen und Politiker vorgestellt werden, jene Personen, die mutmaßlich die zwanziger Jahre des 21. Jahrhunderts prägen werden. Zum anderen geht es darum herauszuarbeiten, was sie gemeinsam haben, was sie verbindet. Ist Ihnen zum Beispiel schon einmal aufgefallen, wie viele junge Politiker weiße Sneaker tragen? (Auch diese Sneaker haben, wie sich herausstellen wird, eine Bedeutung.) Das Buch soll zeigen, wie die Politiker der neuen Generation denken und arbeiten, wie sie mit den Herausforderungen unserer Zeit umgehen und was das wiederum für das politische System und die gesellschaftliche Entwicklung in Deutschland bedeuten könnte.

Die Ampel-Koalition ist im Herbst 2021 mit großem Trommelwirbel angetreten. Eine Gruppe von Vierzig- bis Fünfzigjährigen unter der Leitung eines etwas älteren Kanzlers macht sich daran, das Land zu verändern. Die Rede ist von einer «Jahrhundertreform» und nicht nur von einer – einer Nachhaltigkeitsjahrhundertreform der Wirtschaft und der Sozialsysteme, einer Modernisierungsjahrhundertreform des Staates. Olaf Scholz betonte im Wahlkampf stets, man stehe vor der «größten Transformation unserer Industrie und Ökonomie seit mindestens hundert Jahren». Und das ist nicht einmal falsch.

Bei Erscheinen dieses Buches ist die Ampel-Koalition noch kein halbes Jahr im Amt. Ob und wie sie diese Herausforderung bewältigt, ist noch nicht absehbar. Aber wir können uns anschauen, mit welchem Weltbild, welchem Selbstbild, mit welchen Erfahrungen und Prägungen diese Generation die «große Transformation» angeht – um sie dann spätestens 2025 an ihren eigenen Ansprüchen zu messen.

TEIL I

Generationenwechsel.
Was die Neuen in Berlin
prägt und antreibt

1 Zeit-Genossen. Die Entstehung einer Generation und der Rhythmus der Geschichte

Niemand weiß mehr so ganz genau, wie die Schotten nach Peine kamen. Eine Familie aus Peine war einmal im Urlaub in Schottland, glaubt Hubertus Heil sich zu erinnern, und kam so begeistert zurück, dass sie einen schottischen Musikverein gründete. Ja, das könnte der Anfang gewesen sein. Oder war es anders?

Jedenfalls stehen jetzt drei Männer am Strand eines niedersächsischen Baggersees, in Heils Wahlkreis Gifhorn – Peine, auf halbem Weg zwischen Hannover und Wolfsburg. Sie haben einen Dudelsack und zwei Trommeln mitgebracht, einer trägt einen Schottenrock, sie spielen auf.

Es ist der Samstagabend vor der Bundestagswahl 2021. In zwölf Stunden öffnen die Wahllokale. Ein schöner Spätsommertag endet. Die Sonne geht über dem See unter, die Dudelsackklänge wabern über das Wasser und übertönen für einen Moment das leise, ferne Rauschen der A2, die verborgen hinter der Böschung am anderen Ufer liegt. Ganz langsam kriecht Kühle vom Wasser her unter die Kleidung.

Nicht weit entfernt, in einem Partyzelt neben dem Strandrestaurant, feiern Freunde, Mitarbeiter, Kommunalpolitiker und die Familie von Hubertus Heil den Wahlkampfabschluss. Den ganzen Tag über sind sie noch einmal im Wahlkreis von Haustür zu Haustür gegangen, haben Rosen verschenkt und die Peiner gebeten, am Sonntag an die Urne zu gehen. Jetzt wird gegrillt und getrunken, man erzählt sich die alten Geschichten. Weißt du noch, damals, 2005, als Gerhard Schröder die Vertrauensfrage stellte und es Neuwahlen gab? Wie wir zu Holz-Kiessling gefahren sind und uns selbst einen «Wesselmann» gezimmert haben? Geld, um einen dieser großen Plakataufsteller zu mieten, gab's ja keins. Verrückt war das.

Hubertus Heil ist für einen Moment ans Wasser hinuntergegangen, um die Musiker zu begrüßen. Nun steht er mit einigen anderen Gästen in der Dämmerung und hört zu, ein Glas Härke in der Hand. Das Bier wird noch in Peine gebraut, auch wenn die kleine Brauerei mittlerweile von einer größeren aus der Region aufgekauft worden ist. Das Gelächter und das Stimmengewirr klingen wie aus weiter Ferne herunter an den Strand. Die Stimmung im Partyzelt ist angespannt und gelöst zugleich. Nie in den vergangenen Jahren stand die deutsche Sozialdemokratie am Abend vor der Wahl so gut da. In den letzten Umfragen lag die SPD zwei bis vier Prozentpunkte vor der Union. Gleichzeitig ist die Angst vor einer Enttäuschung riesengroß. So viel Hoffnung war in der SPD lange nicht – und lange nicht so viel Angst zu verlieren.

Heil wirkt auf den ersten Blick weder angespannt noch gelöst. Als SPD-Generalsekretär, der er von 2005 bis 2009 war und dann noch einmal kurz im Wahlkampf von Martin Schulz im Jahr 2017, konnte er scharf sein. Es hat ihn einige Mühe gekostet, sich das wieder abzugewöhnen. Heute strahlt er meist eine beinahe gemütliche Souveränität aus, auch jetzt. Seit 2018 ist er Bundesminister für Arbeit und Soziales. Er wird es nach der Wahl auch bleiben. An diesem Abend an der ehemaligen Kiesgrube aber scheint die Frage seiner politischen Zukunft genauso weit und offen wie der dämmrig leuchtende Spätsommerhimmel. Wird die SPD den Kanzler stellen? Und wenn ja, wird Heil dann wieder

Minister? Er kramt ein Päckchen Zigaretten aus der Tasche und zündet sich eine an. Fest steht nur: Dieser Abend bedeutet Ende und Aufbruch zugleich – für Heil persönlich, für seine Partei, für das Land.

Am 26. September 2021 haben die Deutschen einen neuen Bundestag gewählt. Nach sechzehn Jahren endete die Ära Merkel, ein Generationenwechsel stand an. Viele der «Babyboomer», Politikerinnen und Politiker der Jahrgänge 1946 bis 1964, traten nicht mehr an oder zogen sich zurück. Angela Merkel selbst natürlich, sie ist 1954 geboren. Kurz nach der Wahl – das konnte Heil an dem beschriebenen Abend natürlich noch nicht wissen – verzichteten die bisherige Verteidigungsministerin Annegret Kramp-Karrenbauer (geboren 1962) und der bisherige Kanzleramtsminister Peter Altmaier (Jahrgang 1958) auf ihre Bundestagsmandate, damit zwei jüngere saarländische CDU-Abgeordnete, Nadine Schön und Markus Uhl, nachrücken konnten. Bundesinnenminister Horst Seehofer, Jahrgang 1949, zog sich zurück, auch Entwicklungsminister Gerd Müller, Jahrgang 1955. Vor allem der Bundestag und dort besonders die Fraktionen von SPD und Grünen wurden durch die Wahl deutlich jünger. Mit der Bundestagswahl 2021 begann die Phase, in der die Babyboomer die politische Bühne räumen. Die politische Generation Angela Merkel nimmt nach und nach Abschied.

Heils Alterskohorte rückt nach und auf. Außenministerin Annalena Baerbock ist 1980 geboren, ebenso wie Familienministerin Anne Spiegel. Der Finanzminister und FDP-Vorsitzende Christian Lindner ist Jahrgang 1979, Arbeitsminister Hubertus Heil ist Jahrgang 1972, Justizminister Marco Buschmann Jahrgang 1977, der Ostbeauftragte der Bundesregierung Carsten Schneider Jahrgang 1976. Auch Nancy Faeser (1970), Bettina Stark-Watzinger (1968), Volker Wissing (1970), Robert Habeck (1969), Wolfgang Schmidt (1970) und Cem Özdemir (1965) könnte man noch dazuzählen. Die Spitzen der Parteien und der Bundestagsfraktionen haben sich nach der Wahl 2021 ebenfalls verjüngt. Der CDU-Generalsekretär Mario Czaja ist Jahrgang 1975, seine Stellvertreterin Christina Stumpp Jahrgang 1987. Der SPD-Ko-Parteivorsitzende Lars Klingbeil wurde 1978 geboren, SPD-Generalsekretär Kevin Kühnert ist noch jünger, Jahrgang 1989, Ricarda Lang, Vorsitzende der Grünen, ist Jahrgang 1994, ihr Mit-Vorsitzender Omid Nouripour ist Jahrgang 1975 und FDP-Generalsekretär Bijan Djir-Sarai ist Jahrgang 1976. Die Liste ließe sich fortsetzen, nicht zuletzt auf Ebene der Staatssekretärinnen und -sekretäre.

Diese Generation wird in der Generationenforschung, wie schon erwähnt, als «Generation X» bezeichnet, sie umfasst all jene, die zwischen 1965 und 1980 geboren sind. Vor allem im Bundestag ist seit der Wahl auch die Nachfolgegeneration von Heils Kohorte, die «Generation Y» («Millennials»), stärker vertreten, die Jahrgänge 1981 bis 1996. Und auch die «Gen Z» («Zoomer») der Jahrgänge 1997 bis 2010 tritt zum ersten Mal in relevanter Stärke in Berlin an.

Die Ampel-Regierung versteht sich als Regierung des Fortschritts. Der Generationenwechsel, die Repräsentation von Jüngeren, ist ein wichtiges Element dieses Narrativs. Aber ist er tatsächlich bedeutsam? Sind Generationenwechsel in der Politik wichtig? Was macht denn die Generation X aus, die nun die Macht von den «Babyboomern» übernimmt?

Die Generationenfolge, der Wechsel von einer Generation zur nächsten, galt und gilt in der Sozial- und Geschichtswissenschaft als eine Möglichkeit, die «Rhythmik» der Geschichte zu erkennen und sie zu erklären, wie der Soziologe Karl Mannheim 1928 in «Das Problem der Generationen» schrieb.[1] Mannheims Aufsatz ist auf vielfältige Weise problematisiert worden, gilt aber noch immer als Grundlage der Generationenforschung und als Quelle wichtiger Ideen für alle, die sich dem gesellschaftlichen Wandel und, ja, auch dem «Fortschritt» nähern wollen.

Eine Generation ist laut Mannheim keine feste Gruppe, aber ein «Zusammenhang». Menschen, die zur selben Zeit in einem ähnlichen Kulturraum leben, so die These, werden im selben Lebensalter von denselben Ereignissen, von denselben Erfahrungen geprägt, wenn auch vor unterschiedlichem sozialen Hintergrund. Dadurch entstehe der besagte Zusammenhang zwischen ihnen, eine Gemeinsamkeit nicht unähnlich jener, die man mit Menschen derselben sozialen Klasse hat. Man ist Teil der Schicksalsgemeinschaft der Zeitgenossen. Deshalb könne man aus seiner Generation auch nicht einfach austreten wie aus einem Verein, schreibt Mannheim. Man ist mit anderen in einem gewissen historischen Zustand verhaftet.

Mannheim bezeichnet das als generationelle «Lagerung»: «Durch die Zugehörigkeit zu einer Generation, zu ein und demselben ‹Geburtenjahrgange› ist man im historischen Strome des gesellschaftlichen Geschehens verwandt gelagert.»[2] Menschen, die die Welt ähnlich erleben, so Mannheim weiter, neigen dazu, auch auf ähnliche Weise auf sie zu reagieren. Sie haben ähnliche Spielräume und handeln deshalb womöglich ähnlich: Die «Lagerung» lege «eine spezifische Art des Erlebens und Denkens, eine spezifische Art des Eingreifens in den historischen Prozess» nahe.[3] Menschen, die derselben Generation angehören, denken ähnlich, sie fühlen und handeln ähnlich – und eben anders als die Vorgänger- und Nachfolgegenerationen.[4]

Historischer Wandel – Fortschritt – entsteht nach Mannheims Vorstellung dadurch, dass jede neue Generation einen «neuartigen Zugang» zur Welt mitbringt.[5] Wenn Kinder aufwachsen, distanzieren sie sich häufig in der Pubertät von ihren Eltern, deren Einstellungen und Lebensweise. Dieses Prinzip wird auf die Gesellschaft übertragen. Jüngere lösen sich von den Werten und Vorstellungswelten der Älteren und identifizieren sich umso stärker mit den gemeinsamen Ideen und der eigenen Generation. Mannheim spricht mit Bezug auf den Kunsthistoriker Wilhelm Pinder von der «Ungleichzeitigkeit des Gleichzeitigen». Jeder Zeitpunkt sei tatsächlich ein «Zeitraum», in dem die unterschiedlichen Weltsichten verschiedener Generationen koexistieren.[6] Man könnte hinzufügen: in dem sich unterschiedliche Generationen aneinander reiben, gegeneinander aufbegehren, konkurrieren, um die Diskurshoheit ringen; ein Prozess, in dem Fortschritt entstehen kann. Fortschritt, schreibt der Historiker Reinhart Koselleck 1989 in seinem Buch «Vergangene Zukunft», entstehe eben da, wo «Alt und Neu aufeinanderprallen».[7]

Im Wechsel von Generationen die «Rhythmik» der Geschichte erkennen zu wollen, die Ursache für «Fortschritt», ist so verlockend wie problematisch: Ähnlichkeiten zwischen Menschen in fünfzehn Geburtenjahrgängen eines Kulturkreises ausmachen zu wollen, bleibt naturgemäß schematisch. Ulrike Jureit, Historikerin am Hamburger Institut für Sozialforschung, bringt es auf den Punkt: «Solche Architekturen schaffen zwar Ordnung im historischen Durcheinander, konstruieren aber auch häufig eine schwer belegbare Kausalität.»[8] Überdeckt werden etwa schicht- und geschlechterspezifische Zeiterfahrungen. Oft werden laute, diskursprägende Gruppen als Repräsentanten einer ganzen Generation wahrgenommen, obwohl sie tatsächlich in der Minderheit sind. So werden etwa heute die Achtundsechziger gesehen.[9] Sie waren keine Mehrheit in ihrer Kohorte, hatten aber Diskursmacht, viele ihrer Werte und Weltvorstellungen wurden Mainstream. Und diese Diskursmacht wird durch die «Generationenerzählung» nachträglich bestätigt und verstärkt.

Kritiker warnen deshalb, das Konstrukt «Generation» trivialisiere Geschichte. Generationenmythen können der Stigmatisierung dienen und Stereotype erzeugen; so wird verhindert, dass Individuen mit ihren individuellen Motiven, Anlagen und Fähigkeiten wahrgenommen werden.[10] Mit Generationenmythen lassen sich auch Produkte verkaufen – geschicktes Marketing stellt Generationenidentifikation überhaupt erst her. Genauso lässt sich ein Gründungsmythos für eine Regierung schaffen, indem man das Kabinett verjüngt und darüberschreibt: «Mehr Fortschritt wagen».

Interessant bleibt der Ansatz dennoch – besonders für den

Generationenwechsel in der Politik, wenn es also ohnehin darum geht, eine Diskurs- und Entscheidungselite zu betrachten, nicht eine ganze Kohorte. Eigene Zuschreibung und Fremdzuschreibung bedingen sich bei Generationenfragen auf komplexe Weise gegenseitig. Zeit-Genossen einer Generation mögen sich mit bestimmten Werten und Weltsichten identifizieren, die durch «Generationenmythen» verstärkt werden. Oder aber diese Werte werden ihnen übergestülpt und es entsteht ein «Zusammenhang» gerade aus der Abgrenzung von der Fremdwahrnehmung. Die Zeit-Genossen mögen Anspruch darauf erheben, den Diskurs ihrer Zeit zu bestimmen, und so kommunikative «generationelle Macht» ausüben – könnten aber gleichzeitig andere Gleichaltrige zwangsvereinnahmen und diskursiv unterdrücken, wenn nämlich die Einstellungen der «Lautesten» einer Generation gar nicht dem Selbstbild der Mehrheit entsprechen. Generationeneffekte stehen in Wechselwirkung mit anderen wichtigen Faktoren, die beeinflussen, wie wir denken und handeln: Veränderungen von Einstellungen, die über alle Generationen hinweg gleich ablaufen (zum Beispiel das Schwinden von Religiosität oder von Parteibindungen) und Veränderungen von Einstellungen und Verhaltensweisen im Laufe eines Lebens.[11]

Ulrike Jureit spricht von «komplexen Vorgängen sozialer Vergemeinschaftung» – die am Ende eben doch zur Folge haben können, was schon Karl Mannheim und andere beschreiben und verstehen wollten: das Entstehen von historischem Wandel, von Umbrüchen und «Fortschritt». «Generation building» nennt sie das, ein öffentlicher «Vergemeinschaftungsprozess».[12] Mit diesem Prozess lässt sich potenziell Macht ausüben. Durch ein Generationenlabel entsteht der Eindruck der Masse – und das verleiht den Anliegen Momentum. Formuliert eine Regierung – wie der grün-gelbe Kern der «Ampel» – den Anspruch auf generationellen Wandel und Fortschritt, erhebt sie also den Anspruch, für viele zu sprechen, den Wandel über die eigene Gruppe hinaus in die Gesellschaft zu tragen.

Was aber ist es eigentlich, das die Generation X ausmacht? Worin besteht die spezifische «Lagerung» dieser Politikergeneration, ihr – mit Mannheim gesprochen – «Zusammenhang»? Ist diese Generation überhaupt eine Zeit-Genossenschaft? Oder bloß eine Alterskohorte ohne besondere Prägung? Empfindet sich die politische Generation X, die Generation von Annalena Baerbock, Hubertus Heil und Christian Lindner, überhaupt als Generation – über den Anspruch hinaus, dass jetzt irgendwie etwas Neues kommt? Und wenn ja, wofür steht sie?

Berlin, Ende August 2021, es sind noch fünf Wochen bis zur Bundestagswahl. In seinem Büro im vierten Stock des Jakob-Kaiser-Hauses, einem der zum Bundestag gehörigen Bürogebäude, schlägt Christian Lindner in einem schwarzen Ledersessel die Beine übereinander, legt einen Arm lässig auf die Lehne und ordnet mit der anderen Hand routiniert seine orangefarbene Krawatte. Ich schreibe ein Buch über den Generationenwechsel in der Politik, erkläre ich. Er und andere würden ja voraussichtlich nach der Wahl in noch wichtigere Ämter gelangen. Lindner lächelt. Ach, sagt er, da sei er ja froh, dass man ihn nicht zur «Generation Merkel» zähle, sondern zu der danach.

Für derartige Alterskoketterien ist Christian Lindner eigentlich zu jung. Zum Zeitpunkt des Gesprächs ist er zweiundvierzig Jahre alt. Im Schema der Generationenforschung gehört er zu den jüngsten Jahrgängen der Generation X, fast schon im Übergang zu den Millennials. Von den Babyboomern, zu denen Merkel gehört, ist er also vom Lebensalter her weit entfernt. Mit Blick auf seine Dienstjahre als Profipolitiker aber kann man ihn tatsächlich kaum als «nächste Generation» bezeichnen. Man hat eher das Gefühl, er sei schon immer da gewesen, er habe schon alles erlebt und alles überlebt.

Seit einundzwanzig Jahren ist er Abgeordneter, rechnet Lindner nun selbst vor, seit acht Jahren Vorsitzender der FDP. «Ich war ja 2009 schon in den Koalitionsgesprächen mit Frau Merkel dabei, also in ihrer zweiten Legislaturperiode.» Tatsächlich hat seine Partei in den einundzwanzig Jahren seines Politikerlebens erst auf Bundesebene mitregiert, ist dann, 2013, aus dem Bundestag geflogen, ist wieder eingezogen und hätte beinahe wieder mitregiert, hätte sich Lindner 2017 nicht buchstäblich in letzter Minute gegen eine Jamaika-Koalition entschieden.

Doch Christian Lindner spielt gern mit dieser Ambivalenz: Professionelle Jugendlichkeit und jugendliche Professionalität sind so etwas wie der Kern seiner politischen Marke. Es ist ein schmaler Grat, auf dem Lindner mit dieser Marke wandelt. Mal rutscht es ab ins Altherrenhafte. Mal überdreht er das Juvenile. Wahrscheinlich ist beides authentisch. Seit er das Amt des Finanzministers im Blick und eine Regierungskoalition mitverhandelt hat, gibt er sich ruhiger, erwachsen, gereift. Er will raus aus dem Bild des unsteten, PR-fixierten Krachmachers, der 2017 die Jamaika-Koalition hat platzen lassen. Seine neuen politischen Partner sind nicht alle überzeugt von diesem Wandel. Lindner sei schwer zu lesen, sagt ein SPD-Politiker. Man wird das Gefühl nicht los, er müsse beim Erwachsen-Sein seine andere, juvenilaggressive Seite ständig im Zaum halten. Dennoch lässt sich nicht leugnen, dass diese Marke wahnsinnig erfolgreich geworden ist.

Zu alt für sein wahres Alter, dieses Bild begleitet Christian Lindner offenbar schon lange. In seinem Buch «Schattenjahre» von 2017 schreibt der Politiker Lindner über den Grundschüler Lindner mit einer gewissen ironischen Distanz: «Ich mochte es, Publikum zu haben, doch offenbar mochte das Publikum das manchmal nicht.» Auf seinem ersten Zeugnis habe es geheißen, er sei «leider sehr altklug».[13]

In regelmäßigen Abständen taucht in den sozialen Medien ein altes Video aus Christian Lindners Abiturzeit wieder auf, es zeigt ihn mit seinem damaligen Geschäftspartner und Mitschüler. Die beiden hatten schon vor dem Abi eine «Unternehmensberatung» gegründet. Der Originalbeitrag lief 1997 in der Deutschen Welle und zeigt die zwei jungen Männer, wie sie betont dynamisch einem schwarzen Mercedes-Benz entsteigen. Lindner trägt einen Anzug, ein blaues Hemd und eine Krawatte mit Kuhflecken-muster, in der Hand hält er einen Aktenkoffer. In einer Sequenz sitzt er am Steuer des Wagens und sagt: «Wenn man im Gespräch überzeugt durch Leistung, gerade auch durch Kompetenz, die nicht akademisch domestiziert ist, dann sagt der Kunde: ‹Wir haben den richtigen Fang gemacht.›» Gegen Ende des Videos sagt er, Probleme seien auch nur «dornige Chancen».[14] Lindner wollte offenbar kein typischer, rebellierender Jugendlicher sein. Er folgte dem Zeitgeist in die Dotcom-Begeisterung der späten neunziger Jahre.

So wenig Christian Lindner ein durchschnittlicher Schü-ler war, so wenig war er ein durchschnittlicher Student. Schon damals habe er einen «hochmotorisierten Untersatz» gehabt, das sei für einen Studenten ja eher ungewöhnlich gewesen, er-innert sich der Bonner Politikwissenschaftler Frank Decker, bei dem Lindner Vorlesungen hörte und an dessen Lehrstuhl er als wissenschaftliche Hilfskraft arbeitete. Decker meint den Porsche, den Lindner sich von seinem Zuverdienst als «Unternehmens-berater» gekauft hat. Am Studentenleben nimmt Lindner kaum teil, dafür hat er gar keine Zeit. Er beginnt sein Studium 1999 und zieht schon 2000 erstmals in den Düsseldorfer Landtag ein. De-cker steht nicht gerade im Verdacht, mit Lindners politischen An-sichten zu sympathisieren, er ist schon damals Mitglied der SPD. Trotzdem verstehen sich die beiden gut. Decker beschreibt Lind-ner als «multibegabten Menschen» und hat «Respekt vor dieser Umtriebigkeit» und vor der Effizienz, die es Lindner erlaubt, sehr viele Projekte gleichzeitig zu verfolgen. Trotz seines politischen Engagements sei Lindner ein sehr guter Student gewesen, sagt Decker, dem er eine akademische Karriere durchaus zugetraut hätte. Auf Lindners Initiative hin veranstalten die beiden einen Kongress zum Thema Föderalismusreform, Lindner bemüht sich bei der FDP-nahen Friedrich-Naumann-Stiftung um finanzielle Unterstützung. Für den Sammelband, der nach dem Kongress erscheint, schreibt Lindner einen Beitrag zur Reform der föderalen deutschen Finanzverfassung, der «wissenschaftlich anschlussfähig» gewesen sei, so Frank Decker.

So aufgesetzt Lindners jugendliches Unternehmertum nach außen wirken mag, so authentisch scheint das zu sein, was Decker «Umtriebigkeit» nennt. Lindner ist es offenbar egal, was andere für ein bestimmtes Alter als «normal» erachten. Das Lebensalter ist für ihn auch nur eine Rolle, die es zu interpretieren gilt. Seine juvenile Altherrenhaftigkeit hat beinahe schon etwas Non-Konformistisches. Wäre er nicht in einer so bürgerlichen Partei, könnte er ein T-Shirt tragen, auf dem «F**k Agism» steht.

Zwanzig Jahre später ist die jugendliche Professionalität, die in dem Video der beiden Schüler-Unternehmer noch ein bisschen peinlich wirkt, wie eine überschießende, spätpubertäre Suche, eine raffinierte und vor allem funktionierende politische Marke geworden. Zwei FDP-Plakatkampagnen – sowohl die von 2017 als auch die von 2021 – spielen mit der Ambivalenz, die der Kern der Marke Lindner ist. Er hat daran gefeilt und auch seinen Körper in die Markenbildung einbezogen. 2013, als seine Stirn altersgemäß etwas höher zu werden droht, lässt er sich Haare transplantieren.

Im Wahlkampf 2021 zeigte ihn ein Wahlplakat in weißem Hemd, ohne Jackett und mit dem üblichen Dreitagebart, offenbar zu später Stunde, im Schein einer Schreibtischlampe, tief über Akten gebeugt. Nicht richtig Nachwuchs, aber eben auch nicht richtig Merkel. «Ich bin in meiner Generation in gewisser Weise eine Besonderheit, weil ich Teil der Generation Merkel und der Generation nach Merkel bin», überlegt Lindner im August 2021.

Mit diesen Schwierigkeiten, sich generationell oder auch nur altersmäßig zu verorten, es vielleicht sogar gar nicht zu wollen, ist Christian Lindner nicht allein. Nein, sagt auch Kanzleramtsminister Wolfgang Schmidt, Jahrgang 1970, in einem Gespräch zu diesem Buch. Einen generationellen Unterschied zu seinem Freund, Wegbegleiter und Chef Olaf Scholz, Jahrgang 1958, spüre er nicht. «Ich merke die 13 Jahre Altersdifferenz nur selten. Es ist auch insgesamt mein Eindruck, dass Altersunterschiede immer unwichtiger werden. Ich gehe mit Lars Klingbeil nicht anders um als mit Menschen meines Alters. Auch Kevin Kühnert ist für mich jemand, mit dem ich politisch zusammenarbeite – da denke ich nicht dran, dass er fast 20 Jahre jünger ist. Ich habe das Gefühl, wir denken da alle sehr ähnlich.» Und als Annalena Baerbock am 19. April 2021 zur Kanzlerkandidatin der Grünen ausgerufen wird, sagt sie in ihrer Rede: «Ich komme aus einer Generation, die nicht jung ist, aber auch nicht alt.»

Auch Hubertus Heil ist unsicher, ob er noch zur Generation Merkel gehört oder zur darauffolgenden. «Bin ich die nächste Generation?», wiederholt er die Frage am Abend vor der Bundestagswahl am Peiner Baggersee und denkt kurz nach. «Weiß nicht. Oder doch? Ich bin ja schon so lange dabei.» Der Dudelsack ist verstummt, die Musiker machen eine kurze Pause. Hubertus Heil bläst Rauch in die Luft. Er hat mal aufgehört mit den Zigaretten, für vier Jahre, nach 1998. «Dann kam die Agenda 2010.» Ja, so lange ist er schon dabei.

Heil ist 1972 geboren, am Abend vor der Bundestagswahl ist er achtundvierzig Jahre alt. SPD-Mitglied wurde er mit sechzehn. 1998, mit fünfundzwanzig, zog er in den Bundestag ein. Damals gehörte er zu den Jüngsten. In seinem ersten halben Jahr als Abgeordneter tagte das Parlament sogar noch in Bonn, wobei alles schon irgendwie provisorisch wirkte. Seine Wohnung befand sich in Bahnhofsnähe, rundherum Milieu. Er wusste, die würde er nicht lange brauchen.

Auch damals, 1998, als er erstmals in den Bundestag einzog, war die Rede vom Ende einer Ära und vom Anfang einer neuen. Auch das Ende der Ära Helmut Kohl empfanden Zeitgenossen als Phase der Stagnation und des Überdrusses. Nach Heils erstem Bundestagswahlkampf siegte Gerhard Schröder und bildete die erste rot-grüne Bundesregierung – ein Novum, so wie jetzt die erste Dreierregierung auf Bundesebene. Damals, 1998, waren die Mitarbeiter in den Bundestagsbüros so alt wie er selbst oder älter. Sie duzten ihn, er duzte sie. Heute wird er meist gesiezt.

Zuletzt war er immer dann in Bonn, wenn im Bundesarbeitsministerium die Betriebsversammlung anstand. Dabei nutzte er, jetzt der Herr Minister, das Büro von Norbert Blüm, der das Amt von 1983 bis 1998 innehatte. Das Büro, erzählt Heil, sehe immer noch so aus, wie Blüm es einst hat einrichten lassen, holzvertäfelt. Nur die Telefone wurden durch modernere Geräte ersetzt. In den Aufzügen des Bonner Gebäudes hingen bis vor Kurzem noch die Modelle aus den Anfängen von Blüms langer Amtszeit, Apparate mit Wählscheibe.

Heil gehört zu jener Alterskohorte, die selbst noch Telefone mit Wählscheibe benutzt hat und sich auch sehr gut an eine Welt ohne Handys erinnern kann. Er sage auch immer noch «Disco», stellt er fest und schmunzelt: «Die Jüngeren sagen jetzt ‹Club›. Ich bin jedenfalls definitiv Generation Disco.»

Viele Politiker der «Gen X», der mittleren Kohorte, die in Berlin zukünftig die Politik gestalten, scheinen kein sonderlich ausgeprägtes Generationenbewusstsein zu haben. Das könne man durch das Lebensalter erklären, sagt der Sozial- und Bildungswissenschaftler Klaus Hurrelmann, der unter anderem die Shell-Jugendstudie verantwortet und in Berlin an der Hertie School of Governance lehrt. Hurrelmann verweist auf Studien, die zeigen, dass das Bewusstsein, zu einer Generation zu gehören, erst später im Leben entsteht, häufig in Auseinandersetzung mit den älter werdenden Kindern, die die Welt anders sehen.

Zwischen vierzig und fünfzig ist man, wie Baerbock sagt, weder jung noch alt. Weder richtig Wählscheibe noch wirklich «digital native». Weder «Generation Merkel» noch neu in der Politik. In diesem Lebensalter empfände man es als aufgesetzt, sich die Sprache der Jüngeren anzueignen. Andererseits ist man aber noch so nah dran, dass man generationelle Veränderungen wahrnimmt – und auch noch das Bedürfnis hat zu signalisieren, dass man weiß, wie man «heute» sagt: «Club», nicht «Disco». Das rettende Festland zwischen Jungsein und Altsein ist die Selbstironie. Es ist ein Alter, in dem man sich generell, nicht nur als Angehöriger der Generation X, erst allmählich der Zeitlichkeit bewusst wird und sich vielleicht genau deshalb eher von der Zeitgenossenschaft mit anderen distanziert, als sich mit ihr zu identifizieren.

Dass die politische «Gen X» kein sehr ausgeprägtes Generationenbewusstsein hat, könnte allerdings auch gerade ein Merkmal dieser Generation sein, eine Gemeinsamkeit, die – mit Karl Mannheim gesprochen – durch ihre spezielle «Lagerung» in der Zeit bedingt ist.

Eine gängige Zuschreibung, die das Außenbild dieser Generation prägt, ist, dass sie im Wesentlichen von existenziellen Krisen verschont aufgewachsen ist. Sicher, im Vergleich zu den Babyboomern hatten die Gen-Xer wesentlich schlechtere Berufsaussichten, die Konjunktur hatte sich eingetrübt in jener Phase, in der viele von ihnen ins Berufsleben starteten. Sie erlebten außerdem, wie Christian Lindner, das Platzen der Dotcom-Blase. Später im Leben machten die Gen-Xer «Merkels Krisen» mit – die Finanz- und die Eurokrise, die Migrationskrise, schließlich die Corona-Krise. Betroffen waren sie davon allerdings meist eher indirekt, perspektivisch, politisch. Die «Generationslagerung», so Klaus Hurrelmann, wirke deshalb bei Jüngeren lange nicht so stark wie etwa bei der Kriegsgeneration, die Hunger und Zerstörung unmittelbar in ihrer Lebenswelt erlebt hat, oder bei den «Boomern», die noch mit Eltern aufgewachsen sind, die vom Nationalsozialismus geprägt oder traumatisiert waren.

Im Vorwort zu «Vergangene Zukunft» schreibt Reinhart Koselleck: «Wer sich im Alltag von geschichtlicher Zeit eine Anschauung zu machen sucht, der mag auf die Runzeln eines alten Menschen achten oder auf Narben, in denen ein vergangenes Lebensschicksal gegenwärtig ist. Oder er wird sich das Nebeneinander von Trümmern und Neubauten in Erinnerung rufen.»[15]

Anders als im Fall der Nachkriegsgenerationen, die mit dem «Nebeneinander von Trümmern und Neubauten» lebten, fanden viele Ereignisse und Entwicklungen in den Jugendjahren der «Gen X» – zumindest der im Westen sozialisierten – nach und nach oder im Unsichtbaren statt. Es gab keinen rasanten Umbruch, sondern einen strukturellen Wandel. Der Wandel Deutschlands zu einer Einwanderungsgesellschaft zum Beispiel vollzog sich über mehrere Generationen, im Zuge der Globalisierung verschwanden Arbeitsplätze und neue entstanden – aber man muss nach diesen Veränderungen Ausschau halten, um sie zu bemerken. Es erfordert aktiven Wahrnehmungswillen, die «geschichtliche Zeit» drängte sich nicht auf und bedingt dennoch die Gegenwart. Koselleck stellte schon 1989 fest, die «Geschichte überhaupt» werde immer komplexer, sodass sich «die Bedingungen der Erfahrung ebendieser Erfahrung zunehmend entziehen».[16]

Gerade der Nachkriegsgeneration gilt die Generation X deshalb oft als geschichtslos. Politiker der Vorgängergenerationen, das stellt man in Gesprächen schnell fest, blicken zuweilen durchaus mit Befremden auf die Generation Lindner, Heil und Baerbock.

Ein Anruf bei Gesine Schwan, geboren 1943. In Schwans Elternhaus spielte die Kriegszeit noch eine starke Rolle. Im letzten Kriegsjahr versteckte die Familie ein jüdisches Mädchen, die Eltern gehörten Widerstandskreisen an. Schwans Mutter stammte aus Oberschlesien, das Zusammenwachsen Europas, die Aussöhnung gerade mit Polen und anderen osteuropäischen Ländern, gehörte zu den großen Themen der Eltern – und prägte auch Schwans politische und akademische Karriere. Einige Jahre lang war Gesine Schwan Präsidentin der Europa-Universität Viadrina in Frankfurt an der Oder. Seit 1996 ist sie zum zweiten Mal Mitglied der SPD-Grundwertekommission. Der Partei gehört sie seit 1972 an.

Sie habe länger darüber nachgedacht, was jüngere Politiker

präge, sagt sie am Telefon, aber ihr sei nichts eingefallen, was die 1965 bis 1980 Geborenen zu einer «Generation» im Sinne von Karl Mannheim machen könnte. Die heute um die Vierzigjährigen seien eher eine Kohorte als eine Generation, sagt Schwan. «Man kann eigentlich nicht von gemeinsamen Zügen ausgehen, sie sind nicht geprägt von einem bestimmten historischen Ereignis, einer gemeinsamen Erfahrung.» Wir sprechen beispielhaft über Paul Ziemiak, Annalena Baerbock und Lars Klingbeil, aber auch über Christian Lindner. Gemeinsam haben sie aus Schwans Sicht, dass sie «alle ziemlich flexibel sind». Diese Kohorte, sagt Gesine Schwan, sei unideologisch, das sei aber nicht dasselbe wie pragmatisch. Pragmatische und gleichzeitig an Werten orientierte Politik schätze sie sehr. Vielen der jüngeren Politiker fehle aber ein klares Wertegerüst und ein längerfristiges Ziel. «Ich sehe keine Überzeugungen, kein Weltbild, nichts Durchbuchstabiertes.» Ideologische Unterschiede gebe es noch in den «Methoden», bei der Frage, ob man die gesellschaftliche Entwicklung eher über den Markt oder durch staatliche Maßnahmen steuern wolle.

Klaus Hurrelmann beschreibt die Einstellungen und Charakteristika der Generation X ähnlich. Auch er verwendet den Begriff «unideologisch». Das alte Schema «rechts gegen links, progressiv gegen konservativ» habe für Vertreter dieser Generation kaum mehr eine Bedeutung. Und auch aus seiner Sicht seien Politiker der «Gen X», ebenso wie Menschen dieser Altersgruppe insgesamt, «nicht festgelegt». «Man kann das Pragmatismus nennen – oder auch Prinzipienlosigkeit.» Allerdings habe auch diese Generation durchaus ethische Maßstäbe, «einen eigenen Wertekosmos». Dazu gehörten etwa Fairness, Geradlinigkeit und Sensibilität.

Hurrelmann nennt diese Kohorte auch «die rätselhafte Generation»: schwer zu bestimmen, vielfältig, flexibel. Beide Generationen, die «Gen X» ebenso wie ihre Nachfolger, die Millennials, seien insgesamt eher «verhalten politisch», aber «politisch handlungsfähig», eben pragmatisch, teils auch opportunistisch, wenn sie in politische Verantwortung kommen.

Es entsteht das nicht eben schmeichelhafte Bild einer Politikergeneration, die aufgrund des Mangels an Dramen in der eigenen Biografie auch politisch irgendwie flach bleibt, der ideengeschichtlicher Tiefgang fehlt, die Emotionalität, die politische Leidenschaft, die sich aus eigenem Leid ergeben kann. «Da ist nicht mehr», stellte die Journalistin Jana Hensel einmal während des Bundestagswahlkampfes im «Zeit»-Podcast «Das Politikteil» fest.[17] Die Rede war von Annalena Baerbock, die Runde diskutierte, wer sie wirklich sei. Anlass war die Diskussion über Fehler im Lebenslauf der grünen Kanzlerkandidatin. Gerade weil da «nicht mehr» sei, wirkten kleine Fehler dann ganz groß.

Nun sind das – und dessen sind sich sowohl Hurrelmann als auch Schwan natürlich bewusst – genau jene naturgemäß schablonenhaften Zuschreibungen, die sowohl Identifikation als auch starken Widerspruch hervorrufen können. Vertreter der «Gen X» selbst jedenfalls stehen sehr unterschiedlich zu dieser Sichtweise.

Gerade die jüngeren Jahrgänge um das Geburtsjahr von Annalena Baerbock herum, im Übergang zu den Millennials, fühlen sich teilweise tatsächlich durch eine gewisse Ereignis- und Geschichtslosigkeit geprägt. Sie wurden erwachsen in einer Zeit, als man von einem «Ende der Geschichte» sprach, ein Begriff aus einem Aufsatz des amerikanischen Politikwissenschaftlers Francis Fukuyama, der 1989 erschienen ist. Nach dem Ende des Kalten Krieges, so Fukuyamas These, habe die liberale Demokratie den historischen Endkampf gewonnen, von hier aus gehe es bergauf. Das entsprach durchaus dem Zeitempfinden. Am Ende würden sich, wie etwa die «Modernisierungsthese» voraussagte, auch Länder wie China im Zuge ihres wirtschaftlichen Aufstiegs und des Entstehens einer Mittelschicht diesem Siegeszug nicht entziehen können, die liberale Demokratie werde überall triumphieren.

Die Außenpolitikexpertin Ulrike Franke, die für die Denkfabrik European Council on Foreign Relations arbeitet, hat in einem Text für das Blog «War on the Rocks» jüngst die These aufgestellt, ihrer Generation fehle das Bewusstsein für Geopolitik, für die Veränderungen und Umwälzungen im globalen Machtgefüge internationaler Beziehungen, zum Beispiel für den Aufstieg Chinas oder den Wandel im Verhältnis zwischen den USA und ihren europäischen Partnern.

Ulrike Franke steht ihrem Alter nach selbst wie Annalena Baerbock irgendwo zwischen den Millennials und der Generation X. Auf ihrer Spurensuche erinnert sie sich daran, wie sie sich als junge Frau in den neunziger Jahren besonders mit einem Liedtext der Hip-Hop-Band Freundeskreis identifizierte. In dem Song «Leg dein Ohr an die Schiene der Geschichte» singt Max Herre (Jahrgang 1973, also ebenfalls ein Gen-Xer): «Geschichte / vier langweilige Stunden pro Woche in der Schule / oder was, das lange her ist oder immer ohne einen passiert». So habe sich das tatsächlich damals in einem deutschen Vorort angefühlt, schreibt Franke: «Da waren wir, alle historischen ideologischen Schlachten geschlagen.»[18] Franke weist die Vorstellung der Geschichtslosigkeit am Ende ihres Textes zurück, gesteht aber zu, dass die Prägung durch die vermeintlich geschichtslosen neunziger Jahre bis heute auf das politische Denken ihrer Generation wirke.

Christian Lindner geht rigoroser mit solchen Zuschreibungen um, er bezeichnet sie als «Klischee». «Von einer ‹geschichtslosen Generation› zu sprechen, die in ihrer postmateriellen Saturiertheit kein Bewusstsein für die Weltenläufe hat, das finde ich abwegig.» Lindner zählt diverse umstürzende Ereignisse auf, die in seine Lebenszeit fallen, er nennt die Friedliche Revolution von 1989, den Rechtsextremismus der neunziger Jahre, das Entstehen der Umweltbewegung, die Debatte um das Ozonloch und den Klimawandel, «also Fragen des Überlebens der Menschheit», 9/11 und den Afghanistaneinsatz, aber auch «das Zerbrechen der Gewissheit, dass man es in jedem Fall materiell besser haben wird als die eigenen Eltern». Die alten Fragen – «Freiheit oder Gleichheit?», «Individuum oder Kollektiv?», «Progressiv oder restaurativ?» –, sagt Lindner, seien immer noch da.

Fragt man ihn allerdings, ob ihn eines der historischen Ereignisse politisch geprägt habe, verneint er. Prägend, politisch wie persönlichkeitsbildend, seien seine neun Jahre als kinder-, jugend- und familienpolitischer Sprecher der FDP-Fraktion im Landtag von Nordrhein-Westfalen gewesen. Eigentlich hatte er sich mit Hochschulpolitik beschäftigen wollen, der damalige Fraktionsvorsitzende aber habe gesagt, er stehe doch «biografisch dem Kindergarten näher».

Lindner taucht also ein in für ihn bis dahin fremde Welten und Milieus. Lebensweltlich, so Lindner – gerade noch der Jungunternehmer mit der Kuhfleckenkrawatte und dem Benz –, sei damals die Realität «von Erzieherinnen und Erziehern in der Kita Sonnenblume in Hückeswagen maximal weit» von seiner entfernt gewesen. Lindner hatte und hat keine Kinder. Für ihn sei es aber genau deshalb gut gewesen, sich genau damit zu beschäftigen.

Dieses Lebensgefühl ist allerdings typisch westdeutsch. Um das Generationenbewusstsein ostdeutscher Politiker geht es im folgenden Kapitel.

2 Im Osten geboren. Wie die Wende
junge Politiker prägt – oder auch nicht

Am 10. November 1989, am Tag nach dem Mauerfall, fährt Dietmar Bartsch, heute Fraktionsvorsitzender der Linken im Bundestag, rüber, in den Westen. Bartsch erinnert sich nicht mehr genau, wo er ausgestiegen ist, vielleicht war es am Kottbusser Tor. Er habe aufgeregte Menschenmassen erwartet, erzählt er, nach allem, was so im Fernsehen zu sehen war, aber dort, wo er ankommt, sei es seltsam unspektakulär gewesen. Er erinnert sich an eine Dönerbude, einen Italiener, aber er hat gar kein Westgeld dabei. Er wandert ein wenig durch die Straßen und fährt wieder zurück. «Eigentlich voll langweilig», sagt er ziemlich genau zweiunddreißig Jahre später bei einem Gespräch in seinem Bundestagsbüro und lacht.

Bartsch ist 1958 in Stralsund geboren. 1977 tritt er in die SED ein. Als die Mauer fällt, ist er Anfang dreißig, er ist verheiratet, hat zwei kleine Kinder und ist Doktorand an der Akademie für Gesellschaftswissenschaften beim Zentralkomitee der Kommunistischen Partei der Sowjetunion in Moskau, «Aspirant» war die korrekte Bezeichnung damals, ein Nachwuchskader mit Aussicht auf Karriere im System. Seine Doktorarbeit ist gerade fertig geworden. Bartsch ist nach vier Jahren, in denen er überwiegend in Moskau gelebt hat, nach Berlin zurückgekehrt, im September 1989 reicht er die Arbeit ein. Sein wissenschaftlicher Gutachter lehnt sie ab. Die Arbeit mit dem Titel «Verteilungsverhältnisse unter den Bedingungen einer Intensivierung der sozialistischen Wirtschaft» sei «revisionistisch» und müsse umgearbeitet werden. Doch es sind stürmische Zeiten, und wenige Monate später nimmt ein anderer wissenschaftlicher Gutachter dieselbe Arbeit an. Bartsch ist noch einmal rangegangen. In der ersten Fassung begann die Doktorarbeit mit Zitaten von Honecker und anderen Generalsekretären. «Das machte man halt so», sagt Bartsch. Er streicht die Zitate. Der Großteil der Arbeit sei aber gleich geblieben und gut bewertet worden.

Der generationelle Bruch zwischen jenen, die Geschichte erlebt haben, und jenen, die in vermeintlich geschichtslosen Zeiten groß geworden sind, ist unter ostdeutschen Politikern besonders groß. Da sind jene, die wie Bartsch mittendrin waren im Geschehen, die Wende erlebt und auch als Akteure gestaltet haben. Ostdeutsche Politikerinnen und Politiker der Generation X hingegen, die heute Vierzig- bis Fünfzigjährigen, waren noch Kinder, Teenager oder angehende Erwachsene und haben die Wende und die Jahre der Transformation passiver erlebt, als junge, teils sehr junge Menschen, denen große Geschichte passierte. Westdeutsche Politiker dieser Altersgruppe wiederum können sich oft sogar nur vage an die Ereignisse selbst erinnern und verstehen die Wende und ihre Folgen meist erst viel später. Wirken die Unterschiede nach? Wie stark ist der Bruch zwischen jüngeren und älteren ostdeutschen Politikern – und zwischen Politikerinnen der Generation X aus Ost und West?

In Dietmar Bartschs Abgeordnetenbüro im Jakob-Kaiser-Haus hängt ein Pop-Art-Poster von Karl Marx, vier bunte Reproduktionen des markanten Kopfes im Stil von Andy Warhol: der Gesellschaftstheoretiker und Philosoph als unendlich reproduzierbare, dekorative Kopie, angekommen im Kapitalismus sozusagen. Doch es wäre unfair, daraus auf Bartsch zu schließen. Bartsch ist weder Nostalgiker, noch versteht er die Geschichte Ostdeutschlands und des Sozialismus lediglich als eine «poppige» Marke – im Sinne von populär –, die seiner Partei nützt. Sein Blick auf Deutschland ist heute vor allem der eines Finanz- und Sozialpolitikers. Als solcher, und natürlich als Politiker aus Mecklenburg-Vorpommern, sieht er die weiterhin gewaltigen strukturellen Unterschiede zwischen Ost und West. Er gehört in seiner Partei zu jenen, die regieren wollen und regierungsfähig sein wollen, um auf demokratische Weise etwas zu verändern. «Natürlich will ich auch eine andere Gesellschaft», sagt er. «Aber dafür braucht man Zuspruch.»

Als Aspirant an der Akademie für Gesellschaftswissenschaften in Moskau beobachtet Bartsch die Vorwendezeit unter dem Eindruck von Gorbatschows Perestroika-Politik. An der Akademie hat er Kontakt zu Menschen aus vielen anderen Ländern, aus Vietnam, Ungarn. Er ist weit weg «von der Enge, die die DDR ausgezeichnet hat», wie er sagt. In der Bibliothek liegen die «Süddeutsche Zeitung» und der «Spiegel» aus. Bartsch liest sie jeden Morgen, wenn er dort ankommt, vor allem den außenpolitischen Teil. Als Nachwuchskader mit Familie darf er auch reisen, die Fluchtgefahr wird als gering eingeschätzt. 1986 fährt er mit einer Gruppe nach Italien.

Während zwei der 2,3 Millionen SED-Mitglieder nach dem Mauerfall austreten, bleibt Bartsch in der Partei. Im Dezember 1989 nimmt er als Delegierter am Außerordentlichen Parteitag der SED teil. Kurz zuvor ist das Politbüro geschlossen zurückgetreten, der Anspruch der Partei auf die Führung des Staates ist aus der Verfassung der DDR gestrichen, erste hochrangige Kader sind ausgeschlossen worden. Die Partei ist in Aufruhr und im Umbruch, Historiker werden den Parteitag rückblickend als Anfang vom Ende der Staatspartei bewerten. Gregor Gysi, dessen enger Vertrauter Bartsch damals ist, wird zum Vorsitzenden gewählt. Er plädiert anstelle der Auflösung für eine innere Reform und setzt sich damit durch. Die Partei wird in SED-PDS umbenannt. Ab März 1990 wird Bartsch zunächst Geschäftsführer von «Neues Deutschland», früheres Zentralorgan der SED und der auflagenstärkste Verlag der DDR. Doch Bartsch wird bald auch Verantwortung in der SED-PDS übernehmen.

Im Oktober 1990 erschüttert ein schwerer Finanzskandal die Partei. Es geht um Teile des Milliardenvermögens der SED, das nun das Milliardenvermögen der PDS ist. Die Partei hat zwar einen anderen Namen und ist in einem inneren Wandel begriffen, rechtlich gesehen aber ist sie dieselbe Einheit. Der damalige Schatzmeister der PDS, Wolfgang Pohl, und der Leiter des Bereichs Parteifinanzen, Wolfgang Langnitschke, haben 107 Millionen D-Mark aus dem Parteivermögen auf Konten der Firma «Putnik» in Deutschland, den Niederlanden und Norwegen überwiesen, angeblich eine sowjetische Außenhandelsfirma. Sie geben später an, sie hätten das Geld «retten» wollen. Das Vermögen ins Ausland zu transferieren ist zu diesem Zeitpunkt illegal. Die Volkskammer hatte im Juni 1990 die «Unabhängige Kommission zur Überprüfung des Vermögens der Parteien und Massenorganisationen der DDR» eingesetzt, die das Milliardenvermögen der SED erfassen, an enteignete Besitzer zurückgeben oder für gemeinnützige Zwecke und die Restrukturierung nutzen sollte, damit der politische Wettbewerb nicht verzerrt werde. Mit Einsetzung der Kommission darf die Partei kein Vermögen mehr veräußern oder verschieben. Der Versuch, das Geld «zu retten», wird bekannt, als im Oktober 1990 Polizei und Staatsanwaltschaft die Parteizentrale durchsuchen und Akten über den Transfer finden. Gysi und die Parteispitze beteuern, von dem Transfer nichts gewusst zu haben, und werden auch nicht belangt – Pohl und Langnitschke werden 1992 wegen Untreue verurteilt.[1]

In dieser Krisensituation fragt Gysi seinen Vertrauten Bartsch, ob er das Amt des Schatzmeisters übernehmen könne. Nach kurzer Bedenkzeit sagt Bartsch zu. Eine gigantische und vor allem sehr langwierige Aufgabe, wie sich herausstellen sollte. Im Februar 1991 wird er gewählt, aber schon ab November 1990 ist er faktisch zuständig für das Milliardenvermögen der SED, das zunächst auf die PDS übergeht und nun erfasst, rückerstattet und für den Aufbau Ost genutzt werden soll. Zuständig ist er auch für die harte Auseinandersetzung darum, wie viel aus dem Vermögen der Partei für ihre politische Arbeit verbleibt. 1998 beklagt die Kommission in einem Zwischenbericht, dass die PDS sich bei der Erfassung insbesondere der Auslandsvermögen der Partei «nur wenig kooperativ» verhalten habe. Vielmehr habe sie entgegen ihrer gesetzlichen Verpflichtung «intensive Versuche» unternommen, «Parteivermögen durch Verschleierung dem staatlichen Zugriff zu entziehen».[2] Der Abschlussbericht von 2006 bestätigt das Urteil, die Parteiführung habe in «geradezu konspirativer Weise» versucht, die Aufklärung zu behindern.[3]

Kurz nachdem Bartsch – noch kommissarisch – die Verantwortung übernommen hat, am 26. November 1990, wird die Kommission über einen Zeitungsbericht auf eine Schweizer und eine Liechtensteiner Firma aufmerksam, in denen westliche Treuhänder weitere SED-Gelder verwalteten – laut Bericht fünfundzwanzig Millionen D-Mark. Die Kommission fragt nach, und Bartsch gibt laut Zwischenbericht von 1998 zunächst unter Berufung auf seinen Vorgänger Wolfgang Langnitschke die Auskunft, diese Firmen seien bereits 1989 durch Honecker veräußert worden. Die Kommission stellt später fest, dass sich die beiden Firmen zu diesem Zeitpunkt tatsächlich noch in Besitz der Partei befanden.[4] Dietmar Bartsch sagt heute, er habe damals seinem Kenntnisstand entsprechend Auskunft gegeben: «Ich habe alles zur Aufklärung beigetragen, was ich konnte.»

Schon 1990 hat die Partei erklärt, auf das Auslandsvermögen verzichten zu wollen, 1992 wird der Verzicht notariell bestätigt. Doch die Streitigkeiten über andere Vermögenswerte gehen über Jahre hinweg weiter. Der spätere Präsident des Bundesverfassungsgerichts, Hans-Jürgen Papier, leitet nun die Kommission, auf seinen Vorschlag hin kommt 1995 ein Vergleich über alle Vermögensfragen zustande – «endlich», wie Dietmar Bartsch selbst schreibt.[5]

Bartsch bleibt auch nach dem Vergleich Schatzmeister. 1998

zieht er in den Bundestag ein, und er wächst später auch in die aus WASG und PDS zusammengeschlossene Linke hinein. 2011 unterliegt er im Machtkampf gegen Oskar Lafontaine, aber er kommt zurück und überlebt bis heute weitere heftige Macht- und Flügelkämpfe, deren Verlauf hier mehrere Seiten füllen könnte. Bartsch zählt zu den Reformern. Wenn wieder einmal dieser oder jener Politiker in seiner Partei meint, einem Autokraten in Südamerika im Namen der Sozialistischen Internationale zur Wahl oder zum Geburtstag gratulieren zu müssen, äußert er auch öffentlich Kritik. Er wird fraktionsübergreifend geschätzt als gut vernetzter Moderater, guter Redner und Gesprächspartner.

Es lohnt, sich die Biografie von Dietmar Bartsch in dieser Ausführlichkeit vor Augen zu führen, weil sie zeigt, wie stark Politiker seiner Generation noch von der DDR geprägt sind und ihr Ende gestaltet haben. Einige sehnten das Ende der DDR herbei, Bartschs Haltung dagegen ist ambivalent. Erst über die Jahre scheint sich Bartsch emanzipiert zu haben. In jedem Fall ragt die DDR weit in seine politische Biografie nach der Wiedervereinigung hinein.

Längst aber wächst eine ostdeutsche Generation nach und in die Politik hinein, die nur noch vage Kindheitserinnerungen an die DDR hat. Diesen Generationenwechsel hat Dietmar Bartsch in seiner eigenen Familie erlebt. Seine Kinder hätten vom Osten «eigentlich nichts mitbekommen», sagt er. Trotzdem stellt er fest: «Es gibt in dieser Generation ein Nachwirken.» Die älteste Tochter ist kurz vor der Wende noch eingeschult worden. Sie wechselte dann auf eine vorgymnasiale Stufe in Berlin-Reinickendorf, im Westteil der Stadt. In der neuen Klasse freundete sie sich mit den beiden einzigen anderen Mädchen an, die auch aus ostdeutschen Familien kamen. Ein Zufall? Bartsch glaubt nicht daran, auch wenn seinen Kindern der Gedanke gar nicht gefalle. «Sie mögen es nicht, wenn ich mal den Ossi rauskehre. Sie sagen dann: Wir sind doch jetzt eins.»

Carsten Schneider ist ein paar Jahre älter als die Kinder von Dietmar Bartsch. Er ist 1976 in Erfurt geboren, ein Vollmitglied der ostdeutschen Generation X sozusagen. Als die Mauer fiel, war er dreizehn Jahre alt. Olaf Scholz hat ihn 2021 zum «Staatsminister beim Bundeskanzler und Beauftragten der Bundesregierung für Ostdeutschland» ernannt – so der neue, etwas sperrige Titel des früheren «Ostbeauftragten». Zwischen 2017 und 2021 war Schneider Erster Parlamentarischer Geschäftsführer der SPD-Fraktion im Bundestag. Anders als Bartschs älteste Tochter würde er eher nicht «Wir sind doch jetzt eins» sagen, im Gegenteil. Schneider weiß, wie sehr sich Ost und West immer noch unterscheiden. Auch seine Biografie wurde durch die Wende und alles, was gesellschaftlich und politisch danach kam, stark geprägt.

Bis er acht ist, lebt Carsten Schneider mit seinen Eltern in einem Dorf etwa zehn Kilometer von Erfurt entfernt. Er wird im Nachbardorf eingeschult. Seine Mutter arbeitet zunächst im Milchhof. Dann trennen sich die Eltern, und die Mutter zieht mit ihm nach Erfurt. Inzwischen arbeitet sie dort in einem VEB für Mikroelektronik. Die beiden leben jetzt in Herrenberg, einem Neubauviertel. Im wiedervereinigten Deutschland werden solche Quartiere Plattenbausiedlungen heißen, in der DDR waren die Wohnungen sehr begehrt, weil sie modern waren und zum Beispiel fließendes warmes Wasser hatten anstelle der Badeöfen, die es in vielen Altbauten und älteren Häusern noch gab. Carsten Schneider empfindet trotzdem alles, was mit dem Umzug zu tun hat, als Schock, nicht zuletzt den Plattenbau. Er verliert den Vater und die gewohnte Umgebung. Auch die Dorfschule und die Schule in Erfurt sind zwei unterschiedliche Welten. «Das Dorf war das Dorf», erinnert er sich, «da spielte Politik kaum eine Rolle. Das war schön da.» In Erfurt herrscht ein anderes Klima. Das Neubaugebiet, der VEB, in dem die Mutter arbeitet, und auch seine Schule sind DDR-Vorzeigeprojekte. Auf dem Dorf lässt man den morgendlichen Pioniergruß schon einmal weg, in Erfurt heißt es jeden Morgen: «Seid ihr bereit?»

Als die Mauer fällt, ist er ein Teenager. Seine Mutter hat inzwischen einen neuen Partner gefunden. Schneiders Mutter und sein Stiefvater – er spricht von beiden als «meine Eltern» – wecken ihn am späten Abend des 9. November und erzählen ihm, dass in Berlin die Mauer offen ist, dass man jetzt nach Westdeutschland reisen kann. Am nächsten Tag wollen die drei gleich losfahren. Sie haben Verwandte im westdeutschen Teil des Harzes, in Herzberg am Harz. Um vier Uhr morgens stellen sie sich am Einwohnermeldeamt an, man brauche einen Stempel, um über die Grenze zu kommen, heißt es. «Den brauchte man eigentlich dann nicht, aber besser ist das, haben sich meine Eltern wohl gedacht.» An der ersten Sparkasse hinter der Grenze halten sie an. Erneut müssen sie stundenlang anstehen, um sich das Begrüßungsgeld auszahlen zu lassen. Schneider erinnert sich an propere Fachwerkhäuser. Bei diesem ersten Ausflug kauft er sich in einem Supermarkt ein Kopfhörerradio, für fünfzehn Mark. Das Ding hält nicht lange, aber eine Weile ist er bei Fußballspielen am Wochenende im Erfurter Stadion der Held, weil er die Zwischenstände der anderen Spiele hören und durchsagen kann.

Nach der Friedlichen Revolution verliert Schneiders Mutter ihre Arbeit, der Betrieb wird abgewickelt. Sie findet einen neuen Job – allerdings in Kassel. Die Eltern ziehen dorthin um. Sie sehen den Umbruch als Chance für einen Neuanfang. Carsten Schneider schaut sich Kassel einmal an – findet das alles aber nur schrecklich und beschließt, in Erfurt zu bleiben. Nach der Schule geht er weiter in die Wohnung in Herrenberg. Später läuft er rüber zu seinen Großeltern, um mit ihnen zu Abend zu essen, sie wohnen in einem Dorf in der Nähe der Siedlung. Er schläft dort, und sein Opa bringt ihn am nächsten Morgen zur Schule. Schneider sagt, er fand das ziemlich großartig damals, er fühlte sich frei. Die Plattenbauwohnung der Eltern wird zum Treffpunkt für seinen Freundeskreis.

Nach etwa zwei Jahren kehren die Eltern aus Kassel zurück, die Mutter macht sich in Erfurt mit einer eigenen Wäscherei selbstständig. Die Wäscherei gibt es zum Zeitpunkt des Gesprächs mit Carsten Schneider im Dezember 2021 noch – Mitte 2022 will seine Mutter schließen und in den Ruhestand gehen, erzählt Schneider. Einen Nachfolger für die Wäscherei hat sie nicht gefunden – «Arbeitskräftemangel».

Anfang der neunziger Jahre stößt Carsten Schneider zu den Jusos. Sein Freund Markus Gallander, der heute sein Pressesprecher ist und mit ihm die Schule besucht hat, nimmt ihn mit. Es war nicht gerade Liebe auf den ersten Blick. «Protokollkontrolle, Geschäftsordnungsfragen – das war nicht die Revolution, die ich mir vorgestellt hatte.» Erst während der Banklehre, die er nach dem Abi macht, tritt er in die SPD ein. Die Lehre allein ist ihm «zu langweilig». 1998, mit zweiundzwanzig Jahren, wird Schneider zum ersten Mal in den Bundestag gewählt. Er ist damals der jüngste Abgeordnete überhaupt.

Carsten Schneider erzählt das alles am 3. Dezember 2021 in seinem Büro im Jakob-Kaiser-Haus. Als Erster Parlamentarischer Geschäftsführer seiner Fraktion hat er eine herausgehobene Position – und damit eines der Abgeordnetenbüros mit besonders schöner Aussicht. Das Büro liegt im vierten Stock, weit unten glitzert die Spree. Die Wintersonne zeichnet einen transparenten Schattenriss der Glaskuppel des Reichstags an die Wand des gegenüberliegenden Paul-Löbe-Hauses.

Eine spannende Zeit. Die neue Regierung konstituiert sich. Schneider wird an diesem 3. Dezember noch als Minister gehandelt, schließlich wird er Beauftragter der Bundesregierung für Ostdeutschland. Viele ostdeutsche SPD-Politiker finden das unbefriedigend. Der Zugewinn der SPD, darauf weist Schneider in einem Gastbeitrag für den «Tagesspiegel» hin, komme vor allem aus dem Osten. Ostdeutsche müssten in Institutionen und Unternehmen besser vertreten sein, finden viele. Unter den SPD-Ministern wird es dann allerdings nur eine Ostdeutsche geben. Die Brandenburgerin Klara Geywitz wird Bauministerin – sie hat 2019 gemeinsam mit Olaf Scholz vergeblich für den SPD-Vorsitz kandidiert. Die Grünen stellen mit der Umweltministerin Steffi Lemke ebenfalls eine Ostdeutsche auf, die FDP niemanden. Auch im Kabinett Scholz ist Ostdeutschland also unterrepräsentiert. Schneider ist ein sportlicher Typ. Er hat schon als Jugendlicher viel Fußball gespielt, heute spielt er in der Bundestagsmannschaft. Er fährt Rennrad und Querfeldeinrad. Natürlich hat er nicht viel Zeit, auch bei diesem Gespräch nicht. Aber mit Schneider kann man in sehr kurzer Zeit sehr viel besprechen. Seine Antworten sind kurz, präzise und offen, manchmal auf sympathische Art rotzig. Mit einer Glasur aus leichtem Thüringisch erzählt er von seiner Kindheit, mit dem Rücken zum Spree-Blick, und man kommt nicht umhin zu denken, dass er einen ziemlich weiten Weg hinter sich hat, von Erfurt-Herrenberg bis in dieses Büro. Sehr viel unterschiedlicher könnten zwei Orte in Deutschland nicht sein, so sehen es jedenfalls die Menschen in Thüringen, erzählt Schneider. Berlin, das sei von Erfurt aus gesehen schon sehr, sehr weit weg. Wenn jemand in Thüringen auf «die in der Hauptstadt» schimpfe, sagt Schneider, dann meine er «die in Erfurt».

Carsten Schneider hat in vielerlei Hinsicht einen Innen-Außen-Blick auf Ostdeutschland und die Friedliche Revolution. Er gehört zu jenen Jahrgängen der Generation X, die die Zeit um 1989 und die Jahre der Transformation als Teenager und junge Erwachsene schon sehr bewusst erlebt haben. Er gehört aber ebenso zu jener Altersgruppe, die sich ihr Verständnis der DDR als politisches System weitgehend wie Historiker erarbeiten mussten.

Schneider sagt, er habe die DDR erst richtig begriffen, als er «Der Erste» von Landolf Scherzer gelesen habe. Scherzer wurde 1941 geboren, ein Thüringer Autor, der dem DDR-Schriftstellerverband angehörte und mehrere DDR-Literaturpreise erhielt. «Der Erste» ist eine Reportage, in der Scherzer das Leben eines SED-Funktionärs auf Kreisebene schildert, den er mehrere Wochen begleitet hat. «Er beschreibt den Kampf dieses Ersten

Sekretärs mit den Widrigkeiten des Lebens und wie er jeden Tag versucht, das Beste daraus zu machen», erzählt Schneider. «Wie er versucht, für ein Gummiwerk irgendetwas zu besorgen, damit die arbeiten können, und so weiter.» Nach einer kurzen Pause ergänzt Schneider, ohne dass man fragt: «Ich weiß nicht, wo ich in der DDR gelandet wäre, aber es hätte gut sein können, ich wäre auch da gelandet.» Man kann sich das vorstellen, er hat diese spezielle Antriebsenergie, die viele Politiker auszeichnet und mit der man wahrscheinlich tatsächlich alles Mögliche anfangen kann. Schon 1989, mit dreizehn, wird er aus der Unterrichtsstunde heraus ins Direktorinnenzimmer bestellt. Neben der Direktorin sitzen zwei NVA-Offiziere, die ihn eindringlich auffordern, eine Laufbahn als Offizier einzuschlagen. «Die hatten mich auf dem Schirm», sagt Schneider. «Zum Glück kam dann der November 1989, und das Thema war vom Tisch.»

Die Partei von Dietmar Bartsch, die Linkspartei, besetzt Spitzenämter schon seit einigen Jahren zunehmend mit Ostdeutschen der Generation X, die keine oder nur wenig Erinnerung an die Wendezeit haben. Katja Kipping, bis 2020 Bundesvorsitzende der Linken und seit 2021 Sozialsenatorin in Berlin, war beim Mauerfall elf, bald zwölf Jahre alt. «Bei mir fielen der Beginn der Pubertät und die Wende zusammen – es war alles gleichzeitig in Bewegung, körperlich und politisch», erinnert sie sich. Die politischen Ereignisse, die Rebellion gegen die verunsicherten Eltern und andere Autoritäten, bilden in ihrer Erinnerung eine Art Einheit. Da war zum Beispiel die Mathelehrerin, sehr gut, aber auch sehr streng, die bis zuletzt darauf bestand, dass die Schülerinnen und Schüler den Unterricht mit dem Pioniergruß begannen. «Mir kam das fast gelegen, weil ich ohnehin die Auseinandersetzung suchte, ich habe mich dagegen gewehrt», erzählt Kipping. «Ich will mich aber gar nicht als große Revoluzzerin darstellen. Mit Beginn der Pubertät stellt man ja sowieso viel infrage, nicht immer wirklich reflektiert, sondern schon auch mal reflexhaft. Aber alles zu hinterfragen passte natürlich gut in die Zeit.» Kipping war selbst Gruppenratsvorsitzende der Pioniere in ihrer Klasse, eine Art Klassensprecherin. «Ich bin in der glücklichen Lage, dass die Frage nie beantwortet wurde, ob ich in der DDR als junge Erwachsene in der Umweltbewegung mitgemacht hätte oder selbst Pionierleiterin geworden wäre», sagt sie heute.

Fundamentale Unterschiede zu Westdeutschen, auch westdeutschen Politikern ihrer Generation, sieht sie nicht. Ein paar Dinge aber, in denen man sich unterscheide, sind da schon. «Es gibt immer wieder Momente, in denen ich die Ostdeutsche in mir merke und Gemeinsamkeiten mit anderen Ostdeutschen entdecke. Das sind aber eher soziokulturelle Dinge», sagt Kipping. Sie denkt etwa an bestimmte «Codes», Kleinigkeiten, die wie Erkennungszeichen wirken. «Zum Beispiel, ob jemand ‹Mosaik› kennt, die Zeitschrift mit den Abrafaxe-Comics.» Die kauft Katja Kipping häufig für ihre Tochter, die 2021 etwa so alt ist wie sie selbst zu Wendezeiten. «Mittlerweile gibt es auch eine Ausgabe für Mädchen, die finde ich ganz toll. Wenn ich davon erzähle, bekommen die einen leuchtende Augen, dann weiß ich, okay, die haben das auch als Kinder immer von ihrem Taschengeld gekauft. Die anderen sagen: ‹Mosaik›, was ist das? Ich sage dann, das ist wie Asterix und Obelix, nur anders.»

Auch politisch spüre sie oft, dass bestimmte Themen im Osten eine andere Resonanz hervorrufen, andere Ängste. «Ein Beispiel sind die Negativzinsen für Privatleute.» Wenn Politiker im Westen über Selbstständige sprechen, dachten sie lange meist an Mittelständler, Notare oder Ärzte, in jüngerer Zeit auch an prekär Beschäftigte im Kulturbetrieb. Kipping denkt an die vielen Menschen, die sich nach der Friedlichen Revolution selbstständig gemacht haben, «oft mit sehr kleinen Unternehmen, oft aus Mangel an Alternativen, ohne den Banken gewachsen zu sein».

Vielleicht denkt Kipping dabei auch an ihren Vater. Bis zur Friedlichen Revolution arbeitete der Diplom-Ingenieur in Dresden beim VEB Kombinat Robotron, dem größten Computerhersteller der DDR. 1989 hatte Robotron 68 000 Mitarbeiter an fast zwei Dutzend Betriebsstätten. 1990 wurde das Kombinat aufgelöst, die einzelnen Betriebe gingen auf die Treuhandanstalt über und wurden liquidiert. Kippings Vater machte sich gemeinsam mit seinem Bruder selbstständig und gründete ein kleines Familienhotel. «Und selbstständig im Osten hieß selbst und ständig du, ohne finanzielles Polster aus einer Erbschaft ins volle Risiko gehen», sagt Kipping. Ihre Mutter war 1989 Musiklehrerin. Sie schulte nach dem Umbruch um auf Erzieherin. In den neunziger Jahren allerdings, vor der Wende zum Ganztagsbetrieb in Kitas und Schulen, werden in Ostdeutschland Erzieherinnen entlassen. Katja Kipping sagt, auf ihre Mutter und viele Kolleginnen sei «subtil Druck ausgeübt» worden, «für eine Abfindung freiwillig einen Auflösungsvertrag zu unterschreiben, sonst drohe die Kündigung ohne Abfindung».

Wenn man danach fragt, spricht Katja Kipping natürlich über ihre Herkunft aus Dresden, über ihre Wende-Erfahrungen, man spürt aber auch ein Bemühen, nicht in erster Linie als Ostdeutsche kategorisiert zu werden. «Ich finde, für eine Verbindung zu anderen ist es oft entscheidender, welche Songs man früher gehört hat und wo man politisch aktiv ist, ob man in einer sozialistischen Jugendorganisation war», sagt sie. Kipping wirkt überhaupt wie ein sehr bewusster Mensch. Sie wählt ihre Worte mit Bedacht, als reflektiere sie sich beim Sprechen permanent selbst. Das Gespräch zu diesem Buch findet in einem Café in Prenzlauer Berg an einem Sommervormittag im Wahlkampf statt, eingequetscht zwischen zwei anderen Vormittagsterminen. Im Anschluss wird Kipping um die Ecke ihr neues Buch vorstellen, das sie gemeinsam mit Johanna Bussemer von der Rosa-Luxemburg-Stiftung geschrieben hat. «Green New Deal als Zukunftspakt» heißt es. Kippings großes Thema ist die Versöhnung der ökologischen Transformation mit der Sozialpolitik. Ihr Tag ist ziemlich voll, aber Kipping wirkt, als komme sie gerade vom Yoga: Zen. Sie isst Joghurt mit Obst und Müsli, ganz, ganz langsam.

Fragt man, was ihr Denken politisch-ideologisch geformt hat, erzählt sie von einem Arbeitskreis der (westdeutschen) marxistischen Feministin, Soziologin und Philosophin Frigga Haug, der immer zu Anfang des Jahres stattfand. Über viele Jahre, lange nach ihrem Studium, war Kipping Teil dieser Gruppe. Politisch interessierte Frauen, erzählt sie, trafen sich für eine Woche zur Diskussion und zum Lesen. Sie lasen Texte des italienischen Marxisten Antonio Gramsci, von Bert Brecht, von Rosa Luxemburg oder Christa Wolf. Im Zentrum der Diskussionen stand der Zusammenhang von Denken und Handeln in der Welt. Die Art, wie wir die Welt denken und beschreiben, hat Einfluss darauf, wie wir darin handeln – das ist eine der gedanklichen Überschneidungen zwischen den Texten von Brecht und Haug. Haug etwa legte sich mit anderen Feministinnen an, weil diese aus ihrer Sicht die Handlungsmöglichkeiten von Frauen im «Patriarchat» zu gering einschätzten, Frauen zu stark als Opfer sahen und sie damit nur weiter in ihrer Handlungsmacht beschnitten. Die Frauen in diesem Kreis übten sich auch in «Erinnerungsarbeit», erzählt Kipping, eine Technik, um subjektive Erinnerungen und gemeinschaftliche Erinnerungen zu hinterfragen, ebenso wie die vermeintlich «objektiven» Erzählungen von Geschichte, die Historiker schaffen. Es geht dabei um die Versöhnung unterschiedlicher Geschichtsbilder, darum, auch der subjektiven Sicht auf die Geschichte eine Berechtigung einzuräumen. Für kaum einen anderen Aspekt der deutschen Geschichte könnte das wohl relevanter sein als für die Zeit der Friedlichen Revolution und der Transformation im Osten, kaum ein anderer Abschnitt wird so unterschiedlich erinnert.

Vielleicht ist es paradoxerweise das, was Ostdeutsche der Generation X wie Katja Kipping und Carsten Schneider am ehesten verbindet: wie unterschiedlich sie die Wende erinnern. Das zeigt zum Beispiel ein Sammelband, der 2012 erschienen ist und in dem Zeitgenossen der «Dritten Generation Ost» – die meisten Akademiker –, über ihre Erfahrungen schreiben. Einige empfanden diese Zeit als traumatisch, oft wegen der Arbeitslosigkeit der Eltern und deren Verunsicherung. Manche zogen mit ihren Eltern in den Westen und empfanden das als Heimatverlust. Wieder andere interpretieren die Wende biografisch als eine Befreiung von den autoritären Strukturen und dem Misstrauen, das bis in die Schule reichte, manche auch als Auslöser für einen Entwicklungsschub, weil sie plötzlich allein zurechtkommen mussten, während die Eltern mit sich selbst beschäftigt waren. Oder sie gewannen überraschend persönliche Freiheiten hinzu wie Carsten Schneider.[6]

Adriana Lettrari, eine der Herausgeberinnen, sagte in einem Interview einmal, es habe sich angefühlt, als sei man in zwei Kulturen aufgewachsen. Daraus leite sich aber auch eine besondere «Transformationskompetenz» ab. Aus Lettraris Sicht sind Ostdeutsche ihrer Generation durch ihre Erfahrungen quasi potenzierte Gen-Xer. «Unkompliziert, dabei mit ganzer Authentizität und Ernsthaftigkeit – so kann der Pragmatismus unserer Generation beschrieben werden.»[7]

Manche in dieser Generation scheinen ein stärkeres Bedürfnis nach einer gemeinsamen, generationellen Identität zu haben als Westdeutsche gleichen Alters – auch wenn Katja Kipping das offenbar nicht unbedingt teilt. Gemeinsam ist den Ostdeutschen der Generation X vielleicht, dass sie es ablehnen, ihre ostdeutsche Identität nur als Nachteil zu sehen, als etwas, das belastet oder hemmt – was dann wiederum eine Gemeinsamkeit wäre mit der älteren Generation, der Generation Merkel, die erst sehr viel später im Leben zu einem selbstbewussten Umgang mit ihrer Biografie finden konnte.

Interessanterweise setzt ausgerechnet die scheidende Kanzlerin ganz am Ende ihrer Amtszeit hier einen neuen Ton. Am 3. Oktober 2021 hält Angela Merkel eine bemerkenswerte Rede zum Tag der Deutschen Einheit. Ihre Herkunft, ihr Ostdeutschsein hat die Kanzlerin in den sechzehn Jahren ihrer Regierungszeit zwar nie versteckt, zur Enttäuschung vieler Ostdeutscher aber auch nur sehr selten offensiv thematisiert. Jetzt, wenige

Wochen vor dem Abtritt und nach der Bundestagswahl, spricht die Kanzlerin über ihr eigenes Erleben. Sie erzählt, dass ihre DDR-Vergangenheit in einem von der Konrad-Adenauer-Stiftung herausgegebenen Buch einmal als «Ballast» bezeichnet wurde. So habe sie kein «von der Pike auf sozialisiertes CDU-Gewächs altbundesrepublikanischer Prägung» sein können. Sie erzähle das nicht, um sich zu beklagen, sie erzähle das auch nicht als Bundeskanzlerin, sondern als Bürgerin, die das Gefühl haben musste, «als zähle dieses Leben vor der deutschen Einheit nicht wirklich». Menschen ihrer «Generation und Herkunft» müssten praktisch ihre «Zugehörigkeit zum wiedervereinten Deutschland» immer wieder beweisen, «so als sei die Vorgeschichte, also das Leben in der DDR, irgendwie eine Zumutung». Sie wünsche sich, dass die Wende «anerkannt wird als eine Erfahrung, die uns gemeinsam Zuversicht und Stärke gibt».

All diese Empfindungen und Identitätskonstruktionen sind zentral, wenn es darum geht, die deutsche Politik zu verstehen. Westdeutsche Politikerinnen und Politiker der Generation X allerdings müssen sich die Friedliche Revolution und das Umbruchempfinden der Ostdeutschen mühsam erschließen, im Erwachsenenalter. Für sie ist diese Zeit keine erfahrene Geschichte, sondern vermittelte Geschichte.

Als am 9. November 1989 die Mauer fällt, ist Annalena Baerbock erst acht Jahre alt. Sie lebt mit ihren Eltern in dem Dorf Schulenburg an der Leine und geht in Hannover zur Schule. Manche in ihrer Generation in Westdeutschland erinnern sich an die Reaktion der Eltern, an Gespräche im Familienkreis, an Fernsehbilder. Der CDU-Politiker Carsten Linnemann zum Beispiel, rund drei Jahre älter als Baerbock, erinnert sich, wie sein Vater am Abend des Mauerfalls fernsah, wie er sich erhob und dann lange dastand, mitten im Wohnzimmer, als sei die Zeit stehen geblieben. Er war bewegt. Annalena Baerbock hat keine Erinnerungen an solcherlei Bilder. «An den Tag selbst erinnere ich mich nicht, nur an ein paar Dinge drumherum», erzählt sie im Herbst 2021. «Das bedaure ich sehr.» Ihre Schule organisiert recht schnell einen Schüleraustausch mit einer Klasse aus Ostdeutschland. Die Kinder kamen für eine Woche in Gastfamilien aus ihrer Schule unter. Als Gastgeschenk brachten die Mädchen Haarspray mit. «Das haben wir damals nicht verstanden. Wir dachten: Warum bringen die uns Haarspray mit, das gibt es doch hier überall.» 1992 findet die Deutsche Meisterschaft im Trampolinspringen in Dessau statt, in einer alten Fabrikhalle. Die Mädchen aus dem Westen sind irritiert: Warum finden Meisterschaften in einer Fabrikturnhalle statt?

Aber all das sind eher zufällige Erinnerungen, aufgeladen mit Bedeutung erst viel später, in Kenntnis der historischen Ereignisse. Obwohl auch weit entfernt und obwohl sie damals erst fünf Jahre alt war, habe sie die Reaktorkatastrophe von Tschernobyl 1986 viel deutlicher in Erinnerung. «Als Kind nimmt man vieles ja krasser wahr, dass wir nicht im Sand spielen, nicht auf den Spielplatz gehen durften, das hat sich sehr bedrohlich angefühlt. Wir haben verstanden: Das ist eine echte Katastrophe.»

In ihrer unmittelbaren Umgebung ist der Umbruch in Ostdeutschland ohne eine besondere Verbindung zum Ereignis durch die Eltern kaum erfahrbar. Baerbock hat auch später zunächst kaum Berührung mit Ostdeutschland. Sie studiert in Hannover und in London, macht ein Praktikum in Brüssel. Und als sie Ende der 2000er Jahre nach Berlin zieht, ist von der einstigen Teilung der Stadt schon nicht mehr viel zu sehen. 2011 wird ihre erste Tochter geboren, die Familie lebt in einer Altbauwohnung am Rosenthaler Platz, ehemals Berlin-Ost. Ganz in der Nähe, in der Brunnenstraße, gibt es ein Haus, auf dessen Fassade steht: «Dieses Haus stand früher in einem anderen Land.» Ein Foto dieser Fassade, so schreibt Baerbock in ihrem Buch «Jetzt», hänge noch heute in ihrem Wohnzimmer.[8] Der Schriftzug, auch das schreibt Baerbock, ist erst lange nach der Wende entstanden, die Idee stammt von dem legendären Werber und Unternehmer

Jean-Remy von Matt, einem der Gründer der Agentur Jung von Matt, einem Schweizer, der seine Karriere weit vor der Wende in Westdeutschland begann. Später zog Annalena Baerbock mit ihrer Familie nach Potsdam, hier liegt auch ihr Wahlkreis. Aber auch in Potsdam war der Westen schon eingezogen, als sie ankam, die Stadt schon proper verniedlicht, ein Kunstprodukt, geprägt von westdeutsch sozialisierten Medien- und Politikmenschen, die aus Berlin wegziehen, weil es ihnen da zu laut geworden ist, aber gern in der Nähe bleiben möchten. Das im Zweiten Weltkrieg beschädigte und in der DDR abgerissene kurfürstliche Stadtschloss wurde von 2010 bis 2013 wiederaufgebaut, im Museum Barberini zeigt der westdeutsche Unternehmer und Wahlpotsdamer Hasso Plattner seit 2017 seine Impressionismus-Sammlung. Eine Zeit lang hat Annalena Baerbock gesagt, sie trete ja in Ostdeutschland an, dann aber irgendwann gemerkt, dass das regelrecht anmaßend klingt. Sie versucht zumindest, sich den Osten zu erarbeiten und zu erschließen. Von 2009 bis 2013 ist sie Landesvorsitzende ihrer Partei in Brandenburg und so im Land unterwegs. 2017 etwa stellt sie sich einer Diskussion über die Zukunft der Lausitz nach dem Braunkohletagebau in Cottbus. Neben ihr ist der AfD-Rechtsaußen Andreas Kalbitz eingeladen. Es muss eine ziemlich unsägliche Runde gewesen sein, in der man den Rechtsextremen plaudern ließ, während sie mal wieder nach der Vereinbarkeit von Familie und Beruf gefragt wurde.[9] Aber sie kommt eben einfach nicht aus Brandenburg. Als sie im Wahlkampf gemeinsam mit Robert Habeck im Biesenthaler Becken ein Klima-Sofortprogramm vorstellt, spricht sie vom «Wald hier im Oderbruch» – nur dass dieses Naturschutzgebiet gar nicht im Oderbruch liegt.

Die Friedliche Revolution erleben in Westdeutschland sozialisierte Politikerinnen und Politiker der Generation X nur durch die vielfältigen Brechungen eines Zeit-Prismas, durch geerbte, überformte, politisch und ökonomisch instrumentalisierte Erinnerungen. Mit jüngeren Politikern dieser Generation, die in

Ostdeutschland sozialisiert sind, teilen sie das durchaus. Auch deren Erinnerungen sind weniger die Erinnerungen von Akteuren als Kindheits- und Jugenderinnerungen, etwas, das sie erlebt, aber nicht gestaltet haben – ebenfalls ein eigenes Prisma. Außerhalb von Berlin-Mitte und dem Potsdamer Neo-Barock ist die Geschichte im Sinne von Kosellecks Narben im Gesicht älterer Menschen allerdings weiterhin unübersehbar und erfahrbar, eine permanente Erinnerung an die Zeitlichkeit: in verfallenden Industrieanlagen, leer stehenden Häusern und Höfen, der Plattenbauarchitektur. In den meisten kleineren ostdeutschen Städten und Dörfern setzen sich die materiellen Erinnerungen im Alltag fort und prägen das Bewusstsein für Zeitgenossenschaft.

Bei ihm im Norden, in Mecklenburg-Vorpommern, spiele es für das Lebensgefühl immer noch eine große Rolle, ostdeutsch zu sein, egal, welcher Generation man angehöre, sagt Dietmar Bartsch. «Und es spielt ja auch ganz real eine Rolle. Ostdeutsche arbeiten länger, aber bekommen weniger. Sie werden weniger repräsentiert.» Zwischen der Generation X und älteren Menschen in Ostdeutschland besteht insofern eine besondere Entfremdungsgefahr.

Was heißt all das für die Frage, ob die Generation X überhaupt eine Generation ist – ob es einen «Zusammenhang» im Sinne Karl Mannheims gibt, ein Gefühl der Verbundenheit, das zu gemeinsamem Handeln in der Zeit führen könnte?

Tatsächlich scheint diese Generation, die mit dem von Francis Fukuyama proklamierten «Ende der Geschichte» aufgewachsen ist, nicht nachhaltig durch die zentralen historischen Ereignisse ihrer Lebenszeit geprägt zu sein, geschweige denn so etwas wie ein Kollektivbewusstsein entwickelt zu haben. In Westdeutschland fand die «Wende» für manche quasi nicht statt. Jüngere ostdeutsche Politikerinnen versuchen, sich vom Umbruch Ost zu emanzipieren, sie als kompetenzbildend, aber nicht allein prägend zu betrachten.

Blickt man also durch die Brille der Ereignisgeschichte auf diese Generation, ergibt sich kein starker «Zusammenhang», keine starke, generationelle Erzählung. Auch das Lebensalter dieser Politikerinnen und Politiker, das seltsame Irgendwas zwischen vierzig und fünfzig, ist eines, in dem sich die Zeitlichkeit der eigenen Existenz erst langsam ins Leben schleicht. Auf den ersten Blick ist es daher schwierig, der politischen Generation X pauschal «generationelle» Eigenschaften zuzuordnen – außer der, dass sie wenige haben. Sie sind zunächst einmal, wie Klaus Hurrelmann sagt, etwas «rätselhaft».

Bei genauerem Hinsehen aber zeigt sich, dass – wie auch Christian Lindner feststellt – alte ideologische Konfliktlinien durchaus fortwirken. Denn natürlich ist auch die Generation X ein Produkt ihrer Zeit, wenngleich der Wandel, wie Koselleck es beschreibt, mangels Ruinen nicht so sichtbar oder erfahrbar ist. Schaut man weniger auf die Ereignisgeschichte und mehr auf wirtschaftliche und gesellschaftliche Entwicklungen seit der Wende sowie auf die Diskurse, die diese Entwicklungen seit dem Ende des Ost-West-Konflikts begleiten, lässt sich durchaus ein Generationenzusammenhang entdecken – eine breit geteilte Analyse der Herausforderungen und auch ein Generationenbewusstsein, das sich abgrenzt von den Älteren. Darum soll es in den folgenden Kapiteln gehen.

3   Die Nanny und der Liberalismus.
Neue Antworten auf die alte Frage
von Staat und Markt

Washington D. C., Mittwoch, der 13. Oktober 2021, ein spätsommerlicher Tag, zweieinhalb Wochen nach der Bundestagswahl. Olaf Scholz, zu diesem Zeitpunkt geschäftsführender Finanzminister der Bundesrepublik Deutschland, und seine kanadische Kollegin Chrystia Freeland improvisieren eine Pressekonferenz vor dem Weißen Haus. Sie stehen in einer kleinen Parkanlage, außerhalb des Zauns rund um den Sitz des amerikanischen Präsidenten, wie in einem Video zu sehen ist.[1] Scholz spricht zuerst. Sein Anzug sitzt, wie immer in jüngerer Zeit. In den letzten Jahren hat Scholz mehr Sport getrieben, er joggt und rudert und trägt den Zwirn jetzt etwas schmaler geschnitten. Sein Hemd würden Amerikaner wohl als «crisp» bezeichnen – perfekt gebügelt. Doch im Übrigen wirkt er zerknittert. Er spricht eigentlich sehr gut Englisch. Während der kurzen Pressekonferenz allerdings holpert ihm die Fremdsprache über die gejetlagte Zunge.

Am Vortag noch hat Olaf Scholz in seiner Funktion als SPD-Kanzlerkandidat an den Sondierungen zur Ampel-Koalition auf dem Berliner Messegelände teilgenommen, dann ist er in einen Flieger gestiegen und nach Washington zum Treffen der G20-Finanzminister geflogen. In Berlin sollen die Generalsekretäre von SPD, Grünen und FDP die Zeit seiner Abwesenheit nutzen, um die Ergebnisse der bisherigen Gespräche zusammenzufassen. Nach Scholz' Rückkehr fällt die Vorentscheidung über die Aufnahme von Koalitionsgesprächen. Anstrengende Zeiten selbst für einen geübten politischen Dauerläufer, und das mit einem Wahlkampf in den Knochen. Doch an diesem Finanzministertreffen muss er teilnehmen. Hier wird Großes beschlossen – und politisch nützen dürfte es ihm auch.

«This is a very special moment», sagt Scholz in die Mikrofone. «Dies ist ein sehr besonderer Moment.» Bei ihrem Treffen haben die G20-Finanzminister Schritte zur Umsetzung einer globalen Mindeststeuer vereinbart. Man habe im vergangenen Jahr sehr hart daran gearbeitet, sagt Scholz, das «race to the bottom», den internationalen Negativwettbewerb um die niedrigsten Steuersätze, zu beenden, um eine «faire Besteuerung» von Unternehmen zu erreichen. Für alle Länder bedeute das neue Einnahmen. Er bedankt sich bei Chrystia Freeland dafür, dass sie sich in den vergangenen Jahren mit ihm gemeinsam für dieses Vorhaben eingesetzt hat. Jetzt könne man sagen: «Yes, we made it – wir haben es geschafft.»

In Deutschland wird dieses Treffen der G20-Finanzminister nur am Rande wahrgenommen, zu nah ist noch die Wahl, zu groß die mediale Aufregung rund um die Sondierungen zur Ampel. Doch der Tag ist tatsächlich bedeutend. Er markiert einen wichtigen Schritt in dem Ringen von Staaten, ihren Handlungsspielraum und ihre Souveränität auch in Zeiten der Globalisierung zu behaupten und das Machtverhältnis von Staat und Markt neu zu justieren.

Steuern zu erheben ist eine Kernkompetenz souveräner Nationalstaaten. Doch mit der Ausweitung des globalen Handels stehen die rund zweihundert Einzelstaaten vor einem Problem. Für internationale Unternehmen ist es vergleichsweise einfach, nationale Steuern zu umgehen. Unternehmen zahlen Unternehmenssteuern bislang dort, wo sie ihren Hauptsitz haben – und den können sie leicht in Länder verlegen, in denen die Steuersätze niedrig sind. Umgekehrt konkurrieren Staaten mit niedrigen Steuersätzen um die Hauptsitze von Unternehmen. In der Europäischen Union zum Beispiel ist Irland ein Niedrigsteuerland, das viele globale Unternehmen anziehen konnte, in Asien Singapur. Auch Donald Trump senkte die Unternehmenssteuern in den USA, um seinem Land einen Wettbewerbsvorteil zu verschaffen – das ist das «race to the bottom», von dem Scholz spricht. Gleichzeitig wächst in einigen Ländern das Bewusstsein, dass dieses Modell kein nachhaltiges ist, dass Staaten gerade in Zeiten, in denen sie dringend Geld brauchen – um die Folgen der Coronapandemie zu bewältigen etwa und in klimaneutrale Technologien zu investieren –, bedeutende Einnahmen entgehen.

Seit Jahren schon wird deshalb im Rahmen der G7 und der G20, der sieben beziehungsweise zwanzig stärksten Volkswirtschaften der Welt, und auch im Rahmen der Organisation für Entwicklung und Zusammenarbeit (OECD) über Lösungen diskutiert. Die Idee, die sich schließlich durchsetzte und an dem besagten Oktobertag in Washington weiterentwickelt wurde, besteht aus zwei Säulen: Alle beteiligten Staaten einigen sich auf einen Mindestsatz von 15 Prozent, den jedes Unternehmen zahlen muss. Ein Teil der Steuereinnahmen soll außerdem umverteilt werden – von den Ländern, in denen ein Unternehmen den Hauptsitz hat, in die Länder, in denen das Unternehmen seine Produkte verkauft, unabhängig davon, wo sie hergestellt werden.

Chrystia Freeland tritt ans Mikrofon. Sie betont ebenfalls die Bedeutung dieses Tages, dann gratuliert sie «Olaf und seiner Partei» noch zum Wahlergebnis und dankt ihm für die Zusammenarbeit. Olaf Scholz freut sich auf seine ganz eigene Weise. Er lächelt vorsichtig und neigt leicht das Haupt. Mehr geht nicht.

Pragmatisch, geschichtslos, befreit vom ökonomischen und ideologischen Systemkonflikt des Kalten Krieges, aufgewachsen nach dem «Ende der Geschichte» – so wird die Politikergeneration beschrieben, mit der Olaf Scholz regiert. Auch Scholz selbst wird so wahrgenommen. Gerade diese Generation, die Generation

Scholz und Merkel, sagen mehrere Politiker der Generation X vor der Bundestagswahl, sei doch auf besondere Weise ideologisch flexibel. Zitieren lassen möchte man sich damit nach der Bundestagswahl nicht mehr, schließlich regiert man jetzt zusammen und hat sich auch besser kennengelernt. Doch eine Grundsatzfrage, eine lange Linie, die sich in dem Bemühen um eine globale Mindeststeuer spiegelt, ist geblieben und spaltet die Ampel-Koalition. Es geht darum, was der Staat ist, was er können und leisten soll. Das ist keine neue Frage, doch eine, die die Zeitgeschichte der Politik mit neuer Dringlichkeit vorlegt und die das Handeln der nächsten Generation prägen wird. Die Debatte hat auch das Potenzial, in der Ampel-Regierung und im Verhältnis zur Union in der Opposition immer wieder für Konflikte zu sorgen.

Die Frage nach dem Verhältnis von Staat und Markt drängt sich aus vier Gründen wieder verstärkt auf: erstens, weil ein zunehmendes Ungleichgewicht herrscht zwischen den faktischen Handlungsmöglichkeiten der Unternehmen, bedingt durch die Globalisierung, und den faktischen Handlungsbeschränkungen der Staaten, bedingt durch ihre territoriale Verortung. Zweitens, weil der Kampf gegen den Klimawandel geführt und finanziert werden muss. Aus ihrem unterschiedlichen Staatsverständnis heraus sind Grüne und SPD auf der einen Seite sowie die Liberalen auf der anderen völlig unterschiedlicher Meinung, wo das Geld herkommen soll und mit welchen Mitteln die notwendige Transformation bewältigt werden kann: mit den Mitteln des Staates oder denen der Märkte. Die CDU rangiert zwischen diesen beiden Polen. Drittens drängt sich die Frage neu auf, weil die Notenbanken im Herbst 2021 schon seit Längerem eine Niedrigzinspolitik verfolgen. Schulden aufzunehmen bedeutet zwar, dass das Defizit wächst. Das Geld zu leihen aber kostet nichts. Die Zeiten, in denen Staaten wie Griechenland während der Eurokrise von Zinszahlungen beinahe erdrückt wurden, sind vorbei. Viertens stehen Demokratien überall auf der Welt unter Druck, gegenüber autoritären Regimen und Populisten im eigenen Land ihre Effizienz zu beweisen. Das haben längst nicht nur deutsche Politiker erkannt. Für einen möglicherweise kurzen historischen Moment bilden die USA, Kanada und die EU eine mächtige Achse. Nicht zuletzt der «Sozialdemokrat» Joe Biden wirbt immer wieder mit dem Slogan um Wähler, dass alle ihren «fair share», ihren gerechten Anteil an der Staatsfinanzierung, zahlen müssten, auch Reiche und Unternehmen.

All das wirkt sich auf die politische Landschaft in Deutschland aus. Es wäre vielleicht zu viel gesagt, von einer neuen Lagerbildung zu sprechen, sicher aber kann man festhalten, dass es «Schulen» gibt, die durch die Herausforderungen der Zeit mit der Generation X erneuert werden und wieder das Potenzial gewinnen, «cleavages» zu erzeugen, Gräben in der politischen Landschaft.

Am 26. August 2021, einen Monat vor der Bundestagswahl, sind Friedrich Merz und Robert Habeck zu Gast bei Maybrit Illner. Beide Politiker tragen ihre gegenseitige Abneigung genüsslich zur Schau. Maybrit Illner verstärkt die negativen Vibes noch dadurch, dass sie einen bereits einige Monate alten Tweet von Merz über Habeck vorliest, abgesetzt kurz nach der Nominierung von Annalena Baerbock zur Kanzlerkandidatin der Grünen. Merz twitterte: «Robert #Habeck hat einfach zu viele Wissenslücken. Ich war mir deshalb sicher, dass Annalena Baerbock nominiert wird (...).» Habeck ist nicht um eine Antwort verlegen. «Ich glaube, viele würden sich wünschen, mal einen Tweet nicht abgesetzt zu haben», sagt er. Merz lächelt süffisant und mit erhobenen Augenbrauen.

Schließlich aber geht es doch noch um die Sache, und zwar um die Frage, ob die Schuldenbremse ausgesetzt werden könnte und sollte, um in den Klimaschutz zu investieren. «Die Schuldenbremse steht im Grundgesetz», sagt Friedrich Merz. «Wir haben auch einen Stabilitäts- und Wachstumspakt der Europäischen Union, wir haben einen Maastricht-Vertrag, der uns verpflichtet, von dem ich hoffe, dass er Bestand hat.» Habeck und die Grünen wollten ja die Schuldenbremse aufheben. «Ich halte daran fest, und meine Partei auch», sagt Merz. Das süffisante Lächeln ist verschwunden.

«Wir müssen den Umbau der Wirtschaft, die Art, wie wir wohnen, wie wir uns fortbewegen, finanzieren», entgegnet Habeck. «Entweder jeder für sich, jedes Unternehmen für sich, oder wir nutzen die Kraft der Solidarität.» Deutschland, also «der Staat», so Habeck, habe an den Märkten eine gute Bonität – «und der Staat, das sind ja letztlich wir alle (...), das sind wir». So könne Wachstum entstehen, so werde «der Staat» letztlich Arbeitsplätze schaffen.

Bei diesem Schlagabtausch an einem Donnerstagabend gegen 22:45 Uhr kollidieren zwei völlig unterschiedliche Haltungen in der Frage, was der Staat eigentlich ist und wie er handeln sollte. Für Robert Habeck, den späteren Wirtschaftsminister der Ampel, ist der Staat das zentrale Instrument in der Hand der Bürgerinnen und Bürger, um die Welt zu verändern. In seinem Buch «Von hier an anders» formuliert Habeck dieses Staatsverständnis aus, wobei er sich unter anderem auf Max Weber beruft.[2] Für Weber waren Staat und Politik eins. Es gibt keine Politik ohne Staat, ohne Institutionen. Der Staat ist das Instrument des Politischen.

Habeck schreibt weiter, der Kapitalismus entwickele sich schneller als die politische Ordnung, die ihn reguliert. Der «hyperglobale Kapitalismus», so Habeck, brauche neue Regeln.[3] Es gelte, das «verlorene Primat der Politik gegenüber der Wirtschaft, insbesondere der Finanzwirtschaft» zurückzugewinnen, den Beweis zu erbringen, dass die Demokratie noch taugt und dass «autoritäre Typen wie Trump oder Putin» es eben nicht besser können.[4] In dieser Vorstellung ist die Regierung der Geschäftsführer eines großen gesellschaftlichen «Wir», der Funktionär der Solidargemeinschaft der Bürger. Er sorgt dafür, dass die zunächst hypothetische Macht der vielen tatsächlich Momentum erzeugt.

Bei Habeck wie auch bei Baerbock, bei ihm allerdings stärker als bei ihr, findet man eine fast utopisch-romantische Vorstellung davon, was Solidarität und Gemeinschaft mit dem Instrument staatlicher Verwaltungen alles anstellen könnten. Besonders Habeck lässt zudem Sympathien für eine Welt anklingen, die dem «Wettbewerbs- und Wachstumsdogma» entsagt, eine Wirtschaft, die nicht wirklich etwas verbraucht, weil sie einen perfekten Rohstoffkreislauf schafft.[5] Gleichzeitig distanziert sich Habeck von esoterischeren Gedanken in seiner Partei: Die durch die Corona-Krise ausgelöste Rezession zu begrüßen, weil dadurch das Klima geschont werde, sei zynisch, schreibt er.

Für Habeck und Baerbock, ebenso wie für Scholz, ist das staatliche Handeln an einem Wendepunkt angelangt. Die Zeit, sich mit «kleinen Korrekturen» weiter «durchzumogeln», sei vorbei, schreibt Baerbock in ihrem Buch «Jetzt». Mittlerweile werde sehr viel Energie aufgewendet, nur um die Versäumnisse der Vergangenheit auszugleichen, vor allem in ökologischer Hinsicht. «Diese Politik hat den Staat ausgezehrt und zugleich Zweifel an dessen Zukunftsfähigkeit befördert», so Baerbock.[6] Das ist, wenn auch nicht ausformuliert, ein radikaler Gedanke: Die alte Welt ist nicht mehr zu retten – und die neue ohne den Staat nicht zu erringen. Aus Baerbocks Sicht brauchen Unternehmen Unterstützung bei der ökologischen Transformation. «Gerade gegen das chinesische Modell, das auf starke staatliche Subventionen für vielversprechende Neuerungen setzt, wird sich ein ‹technologieoffener› Ansatz (heißt: ‹Wir warten mal ab›) auf keinen Fall behaupten können.»[7]

In ihrem Buch begründet Baerbock ihr Vertrauen in die Stärke von Gemeinschaften auch biografisch. Wie authentisch das ist, lässt sich schwer bestimmen. Oft ist bei Politikern die «echte» Person kaum noch von der politischen Identitätskonstruktion zu trennen – nicht einmal für die Politiker selbst. Biografie-Schnipsel werden zur Begründung politischer Positionen und Ziele herangezogen, es entsteht ein Amalgam aus Lebensgeschichte und Haltung. Gerade aus Baerbocks Umfeld, auch aus dem Umfeld ihrer

Jugend- und frühen Erwachsenentage, ist über das hinaus, was sie selbst öffentlich gemacht hat, kaum etwas «Authentisches» zu erfahren. Was man über Baerbocks Kindheit erfährt, erfährt man überwiegend aus den kurzen biografischen Schnipseln in ihrem Buch. Fragt man im persönlichen Gespräch nach Details, etwa dem Verhältnis zu ihrer Großmutter, mit der sie als Kind viel Zeit verbracht hat, zieht sie enge Grenzen. Ein Rest exklusives Eigentum an der eigenen Person und Biografie soll bleiben.

Bekannt ist, dass Annalena Baerbock in dem Experiment eines alternativen Lebensstils aufgewachsen ist. Ihre Eltern kauften ein altes Mühlenhaus in der Ortschaft Pattensen in der Nähe von Hannover. Das Haus liegt inmitten eines riesigen, wilden Gartens und war so baufällig, dass die Familie jahrelang daran herumwerkelte, während Baerbock dort mit ihren beiden jüngeren Schwestern und ihren Cousinen aufwuchs. Am Anfang, erzählt Baerbock in ihrem Buch, habe man es in dieser Großfamilie mit einer Gemeinschaftsküche versucht, das habe aber «nicht so gut geklappt». Ansonsten hat sie das Aufwachsen in einer Großfamilie offenbar in guter Erinnerung. Es sei «ein bisschen Bullerbü auf Norddeutsch» gewesen, schreibt sie.[8] Die Kinder waren viel draußen, spielten «In der Wildnis überwintern» und halfen mit beim Ausbau des Hauses. Sie habe gelernt, so Baerbock, «wie man aus Altem Neues macht» – hier soll man wohl an die politische Forderung nach einer Kreislaufwirtschaft denken, ein gutes Beispiel für die Verknüpfung von Biografie und Programm.[9]

Die Grünen denken idealistischer als Olaf Scholz, aber auch Scholz will sich nicht abfinden mit der pessimistischen Diagnose, dass das 21. Jahrhundert das Jahrhundert der «Postdemokratie» sei, dass Demokratien im Zuge der Individualisierung und der Schwächung des Nationalstaats globalen Unternehmen und globalen Entwicklungen nichts mehr entgegenzusetzen hätten. In seinem Buch «Hoffnungsland» zitiert Scholz dazu Karl Popper: «Die Zukunft hängt von uns selbst ab, und wir sind von keiner historischen Notwendigkeit abhängig.»[10] Scholz' Mittel zum Zweck ist der Staat, seine Verwaltung, seine Gesetze und Regeln. Nicht wenige Grüne empfinden Scholz als Technokraten, seine Kühle befremdet. Scholz selbst hingegen versteht sich als Staatshandwerker, und er verbindet sein Verwaltungswissen mit einem gewissen Handwerkerstolz. Er sieht sich als einer, der die Maschinerie in- und auswendig kennt und somit auch die Hebel und Knöpfe, die man bedienen muss, um die Klimawende zu schaffen. Nicht die Maschine muss ausgetauscht, sondern ihr Mechanismus verstanden und richtig genutzt werden, um die Steuerung über das System zurückzuerlangen, so sieht Scholz das.

Dieses Prinzip verfolgt er nicht nur mit seinem Einsatz für eine globale Mindeststeuer. Scholz hat – wie Habeck – in der vergangenen Legislatur große Offenheit gezeigt, wenn es darum ging, auch die Haushaltspolitik – also letztlich das Schuldenmachen – entschieden als ein Instrument staatlichen Handelns zu nutzen. Unter Scholz' Vorgänger im Amt des Finanzministers, also unter dem CDU-Granden Wolfgang Schäuble, wurde die Einhaltung der Haushaltsdisziplin streng überwacht. Die seit 2009 in der Verfassung verankerte Schuldenbremse sieht vor, dass der Staat im Prinzip ohne neue Schulden auskommen muss. Der Bund darf pro Haushaltsjahr nicht mehr als 0,35 Prozent der wirtschaftlichen Gesamtleistung (BIP) an Krediten aufnehmen. Der von Merz im Wahlkampfsommer bei Maybrit Illner zitierte Europäische Stabilitätsmechanismus legt darüber hinaus fest, dass die bestehenden Schulden 60 Prozent des Haushalts nicht überschreiten dürfen. Die CDU und Schäuble setzten einen ausgeglichenen Haushalt mit häuslicher Ordnung gleich, mit dem In-Ordnung-Halten der guten Stube durch die «schwäbische Hausfrau». Die FDP hat dieses Bild übernommen. Die massive Schuldenaufnahme in der Coronapandemie ließ sich über einen Notfallmechanismus der Schuldenbremse begründen.

Die Zeit aber, in der die deutsche Politik insgesamt mit dieser strengen Austeritätspolitik der Union gleichgesetzt wurde, ist vorbei – und das liegt nicht zuletzt an Scholz. Eine neue Generation von Ökonomen besetzt immer mehr leitende Positionen in den großen Wirtschaftsinstituten, die Politik beraten und die öffentliche Meinung prägen. Einige von ihnen holte Scholz ins Finanzministerium – den früheren Goldman-Sachs-Investment-Banker Jörg Kukies zum Beispiel, der nach der Bundestagswahl mit Olaf Scholz ins Kanzleramt einzog, oder den Ökonomen und Europapolitiker Jakob von Weizsäcker und die Ökonomin und Informatikerin Philippa Sigl-Glöckner.[11] Viele dieser Wirtschaftsexperten sehen die öffentliche Verschuldung anders, als ein politisches Instrument, um Wachstum zu generieren, die klimaneutrale Transformation der Wirtschaft zu finanzieren, Menschen ein auskömmliches Einkommen zu verschaffen. «Functional finance perspective» ist dabei ein Schlagwort, eine nicht nur an Haushaltskennzahlen, sondern dem Einfluss auf die Volkswirtschaft orientierte Finanzpolitik.[12]

In der noch jüngeren Generation stößt man sogar auf Ideen, die über Habecks und Baerbocks utopischen Staatsidealismus und Scholz' technokratischen Handwerkerstolz weit hinausgehen und den Kern der Wirtschaftsordnung berühren.

Am 1. Mai 2019 veröffentlicht die «Zeit» ein Interview mit dem damaligen Juso-Vorsitzenden Kevin Kühnert. «Was heißt Sozialismus für Sie?», fragen die Journalisten Jochen Bittner und Tina Hildebrandt. Kühnert definiert Sozialismus als «den Anspruch, dass eine bessere Welt nicht nur denkbar, sondern auch realisierbar ist. Sprich: eine Welt freier Menschen, die kollektive Bedürfnisse in den Vordergrund stellt und nicht Profitstreben.» Und er wird noch konkreter: «Was unser Leben bestimmt, soll in der Hand der Gesellschaft sein und demokratisch von ihr bestimmt werden.»

Jochen Bittner und Tina Hildebrandt fragen nach: «Sie wollen also keine Verstaatlichung, sondern eine Kollektivierung von Unternehmen wie BMW?» Kühnert: «Auf demokratischem Wege, ja. Mir ist weniger wichtig, ob am Ende auf dem Klingelschild von BMW ‹staatlicher Automobilbetrieb› steht oder ‹genossenschaftlicher Automobilbetrieb›, oder ob das Kollektiv entscheidet, BMW braucht es in dieser Form nicht mehr. Die Verteilung der Profite muss demokratisch kontrolliert werden. Das schließt aus, dass es einen kapitalistischen Eigentümer an diesem Betrieb gibt. Ohne eine Form der Kollektivierung ist eine Überwindung des Kapitalismus überhaupt nicht denkbar.»

Das Interview rüttelt die Politik und nicht zuletzt viele in Kühnerts eigener Partei durch. «Kühnert will BMW enteignen» titelt die «Bild», tagelang wird über Kühnerts Aussagen diskutiert. CDU und FDP greifen die Kritik dankbar auf, Parteifreunde distanzieren sich. Vor allem aber wird Kevin Kühnert viel, viel, viel bekannter, als er es bis dahin war.

Enteignungen, Vergesellschaftungen, Preisdeckel – all diese Instrumente waren jahrzehntelang kein großes Thema in der politischen Mitte der konsensorientierten deutschen sozialen Marktwirtschaft. In den Jahren vor der Bundestagswahl 2021 hat sich das geändert. Gerade im Biotop der Hauptstadt (aus der Kevin Kühnert stammt), mit ihren niedrigen Löhnen, wenigen Großunternehmen, stark steigenden Mieten und vielen alternativ-linken Milieus, werden immer häufiger Alternativen erdacht und erprobt. Die rot-rot-grüne Landesregierung deckelt 2020 die Mieten, eine Entscheidung, die zwar ein Jahr später vom Bundesverfassungsgericht gekippt wird, allerdings nicht aus inhaltlichen Erwägungen, sondern weil das Gericht befindet, für Mietenpolitik sei der Bund, nicht das Land Berlin zuständig. Am Tag der Bundestagswahl 2021 stimmen die Berlinerinnen und Berliner außerdem über den Volksentscheid «Deutsche Wohnen & Co. enteignen» ab, über die Frage, ob das Land große Wohnungsunternehmen enteignen soll. 57,6 Prozent stimmen mit «Ja». Ist das Zufall? Ein Trend? Die Rückkehr alter, radikalerer Ideen zum Verhältnis von Politik und Staat? Kevin Kühnert ist 1989 geboren, ein Mitglied der Generation Z, zehn Jahre jünger als Baerbock und Lindner. Wird seine Generation grundlegende Fragen der Wirtschaftsordnung in Zukunft neu stellen? Oder ist das Sozialismus-Interview nur Ausdruck einer politischen Profilneurose? Berlin, der 26. Juli 2021, zwei Monate vor der Bundestagswahl. Kevin Kühnert trinkt schnell noch einen Kaffee vor dem Café Neffes an der Ecke Potsdamer Straße und Bülowstraße im Norden von Schöneberg. Um die Ecke ist er gleich mit Parteifreunden zu einer zweistündigen Schicht im Haustürwahlkampf verabredet. Kevin Kühnert ist hier im Bezirk Tempelhof-Schöneberg aufgewachsen, allerdings etliche Kilometer weiter südlich, in Lichtenrade am Stadtrand, in einer anderen Welt. Heute wohnt er ganz im Norden des Bezirks, in einer Wohngemeinschaft in einem von typischen Berliner Altbauten geprägten Viertel. Tempelhof-Schöneberg ist auch der Wahlkreis, den er im Bundestag vertritt.

In der Gegend, die an diesem Juli-Tag für Kühnerts Haustürwahlkampf vorgesehen ist, prallt vieles aufeinander, was seine Heimatstadt Berlin und ihre Politik ausmacht: Gleich an der Straßenecke hat ein Immobilienentwickler mehrere alte Gebäude zu einem Bürokomplex mit moderner Glasfassade umgebaut, Sony will hier einziehen. Von dort aus nach Norden ist die Potsdamer Straße seit einigen Jahren Schickimicki, Galerien, teure Restaurants, Designerläden mit Glasfronten groß wie Kirchenportale. Beim «Neffes» und weiter südlich ist «die Potse» dagegen noch ganz die alte. Eurogida, ein türkischer Supermarkt, reiht sich an Handy- und Dönerläden und Spätis. Der nahgelegene Straßenstrich hat die Pandemie überlebt. Im Café Neffes kann man sowohl Schweinemedaillons als auch Palak Paneer bestellen. Es riecht kaugummiartig, nach Shisha-Tabak.

Wie denkt Kevin Kühnert heute, mehr als zwei Jahre später, über das Sozialismus-Interview? War ihm da schlicht ein Fehler unterlaufen? Schließlich war nicht er es gewesen, der die Vergesellschaftung von BMW ins Gespräch gebracht hatte, sondern die Journalisten. Aber nein: Er sei froh, dass er die Grundsatzfrage aufgerufen habe, sagt Kühnert. Während der Coronapandemie erhielten auch BMW-Mitarbeiter Kurzarbeitergeld, der Staat half dem Unternehmen. Gleichzeitig schüttete BMW hohe Dividenden an seine Aktionäre aus. «Man muss deshalb nicht zu dem Schluss kommen, BMW zu vergesellschaften, aber hier ist die Frage von Verantwortung für Eigentum berührt. Und die ist zu sehr in den Hintergrund gerückt.»

Nun ist es natürlich ein riesiger Unterschied, ob man die Verantwortung für Eigentum gesetzlich stärkt oder gleich ein ganzes Unternehmen vergesellschaftet. Kühnert weiß das auch, und im Wahlkampf rüstete er merklich ab, von Vergesellschaftungen hat er nicht mehr gesprochen.

An diesem Tag im Juli 2021 im Café Neffes sagt Kevin Kühnert, er sei lange unentschlossen gewesen, ob er für den Volksentscheid «Deutsche Wohnen und Co. enteignen» stimmen werde. «Ich habe mit dem Instrument ‹Enteignung› – eigentlich geht es hier ja um Vergesellschaftung – grundsätzlich überhaupt kein Problem, das steht ja nicht umsonst in unserer Verfassung. Die Frage ist: Wird kurz-, mittel- und langfristig dadurch das gewünschte Ziel erreicht?» Er fürchte die praktischen Folgen, eine lange Phase der Rechtsunsicherheit über die Höhe und Systematik der Entschädigung, sollte die Enteignung vor Gericht angefochten werden. Unsicher sei auch, ob eine Enteignung am Ende tatsächlich mehr Sicherheit vor Verdrängung und Mietenanstieg bringen würde. Er fände es gut, wenn Städte mehr Wohnungen besäßen, aber die SPD wähle einen anderen Weg, sie wolle bauen und ankaufen, so Kühnert. Am Ende stimmt er gegen den Volksentscheid.

Das klingt alles doch eher wenig radikal. Andere SPD-Politiker beobachten die Wandlung des Jungsozialisten zum soliden Wahlkämpfer für Olaf Scholz mit einer Mischung aus Verwunderung, Häme und Erleichterung. Spricht man mit jungen Politikern anderer Parteien, hört man gleich mehrfach, Kevin Kühnert sei ja mittlerweile auch eher Lars Klingbeil, also so wie der SPD-Parteivorsitzende, mit dem Kühnert befreundet ist. Klingbeil ist rund zehn Jahre älter als Kühnert und Mitglied des «konservativen» Seeheimer Kreises in der SPD. Seine erste Rede im Bundestag hält der Dauer-Hoodie-Träger Kühnert sogar im Jackett.

Tatsächlich ist Kühnert wohl weder ein haltungsloser Opportunist noch ein überzeugter Sozialist. Sein Kokettieren mit Vergesellschaftungsforderungen ist sowohl der Aufmerksamkeitsökonomie geschuldet als auch faktischen politischen Problemen. Geschadet, so kann man mit etwas Abstand sagen, hat es ihm nicht. Die «Wahrnehmungsschwelle» zu durchbrechen ist für junge Politiker das Schwierigste, da ist es zunächst einmal egal, auf welchem Wege es gelingt.

Eine tiefere politische Überzeugung spricht aus all dem wahrscheinlich nicht. Ein SPD-Spitzenpolitiker der Generation X, der im Wahlkampf viel mit Kevin Kühnert zu tun hatte, sagt anerkennend, Kühnert sei sehr gut «in den Themen», besonders, was den Arbeitsmarkt und das Wohnen angehe. Er sei aber kein Ideologe und habe keine überwölbende Idee, die er der SPD oder der Gesellschaft aufzwingen wolle. Nun sehen wiederum andere allerdings genau darin das Problem. Gerade Ältere in der SPD betrachten den taktischen Umgang mit Grundprinzipien der sozialen Marktwirtschaft skeptisch. Die SPD-Politikerin Gesine Schwan, die auch Mitglied der Grundwertekommission ihrer Partei ist, sagt: «Ein genaueres Nachdenken über die große Frage – wie kann der Kapitalismus demokratisch geregelt und gestaltet werden – sehe ich bei ihm nicht.»

Dass ein spielerisch-taktischer Umgang mit dem Begriff «Sozialismus» überhaupt möglich ist, ist wiederum ein Zeitphänomen. Mit der Niederlage des real existierenden Sozialismus hat er seinen Schrecken verloren. Dadurch öffnet sich für Politiker wie Kühnert ein Raum für rhetorische Experimente, ohne dass sie Gefahr laufen, vom Diskurs ausgeschlossen zu werden. «Wir sind nicht durch den Eisernen Vorhang und die Blockkonfrontation geprägt», sagt Kühnert. «Uns ruft niemand zu: ‹Geh doch nach drüben, wenn es dir hier nicht passt!›»

Dass sich mit dem Begriff «Sozialismus», mit Forderungen nach Enteignung und Vergesellschaftung überhaupt Marken bilden lassen, liegt aber auch daran, dass es trotz allem einen echten, sozialpolitischen Resonanzraum gibt. Tatsächlich ist nicht nur in Berlin, sondern auch in anderen Großstädten die Wohnungsnot zunehmend erdrückend. So erklärt sich auch die große Zustimmung zum Volksentscheid. Gerade im Bereich der Wohnungspolitik verstärkt sich das Gefühl, dass man den Markt nicht mehr einfach machen lassen kann. Bisherige Versuche staatlichen Handelns waren wenig erfolgreich. Die «Mietpreisbremse» der Großen Koalition hatte nicht die erhoffte Wirkung, der Mietendeckel wurde kassiert. Mittlerweile ist vielerorts längst auch die Mittelschicht betroffen – Menschen, die viel arbeiten und eigentlich nicht schlecht verdienen, in großen Städten aber dennoch unter finanziellen Druck geraten. Das Ungleichgewicht zwischen staatlichen Handlungsmöglichkeiten und der Übermacht der Märkte führt zu einem Gefühl der Ohnmacht und der Wut. Es entsteht der Eindruck der politischen Ineffizienz. Kühnert mag also im provokanten Überschwang etwas formuliert haben, das ganz anders klingt, als Olaf Scholz es formulieren würde, der der Wohnungsnot mit einem Bauprogramm entgegentreten will. Die Grundüberzeugung aber ist ähnlich: Es braucht eine Erneuerung der staatlichen Handlungsfähigkeit und des staatlichen Handlungswillens.

Ein Sprung in die jüngere Vergangenheit, nach Düsseldorf. In der nordrhein-westfälischen Landeshauptstadt findet am 29. Januar 2015 die achtundsiebzigste Sitzung der sechzehnten Legislaturperiode des Landtags statt. Für diesen Tag hat die SPD-Ministerpräsidentin Hannelore Kraft eine Regierungserklärung angekündigt. Zwei ihrer Minister haben in dieser Woche eine Start-up-Offensive vorgestellt, Kraft spricht über die Gründungskultur in Nordrhein-Westfalen. Jemand, der mit seinem Unternehmen nicht erfolgreich war, gelte in den USA als erfahren, in

Deutschland als gescheitert, sagt sie. «Diese Mentalität müssen wir verändern.»

In der darauffolgenden Debatte spricht auch Christian Lindner. Er ist zu dieser Zeit Vorsitzender seiner Partei, seit 2012 hat er – wieder – ein Mandat als Abgeordneter im nordrhein-westfälischen Landtag. Nun greift er von Kraft das Stichwort «Gründungskultur» auf. Diese, sagt er, sei die «Hefe im Teig» der deutschen Wirtschaft. Seine Rede droht zu einer Standardeinlassung zum Thema «Gründermut in Deutschland» zu werden, da bringt ihn der Zwischenruf aus dem Konzept. «Sie haben ja Ihre eigenen Erfahrungen mit dem Gründen gemacht», ruft der SPD-Abgeordnete Volker Münchow, eine Anspielung auf Lindners Gehversuche als Unternehmer mit einer Internetfirma namens «Moomax» im Jahr 2000, die nie richtig auf die Beine kam.

Lindner ist an diesem Tag ohnehin recht angriffslustig gestimmt, Krafts Regierungserklärung hat er laut Protokoll selbst mehrfach mit Zwischenrufen unterbrochen, sodass die Ministerpräsidentin ihn schließlich bitten musste, sich zu mäßigen. Jetzt steigt Lindner auf die Steilvorlage ein. «Ach, gucken Sie einmal da», ruft er der Ministerpräsidentin zu. «Da haben Sie einen, da haben Sie einen.» Er sticht mit dem Zeigefinger in Richtung SPD-Fraktion. «Das ist einer der Gründe, warum die Leute heute lieber in den öffentlichen Dienst gehen – da haben Sie ja auch gearbeitet», sagt er an Münchow gerichtet (wobei der einen Teil seiner Karriere tatsächlich Verkaufsleiter in einem Privatunternehmen war). «Weil man nämlich, wenn man Erfolg hat, in das Visier der sozialdemokratischen Umverteiler gerät, und wenn man scheitert, ist man sich Spott und Häme sicher!», ruft Lindner. Seine Fraktion applaudiert, ebenso die CDU-Fraktion, und man sieht, dass es Lindner jetzt Freude macht, dass er die Chance erkannt hat, die in diesem Moment liegt. «Ich sag Ihnen noch eins!», ruft er, reibt sich die Hände und improvisiert weiter über das Thema. «Sie haben die ganze Regierungserklärung durch ihren dämlichen Zwischenruf zur Makulatur gemacht.» Dann fällt ihm nichts mehr ein. Lindner holt Luft, knöpft sein Jackett zu und sagt: «So, das hat Spaß gemacht.» Das Protokoll notiert «Heiterkeit». «Einen solchen Ball auf dem Elfmeterpunkt kann man natürlich nicht ungenutzt passieren lassen», sagt Lindner noch, grinst und fährt dann fort mit seiner Rede. Ein Videoausschnitt der Szene geht später viral.[13]

Die kleine Szene zeigt nicht nur den hyperenergiegeladenen Instinktpolitiker Christian Lindner – sondern auch seine tiefe Staatsskepsis. Lindner pflegt diese Skepsis, gern auch öffentlich. Sie entspringt einer Mischung aus Überzeugung, biografisch unterfütterter Identitätskonstruktion und strategisch-politischer Markenbildung. Anders als für Scholz, Kühnert, Baerbock und Habeck ist «der Staat» für Lindner gerade nicht ein Instrument in der Hand der Bürger, um ihre Welt, auch die wirtschaftliche, zu gestalten. Er hat vielmehr einen sehr klassischen wirtschaftsliberalen Blick: Der Staat ist eine Entität, die ein Eigenleben entwickelt, ein notwendiges Übel und oft auch ein Gegenspieler von Bürgern und Wirtschaft. Ein tendenziell übergriffiges Gebilde, das, wie es die FDP in der Coronapandemie sah, schnell allzu große Stücke aus den Grundrechten der Bürger reißt, wenn man es lässt. Und das im Weg herumsteht, wo Menschen aus Eigeninitiative handeln wollen. Deshalb darf man «dem Staat» auch beim Schuldenmachen nicht trauen – so sieht es Lindner.

In seinem Buch «Schattenjahre», das 2017 erschienen ist, verbindet Lindner Schnipsel seiner Biografie und grundsätzliche Überlegungen zu einer Begründung für seine Skepsis gegenüber der staatlichen Leistungsfähigkeit. Er hat sich zweimal selbstständig gemacht, das erste Mal, wie schon erwähnt, bereits in der Oberstufe. Was er damals anbot, wird mal als Marketing, mal als Werbung, mal als Unternehmensberatung beschrieben. Die freiberufliche Tätigkeit, so stellt es Lindner in seinem Buch dar, begann damit, dass er für ein Internetcafé der Stadtwerke Wermelskirchen, das nicht sonderlich gut lief, Werbung machte. Später habe er «respektable Etats für Unternehmen aus dem Rheinland» verwaltet und «regionale Telefongesellschaften an den Markt begleitet». Weil er bei der Gründung noch nicht volljährig war, so erzählt er, habe er eine Menge «Scherereien» gehabt. Das Amt habe zum Beispiel eine vormundschaftsgerichtliche Erklärung verlangt. Man habe ihm sogar geraten, sich «mit einer solchen Gründung doch in Gottes Namen Zeit zu lassen und stattdessen lieber seine Jugend zu genießen».[14] Für Lindner ist das ein Beleg für die gründungsfeindliche Kultur deutscher Verwaltungen.

Richtig tagesfüllend kann seine freiberufliche Tätigkeit als Werber-Unternehmensberater eigentlich nicht gewesen sein. Lindner studierte gleichzeitig Politikwissenschaft, Staatsrecht und Philosophie in Bonn, war dort studentische Hilfskraft und schloss in vergleichsweise normalen elf Semestern seinen Magister ab. Schließlich gründete er das erwähnte Unternehmen Moomax. Lindner und seine Partner wollten eine sprachgesteuerte Suchmaschine entwickeln – ein für das Jahr 2000 recht ambitioniertes Vorhaben, wenn man bedenkt, dass «Alexa» erst 2013 auf den Markt kam (und dahinter stand die Entwicklungskraft des Internetriesen Amazon). Es sei sehr schwierig gewesen, erzählt Lindner, Programmierer mit entsprechender fachlicher Expertise zu finden. Dennoch stieg ein privater Investor, den Lindner in seinem Buch nicht benennt, mit zwei Millionen Euro in das Unternehmen ein, finanziert über die staatliche KfW-Bank. Eine zweite Finanzierungsrunde gab es nicht. Im März 2000 platzte die Dotcom-Blase, es gab kaum noch Risikofinanzierung am Markt. Im Mai 2000 zog Lindner in den nordrhein-westfälischen Landtag ein. Im Jahr darauf stieg er als Geschäftsführer aus. Der Investor versuchte allein, das Unternehmen zu retten, meldete aber nach Lindners Angaben noch 2001 Insolvenz an.[15]

Für Lindners Identitätskonstruktion und seine politische Haltung spielen diese Erfahrungen eine wichtige Rolle. Es sei ein «Gefühl der Unabhängigkeit» gewesen, das ihn zur FDP gebracht habe, schreibt Lindner in «Schattenjahre», «das Gefühl, frei über sein Leben entscheiden zu dürfen, das Gefühl, Verantwortung für sich zu übernehmen und Vertrauen in die eigenen Fähigkeiten zu entwickeln».[16] Sein Verhältnis zu «Vater Staat» lasse sich als «skeptische Freundschaft» beschreiben.[17]

Einmal schenkt ihm der Vater eine Ausgabe der Freiburger Thesen, des Grundsatzprogramms der FDP von 1971, entstanden in Zeiten der sozialliberalen Koalition. Lindners Vater ist Gymnasiallehrer. Er lebt von der Mutter getrennt, Lindner sieht ihn aber regelmäßig. Zum fünfzigsten Jahrestag der Thesen im Jahr 2021 veröffentlicht Lindner ein Foto von sich mit dieser rororo-Ausgabe auf Instagram. Als Sozialliberaler will Lindner aber nicht missverstanden werden. Den Begriff «mitfühlender Liberalismus» hat er einmal ausprobiert, später distanziert er sich wieder davon. Lieber verwendet er den Begriff «360-Grad-Liberalismus». Ausgangspunkt sei hier die Frage: Was befähigt den Einzelnen, und was gibt anderen Macht über ihn? Lindner lehnt vor allem das «Denken vom Kollektiv her» ab. Zu vielfältig sei die Gesellschaft, als dass man mit irgendeiner Form von Homogenität weiterkomme.[18]

Eine ideologische Annäherung zwischen den Parteien sieht Christian Lindner in diesen Fragen nicht. Sicher, sagt er bei unserem Gespräch zu diesem Buch im Sommer 2021, die Polarisierung, die der Ost-West-Konflikt erzeugt habe, habe sich abgeschwächt und mit ihr die «Feindschaft» zwischen den Parteien. Man könne heute besser miteinander reden. Häufig aber würden die alten Unterschiede lediglich überdeckt durch «neue Sprachspiele». Robert Habeck zum Beispiel sage: «Wir wollen die gleiche Freiheit», was letztlich zeige, dass die Freiheit der Grünen ein Etikettenschwindel ist: «Man will irgendwie einen neuen Begriff, aber kommt doch auf den eigenen Gleichheitsbegriff in anderem Gewand zurück.»

Dass hier in der deutschen Parteienlandschaft auch weiterhin ein «cleavage» verläuft, ein trennender Graben, zeigte die heftige Auseinandersetzung um das Amt des Finanzministers und die Haushaltspolitik im Zuge der Koalitionsverhandlungen, begleitet von einem Streit unter international anerkannten Ökonomen und Historikern, welche fiskalpolitische Richtung für Deutschland und die Welt die beste sei.[19] Am Ende setzte sich Christian Lindner als Finanzminister durch. Der Koalitionsvertrag dagegen ist ein Kompromiss: Die FDP setzt durch, dass die Schuldenbremse ab 2023 wieder eingehalten werden soll, im Jahr davor aber soll noch mit Verweis auf die Pandemie von Ausnahmeregeln Gebrauch gemacht werden. Außerdem wird ein Nachtragshaushalt für 2021 verabschiedet, in dem sechzig Milliarden Euro an Corona-Hilfen in einen Investitionsfonds für den Klimaschutz umgewidmet werden.

Mit diesen Festlegungen ist das Konfliktthema für die Ampel zumindest vorerst erledigt. Die Finanz- und die Wirtschaftspolitik bleiben aber ein Zeichen dafür, wie unterschiedlich auch die scheinbar unideologischen Politiker der Generation X die Rolle des Staates sehen. Nicht zuletzt wird in diesem Konflikt die Union noch ihre Stimme erheben und sich positionieren.

Berlin, 9. November 2021, 18 Uhr. In der Deutschen Parlamentarischen Gesellschaft steigen elegant gewandete Damen und förmlich gekleidete Herren die geschwungene Steintreppe in den ersten Stock hinauf. Tief sinken die Absätze in den dicken roten Teppich. An einem Treppenabsatz schaut eine in Öl verewigte «Dame mit Flöte» aus einem schweren Bilderrahmen, als beobachte sie neugierig das Treiben.

Die Parlamentarische Gesellschaft wurde 1951 in Bonn von Abgeordneten gegründet, ihr Ziel ist der überparteiliche Austausch. Seit dem Umzug von Regierung und Bundestag nach Berlin residiert der Verein im alten Reichstagspräsidentenpalais, gleich gegenüber dem Osteingang des Reichstagsgebäudes. Man wollte anknüpfen an die parlamentarische Tradition von Weimar, schon damals trafen sich hier Abgeordnete zum Schnack und auf eine Zigarre. Das Gebäude atmet tatsächlich noch heute den Prunk vergangener Zeiten. Die Decken der hohen Hallen sind mit Goldstuck verziert, Kronleuchter erhellen die Flure und Säle, schwere Vorhänge verdecken die Fenster. 2017 war das Gebäude regelmäßig in den Abendnachrichten zu sehen, als hier die Verhandlungen über eine Jamaika-Koalition stattfanden und Angela Merkel, Christian Lindner und Katrin Göring-Eckardt immer wieder auf den Balkon hinaustraten.

Am besagten Novemberabend 2021 findet hier der erste Parlamentarische Abend der «Sauerländer Botschaft» statt, eine neue Interessenvertretung von mittelständischen Unternehmern. Die Unternehmer haben unter der Schirmherrschaft des SPD-Politikers Dirk Wiese «ihre» Abgeordneten an die Stehtische geladen. Viele kennen sich schon ewig, nicht zuletzt von den Schützenfesten, wo sie schon «das ein oder andere Kaltgetränk» miteinander getrunken haben. Der prominenteste Gast des Abends ist zugleich der vielleicht prominenteste Sauerländer der Politik: Friedrich Merz.

Der Unternehmer Emanuel Homann hat sich vor dem Saal postiert, um Merz zu begrüßen. Homann ist Architekt und Unternehmensberater, einer der Gründer der «Sauerländer Botschaft». Er kommt aus Brilon, Merz' Geburtsort, ein sehr großer, jugendlicher Typ ohne Krawatte. Er ist ein bisschen nervös, gleich muss er eine kurze Rede halten, das macht er nicht alle Tage. Auch die Gründung der «Botschaft» war aufregend, es gab diplomatische Auseinandersetzungen um den Vertretungsanspruch für die Region, unter anderem mit Tobias Metten, einem Familienunternehmer, Kopf eines Sauerländer Wurstimperiums, bekannt für die «Dicke Sauerländer Rostbratwurst». Metten steht dem Verein «Sauerland Initiativ» vor, der ebenfalls für sich beansprucht, die Interessen des Sauerlands nach außen zu vertreten. Friedrich Merz hatte sich im Sommer kritisch zu den diplomatischen Verwicklungen geäußert.[20] Aber er kommt natürlich trotzdem.

Der Politiker, wie immer gut gebräunt, schüttelt dem Unternehmer die Hand, und beide versichern sich, dass sie sich außerordentlich freuen, sich hier, heute, zu diesem schönen Anlass und so weiter, zu sehen. Später richtet Merz ein paar Worte an die versammelten Unternehmer. Das Jackett aufgeknöpft, die Hände in den Hosentaschen, steht er leicht ins Hohlkreuz gelehnt und gleichzeitig heruntergebeugt, wie ein langes, schmales «S». Eine Haltung, wie sie sich sehr große Menschen angewöhnen, damit die da unten sie auch verstehen, wenn sie sprechen. «Friedrich der Große» wird Merz genannt.

Wie das denn sei, nach zwölf Jahren wieder im Bundestag, fragt der Moderator. Ein «Déjà-vu» sei das, sagt der spätere CDU-Vorsitzende. Er habe sein altes Büro zurückbekommen, da seien sogar noch die Möbel drin, die er damals angeschafft habe. «Ich könnte auch ein paar alte Akten wieder rausziehen – zur A46 zum Beispiel.» Der Ausbau dieser Autobahn, die teilweise durch das Sauerland führt, stehe ja immer noch auf der Tagesordnung.

Im November 2021, die Koalitionsverhandlungen der Ampel sind in vollem Gange, sendet das ZDF an einem ziemlich trüben Abend noch einmal eine Folge von «Wetten, dass..?» mit Thomas Gottschalk. Vierzehn Millionen Deutsche schauen sich das an. Das «Fernsehlagerfeuer» wird von Kommentatoren als Ausdruck für die Nostalgiemacke der Republik gewertet: Die Deutschen, so der Eindruck, flüchten vor den Weltproblemen und dem Fortschritt in die Neunziger. Vergleiche mit der erneuten Kandidatur von Friedrich Merz für den CDU-Vorsitz drängen sich auf. Merz wird gern als einer porträtiert, der in der Ära «Wetten, dass..?» hängen geblieben ist. Doch so einfach ist es nicht. Merz ist ein politisch-strategischer Fuchs. Er ist wandelbar, stellt mal diese, mal jene Facette seiner Person und seiner Überzeugungen in den Mittelpunkt. Das zeigt sich nicht zuletzt, wenn es um sein Staatsverständnis geht.

Die politische Marke Friedrich Merz baut stark auf seine Nähe zum deutschen Mittelstand, zu Unternehmern, wie sie sich an dem geschilderten Abend in der Deutschen Parlamentarischen Gesellschaft versammelt haben. Sie baut auch auf einen Nimbus von Wirtschaftskompetenz und genereller Unternehmerfreundlichkeit. Zwölf Jahre war Merz nun nicht mehr im Bundestag, erinnert wird er dennoch als Wirtschaftsliberaler, nicht zuletzt für sein Steuerkonzept von 2003, das die CDU übernahm. Nur noch drei Steuersätze sollte es nach Merz' Willen geben, jeder Bürger seine Steuererklärung auf einem Bierdeckel machen können. Von Haus aus ist Merz Wirtschaftsanwalt. Während seiner ersten Bundestagszeit bis 2009 wurde er Partner bei der großen Wirtschaftskanzlei Mayer Brown – Unternehmer war und ist er nicht. Vielmehr war Merz jahrelang so etwas wie ein hauptberuflicher Aufsichtsrat, während und nach seiner Zeit als Abgeordneter, was ihm 2020 nach eigenen Angaben etwa eine Million Euro jährlich an Bezügen einbrachte. Großes Aufsehen erregte sein Engagement als Aufsichtsratsvorsitzender des deutschen Teils von Blackrock, dem weltweit größten Vermögensverwalter, ein Mandat, das er 2020 im Zuge seiner Bewerbung um den CDU-Vorsitz niederlegte. Aber auch in mittelständischen Unternehmen ist Merz Aufsichtsrat; wichtig ist vor allem Wepa, ein Toilettenpapierhersteller mit Sitz im sauerländischen Arnsberg, wo Merz heute lebt, wenn er nicht in Berlin ist. Seine Frau ist Direktorin des dortigen Amtsgerichts. Bei Wepa tat er das, was sich Unternehmen von prominenten Aufsichtsräten erhoffen: Er öffnete Türen und beriet.[21] Das Wirtschaftsrecht, die Perspektive des deutschen Mittelstands, die Vertretung von Unternehmensinteressen als Aufsichtsrat – das prägt sein Weltbild.

Auch im Wahlkampf spielte Merz lustvoll die Rolle des mittelstandsnahen Wirtschaftsliberalen in der Union. Er wetterte gegen den «Nanny-Staat» und forderte eine Stärkung der Selbstbestimmung in der sozialen Marktwirtschaft. Als er im August vor der Wahl bei Maybrit Illner mit Robert Habeck diskutiert und Habeck sagt, wenn der Staat investiere, würden ja auch Arbeitsplätze geschaffen, braust Merz auf: «Der Staat schafft überhaupt keine Arbeitsplätze. Der Staat hat einen Beamtenapparat, der immer größer wird, eine Bürokratie, die immer schwerfälliger wird. Die Arbeitsplätze werden in der Privatwirtschaft geschaffen.»

Diese Rolle einzunehmen war taktisch klug, schließlich kandidierte mit Armin Laschet ein CDU-Politiker, der dem christlich-demokratischen Arbeitnehmerflügel nahesteht. Merz ergänzte das Bild der CDU um das wirtschaftsliberale Element, wie er auch sonst im Bundestagswahlkampf versuchte, Gruppen anzusprechen, die Armin Laschet nicht erreichen konnte, etwa, indem er über den Genderstern schimpfte.

Tatsächlich ist seine Haltung zum Verhältnis von Markt und Staat nuancierter, als es Auftritte wie jener mit Habeck bei Illner nahelegen. Auch Merz hat ein Buch geschrieben, es ist 2020 erschienen. Angesichts des Klimawandels und der Herausforderungen für die Demokratie, so hält Merz darin fest, werde das Verhältnis von Staat und Gesellschaft neu justiert. Er spricht sich etwa anders als die FDP für einen höheren CO_2-Preis aus und dafür, dass «der Staat die notwendigen Rahmenbedingungen dafür setzen muss». Das eigene Staatsverständnis beschreibt er als freiheitlich, aber nicht libertär.[22] Soziale Marktwirtschaft sei nicht «einfach Marktwirtschaft mit ein bisschen Sozialpolitik»; vielmehr sei «die marktwirtschaftliche Ordnung selbst Teil und Grundlage des Sozialen».[23]

In den ersten Wochen als Parteichef durchläuft der wirtschaftsliberale, gesellschaftspolitisch konservative Politiker – sozusagen der Neunziger-Jahre-Merz – innerhalb kurzer Zeit ein Modernisierungsprogramm: Er wirbt für das Führen im Team und die Vielfalt in der Partei, bemüht sich um eine Frau als stellvertretende Generalsekretärin, lässt sich von der Klimaunion briefen und lobt diese Vereinigung öffentlich. Gleichzeitig rückt er auch in wirtschaftspolitischen Fragen stärker in die Mitte – schließlich muss er jetzt nicht mehr Armin Laschet ergänzen, sondern als Vorsitzender die Partei als ganze vertreten.

Merz ist der Meinung, dass ein Links-rechts-Schema in der Auseinandersetzung mit der Ampel ohnehin nicht taugt. Im

Oktober 2021, wenige Wochen nach der Wahl, ist er auf dem Deutschlandtag der Jungen Union zu Gast. Am Tag, an dem die Tagung beginnt, veröffentlichen die Ampel-Koalitionäre ein Papier mit ersten Ergebnissen. Reflexhaft ordnen viele Unionspolitiker das Zwischenergebnis als «Linksruck» ein. Merz sieht es anders. Er blicke mit Sorge auf das Sondierungspapier, sagt er beim Deutschlandtag. Die Medien würden schon schreiben, das sei weniger sozialdemokratisch als in der GroKo. «Das ist für uns ein großes Problem.» Merz weiß, dass die Marke «Bürgerlichkeit» – einst eisern verbunden mit der schwäbischen Hausfrau und der Schwarzen Null mit sehr großem «S» – umkämpft und auch ambivalenter geworden ist. Auch die Grünen spielen hier mit. Die schwäbische Hausfrau, sagt Habeck 2021 einmal in einem Interview, würde ja auch in ihr Haus investieren, um es zu erhalten.

Insgesamt kann man sagen, dass es eine der größten Herausforderungen für die politische Generation X ist, das Verhältnis von Staat und Markt in einer Zeit ökonomischer und ökologischer Umwälzungen neu zu definieren. Zentrale Köpfe dieser Generation wie Christian Lindner, Robert Habeck und Annalena Baerbock haben dazu bereits Positionen entwickelt, die von entschiedenen, teils eng mit der eigenen politischen und biografischen Identität verwobenen Haltungen geprägt sind. In einem «lagerübergreifenden» Bündnis mehrerer Parteien wie der Ampel werden diese wieder tiefer gewordenen «cleavages» heftige Konflikte erzeugen. Allerdings eint Liberale, Sozialdemokraten und Grüne der Gedanke, dass «der Staat» liefern muss – ob als starker intervenierender Staat oder als starker schlanker Staat; und dass ein effizienter Staat eine Grundvoraussetzung für die Akzeptanz von Demokratie ist. Schließlich hat die Generation X ein ausgeprägtes Bewusstsein für die Zerbrechlichkeit der westlichen Demokratie. Warum das so ist, darum soll es im nächsten Kapitel gehen.

4 Die Rückkehr der Geschichte.
Wie die Generation X die Demokratie verteidigen will

m September 2001 macht Lars Klingbeil, dreiundzwanzig, Student der Politikwissenschaft in Hannover, ein Praktikum bei der Friedrich-Ebert-Stiftung in New York. Die Räume der Stiftung liegen in Manhattan, in einem Büroturm in der Nähe des Bahnhofs Grand Central, etwa fünf Kilometer nördlich des World Trade Centers.

Am Morgen des 11. September kommt Klingbeil gegen Viertel vor neun zur Arbeit. Die Büroleiterin überreicht ihm einen Ausweis für das Gebäude der Vereinten Nationen. «Ist gerade gekommen», sagt sie. Da klingelt das Telefon. Sie nimmt ab und sagt immer wieder: «You're kidding, you're kidding – erzähl keinen Quatsch!» Sie legt auf und sagt fassungslos: «Da ist gerade ein Flugzeug in das World Trade Center geflogen.» Lars Klingbeil ruft instinktiv sofort seine Eltern an, um ihnen mitzuteilen, dass es ihm gut geht. Kurz darauf brechen die Telefonnetze zusammen.

In Deutschland ist es da schon früh am Nachmittag. Carsten Linnemann, vierundzwanzig Jahre alt, einfaches Mitglied der CDU, sitzt in einer Vorlesung der Fachhochschule der Wirtschaft in Paderborn. iPhones gibt es damals noch nicht, aber einige Studierende, auch Linnemann, haben schon Nokia-Handys und bekommen über Textnachrichten mit, was in New York gerade geschehen ist. «Wir haben dem Professor gesagt, wir müssen jetzt hier abbrechen, da gibt es einen Terroranschlag», erinnert sich Linnemann. «Aber der sah das nicht ein, er sagte, nein, das können wir heute Abend in den Nachrichten schauen.» Schließlich gibt der Prof dem Drängen nach. Die Studierenden strömen aus dem Hörsaal, suchen einen Fernseher und sehen den Turm rauchen.

Es ist gar nicht lange her, dass Linnemann als Praktikant bei «Institutional Investor» gearbeitet hat, einem US-amerikanischen Finanzmagazin. Immer mittwochs gab es in einer Bar ganz oben im World Trade Center einen Abend, an dem auch deutsche Musik gespielt wurde, erzählt er. Da war er mal mit Kollegen, Mexikanern, die er bei der Arbeit kennengelernt hatte. Wie er nun da steht, an der Fachhochschule, vor dem Fernseher, sieht er sich hoch über New York auf der Tanzfläche «99 Luftballons» mitsingen. «Mir war überhaupt nicht klar, was das bedeutet. Ich fand das nur krass und musste das erst einmal sacken lassen. Ich dachte in dem Moment nur: Wie nah Freud und Leid beieinanderliegen!»

Zur selben Zeit sitzt Christian Lindner in seinem Büro im Düsseldorfer Landtag. In Deutschland ist es Viertel vor drei am Nachmittag. Lindner ist zweiundzwanzig Jahre alt und seit etwas mehr als einem Jahr Abgeordneter, sein erstes Mandat. Die Tür geht auf, und eine Mitarbeiterin kommt herein. «Da passiert was in New York», sagt sie. «Da ist ein Flugzeug ins World Trade Center gestürzt.» Lindner teilt sich das Büro mit drei anderen FDP-Abgeordneten. «Wir schauten uns das im Fernsehen an und waren natürlich betroffen», erinnert er sich. «Dann gingen wir wieder in unser Büro. Da kam die Mitarbeiterin zurück und sagte: ‹Da ist jetzt gerade noch eins in den anderen Turm geflogen.› Zu dem Zeitpunkt war uns allen klar: Das ist kein Unfall, sondern hier passiert etwas. Und da sagte mein Bürokollege einen Satz, der mir heute noch nachhallt. Er sagte: ‹Hiernach wird die Welt eine andere sein.›»

In Lichtenrade, am südlichen Stadtrand von Berlin, läuft am Nachmittag des 11. September auch im Wohnzimmer der Familie Kühnert der Fernseher. Kevin Kühnert ist zwölf Jahre alt und gerade von der Grundschule aufs Gymnasium gewechselt. Die Sommerferien sind seit zwei Wochen vorbei, in der neuen Schule finden Kennenlernwochen statt. Kühnerts Mutter bereitet in der Küche das Abendessen vor. Sie rufen den Vater an, der damals in einer der oberen Etagen des Steglitzer Kreisels arbeitet, eines Hochhauses in Berlin-Steglitz. «Das fühlte sich logischerweise in diesem Moment sehr beklemmend an», erinnert Kühnert sich. Danach fungiert er als Bote zwischen Fernseher und Küche. Er verfolgt die Nachrichten und berichtet, wenn etwas Neues passiert.

Nachdem der zweite Turm getroffen wurde, wird das New Yorker Büro der Friedrich-Ebert-Stiftung evakuiert. Das Gerücht, es seien weitere Flugzeuge in der Luft, macht die Runde. Lars Klingbeil drängt mit vielen anderen in das Treppenhaus des Büroturms, neben ihm läuft der Bürochef die Treppen hinunter. «Da sagt er zu mir: ‹Dieser Tag wird die Welt verändern›», erzählt Klingbeil. «Ich habe in dem Moment gar nicht gecheckt, was der meint. Aber er hatte recht.»

Historische Ereignisse können Ausgangspunkt eines Generationengefühls sein, sie machen die gemeinsame «Lagerung» in der Zeitgeschichte aus, wie Karl Mannheim es beschrieb. Aber entsteht durch das gemeinsame Erleben etwa der Anschläge vom 11. September 2001 auch so etwas wie ein «Zusammenhang» im Sinne Mannheims, ein Gemeinschaftsgefühl?

Wie die meisten Menschen können sich alle befragten Politiker der Generation X daran erinnern, wo sie gerade waren und was sie taten, als die ersten Bilder der Anschläge auf das World Trade Center und das Pentagon um die Welt jagten. Wie Lars Klingbeil, Christian Lindner und Kevin Kühnert würden wohl auch alle sagen: 9/11 hat die Welt verändert. Es fehlen allerdings –

zumindest auf den ersten Blick – die unmittelbaren, im eigenen Leben spürbaren Folgen, die den «Zusammenhang» einer Generation bewirken. Anders als die Friedliche Revolution, die bei ostdeutschen Politikerinnen und Politikern wie Katja Kipping, Dietmar Bartsch oder Carsten Schneider in das Leben der Familien drang, war der 11. September 2001 für die meisten zunächst einmal lediglich ein Ereignis, das sie mitverfolgten. Man erlebte die Anschläge nicht im engeren Sinne gemeinsam, sondern jeder und jede für sich, meist vor dem Fernsehschirm. Es fand zwar eine Verständigung über die Bedeutung dieses Ereignisses im öffentlichen Diskurs statt, das einzeln Erlebte wurde medial zusammengeführt. Eine gemeinsame Erfahrung aber entstand so nicht.

Und dennoch nehmen an diesem 11. September Entwicklungen ihren Ausgangspunkt, die die Zeit und den politischen Raum, in dem die Generation X agiert, zutiefst prägen. Das ganze Ausmaß der Folgen wurde erst nach vielen Jahren deutlich. 9/11 ist der Beginn einer Serie islamistischer Terroranschläge, in islamischen Ländern wie im Westen, in Madrid, London, Paris, Berlin. Der Terror löst Angst und Schrecken aus – und er sorgt in vielen westlichen Ländern für große gesellschaftliche Verwerfungen. Zentraler Streitpunkt ist die Frage, welche Reaktion auf den Terror in einer liberalen westlichen Gesellschaft angemessen ist. Angst und Schrecken führen in Teilen der Bevölkerung auch zu einer pauschalen Ablehnung muslimischer Menschen und zu erbitterten Debatten darüber, wo die Grenzen der offenen Gesellschaft verlaufen.

Nur wenige Wochen nach den Anschlägen vom 11. September, im Oktober 2001, greifen von den USA geführte Nato-Truppen Stellungen der Taliban in Afghanistan an. Es ist der Beginn eines jahrzehntelang andauernden Krieges, auch für Deutschland. 64 000 afghanische Sicherheitskräfte, die aufseiten der Nato-Kräfte stehen, werden getötet, dazu 3400 Soldaten des Bündnisses und noch einmal so viele Mitarbeiter privater westlicher

Sicherheitsfirmen, Zehntausende Taliban-Kämpfer und nicht zuletzt Zehntausende afghanische Zivilisten.

Kurz vor der Bundestagswahl 2021 jähren sich die Anschläge vom 11. September zum zwanzigsten Mal. US-Präsident Joe Biden will bis zum Jahrestag die amerikanischen Truppen nach Hause holen und das Versprechen einlösen, den «endless war», den endlosen Krieg, zu beenden. Der Abzug Ende August verläuft katastrophal. Die Bilder von Afghanen, die zum Flughafen drängen, die versuchen, einen Platz in einem der Evakuierungsflüge zu bekommen, von Menschen, die sich an das Fahrwerk startender Flieger hängen und in den Tod stürzen, brennen sich in das öffentliche Gedächtnis ein. Ein Anschlag des IS in der Menschenmenge am Flughafen führt zu einem Blutbad. Viele Mitarbeiter der Nato-Truppen, auch der deutschen, bleiben zurück und werden im Stich gelassen. Binnen weniger Wochen fällt das Land wieder an die Taliban.

Allenthalben wird das «Ende des amerikanischen Jahrhunderts» (so der Historiker Bernd Greiner) oder gar das «Ende des Westens» (so der Islamwissenschaftler Stefan Weidner) konstatiert. Selbst in einem zwanzig Jahre andauernden Krieg, unter Einsatz von Milliarden an Entwicklungshilfe, so die gängige Lesart, ist es nicht gelungen, Afghanistan demokratischer zu machen. Bei einer Rede im Bundestag, einen Monat vor der Bundestagswahl, stellt Angela Merkel immerhin ein paar Fragen, wenn auch ohne eine Antwort darauf zu geben: «Waren unsere Ziele zu ehrgeizig? (...) Hätten die großen kulturellen Unterschiede ernster genommen (...) werden müssen?» Nur einige wenige, darunter Navid Kermani, Träger des Friedenspreises des Deutschen Buchhandels, verteidigen die Vorstellung, das westliche Lebensmodell sei weiterhin – wie es in den USA heißen würde – ein «beacon», ein Leuchtturm, auf den die meisten Menschen zustreben.

Der zwanzig Jahre andauernde «Krieg gegen den Terror» ist die Phase, in der die Generation X erwachsen wird und in der Politik aufsteigt. Es ist gleichzeitig eine Phase, in der die Demokratie und «der Westen» immer wieder angefochten und infrage gestellt werden, eine Entwicklung, die in den Tagen des überstürzten Abzugs aus Afghanistan, kurz vor der Wahl in Deutschland, wie im Blitzlicht überdeutlich wird. Die USA und ihre Verbündeten geraten in eine Identitätskrise. In Guantanamo und Abu Ghraib wurden Foltergefängnisse errichtet, US-Verteidigungsminister Donald Rumsfeld genehmigte das «waterboarding», bei dem das Gefühl des Ertrinkens erzeugt wird, Häftlinge wurden mit Kälte und Schlafentzug gefoltert. Wie in der Snowden-Affäre 2013 offenbar wird, überwacht der US-Geheimdienst NSA große Teile der weltweiten Internetkommunikation. In Deutschland, das dabei verdruckst assistiert, beginnt schon Jahre zuvor eine zähe und bis heute andauernde Debatte über die Vorratsdatenspeicherung, der Wert von Freiheitsrechten wird immer wieder neu abgewogen gegen den Wert der Sicherheit.

Viele der Politikerinnen und Politiker, die heute eine bedeutendere Rolle in Regierung und Bundestag spielen, haben sich in Debatten politisiert, die eng mit diesen Entwicklungen zusammenhängen. Für viele im eher linken Spektrum sind die Demonstrationen der Schüler und Studenten gegen Bushs Irakkrieg im Jahr 2003 eine erste politische Erfahrung, so etwa für den heutigen SPD-Generalsekretär Kevin Kühnert. Etwas Ältere, wie Kanzleramtsminister Wolfgang Schmidt, sind schon als Teenager Anfang der Achtziger gegen den Nato-Doppelbeschluss auf die Straße gegangen und fühlen sich durch den Irakkrieg in ihrer Ablehnung bestätigt.

Prägend ist aber vor allem, dass das politische System, in dem diese Politiker groß werden, sich oft selbst befragen muss, die eigenen Werte aus den Augen verliert, an Selbstbewusstsein und Strahlkraft einbüßt. Das «Ende der Geschichte» bedeutet aus dieser Perspektive nicht so sehr den triumphalen und endgültigen Sieg der Demokratie, das Aufwachsen in konfliktfreien Zeiten, sondern, wie sich nach dem 11. September 2001 herausstellt, eine Konfrontation mit den eigenen Schwächen und der eigenen Vergänglichkeit. Als sich zwanzig Jahre nach den Anschlägen von 9/11 eine durch die Generation X geprägte Ampel-Koalition anschickt zu regieren, ist «der Westen», zu dessen Werten man sich bekennt, vor allem eines: tief verunsichert.

Bereits 1993 hat der amerikanische Politikwissenschaftler Samuel Huntington in einem Aufsatz mit dem Titel «The Clash of Civilizations?» eine Gegenerzählung zu Francis Fukuyamas These entwickelt. Huntington sagte voraus, dass internationale Konflikte in Zukunft vor allem «kultureller» Natur sein, sich zwischen «Zivilisationen» abspielen würden. Gerade die Stärke des Westens, schrieb er, führe zu dem Bedürfnis, regionale religiöse und kulturelle Identitäten wieder stärker zu leben und zu verteidigen.[1] Die Dynamik nach dem 11. September 2001 schien diese These plötzlich zu belegen. George W. Bush versuchte in den USA, aber auch in der internationalen Staatengemeinschaft ein «Wir gegen die»-Denken zu etablieren. Schließlich zog er mit einer «Koalition der Willigen» in den Krieg.

Doch auch innerhalb der Länder des Westens begann ein eigener, innerer Kulturkrieg. Zwei Schulen traten sich gegenüber: Die eine lehnte Huntingtons These vom «Kampf der Kulturen» ab und vertrat weiter die Ansicht, westliche Werte seien universell und ihre Strahlkraft ungebrochen. Die andere, die Huntingtonianer, betonte die Gegensätzlichkeit, Unversöhnlichkeit und Feindschaft zwischen den «Kulturen», besonders zwischen der westlichen und der islamischen Welt, und fühlte sich durch die Terroranschläge in Europa bestätigt. Die Folge war, dass sich der «Clash of Civilizations» letztlich weniger zwischen dem Westen und anderen Kulturkreisen abspielte, als «vielmehr innerhalb dieses (einstigen) Westens selbst», wie Stefan Weidner anlässlich des zwanzigsten Jahrestages der Anschläge von 9/11 schreibt.[2]

Publizisten und Politiker entwickelten aus Huntingtons Ansätzen eigene Gedankengebäude. Darunter in Deutschland zum Beispiel Thilo Sarrazin, der muslimischen Einwanderern eine geringere Bildungsfähigkeit unterstellte, und in den USA Steve

Bannon, Donald Trumps früherer Berater, der von einer reinigenden Apokalypse des dekadenten Westens träumte – damit dieser neu und erstarkt und wehrhaft wiederauferstehen könne. Prominent in Frankreich tritt in jüngerer Zeit Éric Zemmour auf, ein früherer Journalist und nun Politiker, der antimuslimische und nationalistische Ideologien vereint und vor dem inneren Tod Frankreichs durch eine vermeintliche kulturelle Aushöhlung warnt. Theoretiker wie Renaud Camus, der vor einem «Großen Austausch» der Bevölkerung westlicher Gesellschaften durch muslimische Einwanderung warnt, werden wieder gelesen.

Die Anschläge des 11. September markieren zugleich den Beginn einer schnell voranschreitenden Globalisierung und Digitalisierung, die die Volkswirtschaften der großen Industrienationen verändert haben und weiter verändern. Jobs in der Fertigung entfallen durch Automatisierung, wenn sie nicht in osteuropäische Länder oder nach Asien abwandern; der Dienstleistungssektor wächst, während sich dort oft die Arbeitsbedingungen verschlechtern und Tarifverträge eher die Ausnahme sind. Deutschland ließ zwar die hohen Arbeitslosenzahlen der frühen 2000er Jahre hinter sich – die Erwerbstätigenquote stieg auch unter der Kanzlerschaft von Angela Merkel von Jahr zu Jahr an. Aber es sind andere Jobs, und die gute Arbeit ist sehr ungleich verteilt. In strukturschwachen Regionen wie dem Ruhrgebiet und den ostdeutschen Bundesländern gibt es viel weniger davon – und viel mehr Unzufriedene.

Mit der Flüchtlingskrise 2015 verbanden sich die verschiedenen Verunsicherungen innerhalb westlicher Gesellschaften zu einer explosiven Mischung: die innere Verunsicherung des Westens, der vermeintliche «Kulturkrieg», die ökonomischen Erschütterungen durch die Globalisierung. Die Eruptionen waren sichtbar, aber zunächst unverstanden und unsortiert: Am 12. Oktober 2015 demonstrierten in Dresden neuntausend Pegida-Anhänger gegen die Flüchtlingspolitik der Bundesregierung, die Regierenden wurden in Sprechchören als «Diktatoren in Berlin» bezeichnet, Teilnehmer skandierten «Merkel muss weg» und «Abschieben, Abschieben». Einer der Demonstranten trug eine Galgenattrappe bei sich, an der zwei Schilder befestigt waren: Auf einem war zu lesen «Reserviert – Siegmar ‹das Pack› Gabriel» (sic), auf dem anderen «Angela ‹Mutti› Merkel». Diese unverhohlene Todesdrohung war Ausdruck einer neuen, rohen Wut.

Die darauffolgenden Jahre waren geprägt von Schockmomenten: vom Sieg der Austrittsbefürworter beim Brexit-Referendum in Großbritannien 2016 über die Wahl Donald Trumps wenige Monate später bis hin zum Einzug der AfD in den Bundestag bei der Wahl 2017. Es gibt wohl keinen Politiker der Generation X, der von diesen Ereignissen unberührt geblieben ist. Daraus ergibt sich vielleicht keine gemeinsame biografische Erfahrung, aber eine subkutane Betroffenheit, über die es durchaus ein breit geteiltes Verständnis gibt, eine gemeinsame Analyse der Art und Weise, wie sich die westlichen Gesellschaften seither verändert haben – auch wenn die Ideen, wie dem zu begegnen sei, sehr unterschiedlich sind. Viele, die heute regieren und im Bundestag Verantwortung übernehmen, standen in den Jahren ab 2015 schon in der zweiten, manche sogar in der ersten Reihe. Für sie begannen hier eine Art politische Traumaverarbeitung und eine neue Sinnsuche.

Im Folgenden sollen vier Beispiele beschrieben werden: Der SPD-Politiker Carsten Schneider muss es im Bundestag und in seiner Heimat Thüringen mit der AfD aufnehmen. Olaf Scholz entwickelt daraus eine Wahlkampfstrategie für die SPD. Robert Habeck begegnet dem Kulturkampf sogar bei Milchbauern in seiner Heimat Schleswig-Holstein. Und der spätere FDP-Justizminister Marco Buschmann begibt sich auf die Suche nach einem neuen Liberalismus.

Gegen elf Uhr gongt es. Die 736 Abgeordneten des Deutschen Bundestages nehmen Platz. Einige von ihnen müssen auf der Besuchertribüne sitzen. An diesem Tag, dem 26. Oktober 2021, gilt im Bundestag die 3G-Regel – aber rund zwei Dutzend AfD-Abgeordnete sind nicht geimpft und haben sich geweigert, sich testen zu lassen. «Ich begrüße Sie zur konstituierenden Sitzung», sagt Wolfgang Schäuble. Genau genommen sagt er «konschtituierenden Sitzung», in schönstem badischen Singsang.

Die konstituierende Sitzung einer Legislaturperiode hat immer etwas Feierliches und gleichzeitig etwas Aufgekratztes. Man trifft sich nach längerer Zeit wieder oder auch zum ersten Mal auf der politischen Bühne, um gemeinsam einen wichtigen Akt der parlamentarischen Demokratie zu begehen, um den Bundestagspräsidenten und seine Stellvertreter zu wählen, Änderungen an der Geschäftsordnung festzulegen, die Basis der parlamentarischen Arbeit der nächsten Jahre. An diesem Abend wird die neue Bundestagspräsidentin – mit der SPD-Politikerin Bärbel Bas übernimmt erst zum dritten Mal in der Geschichte eine Frau dieses Amt – zu einem Empfang bitten. Doch vor diesem feierlichen Auftakt zur zwanzigsten Legislaturperiode spielt sich noch eine Tragödie ab – noch dazu in Teilen beinahe wortgleich wie 2017.

Die konstituierende Sitzung des Bundestags wird vom Alterspräsidenten geleitet, so will es die Geschäftsordnung. Schon 2017 wäre das dem Lebensalter nach ein AfD-Politiker gewesen, der damals siebenundsiebzigjährige Wilhelm von Gottberg, der mit Äußerungen aufgefallen war, die man als Holocaust-Leugnung auslegen kann. Er und die AfD hätten also in der neuen Legislaturperiode das erste Wort gehabt. Im Sommer 2017 wurde daher die Geschäftsordnung des Bundestags geändert. Das war noch vor der Bundestagswahl, es war allerdings bereits absehbar, dass die AfD und von Gottberg ins Parlament einziehen würden. Die Grünen stimmten damals gegen die Änderung, die Linke enthielt sich – beide argumentierten, man dürfte nicht wegen der AfD die Regeln ändern. Der Antrag wurde mit den Stimmen der übrigen Fraktionen angenommen. Seither ist nicht der an Jahren älteste Abgeordnete Alterspräsident, sondern der- oder diejenige mit den meisten Dienstjahren im Bundestag. Das war 2017 Wolfgang Schäuble, und er ist es auch noch im Jahr 2021.

Schon 2017 kommentierte der Parlamentarische Geschäftsführer der AfD-Fraktion, Bernd Baumann, die Änderung der Geschäftsordnung in einer Rede. Er behauptete, die Fraktionen, die dem Änderungsantrag zugestimmt hatten, würden sich damit in die Tradition von Hermann Göring stellen, der nämlich habe 1933 «die Regel gebrochen, weil er politische Gegner ausgrenzen wollte, damals Clara Zetkin». Das war nicht ganz korrekt. Göring schaffte das Amt tatsächlich ganz ab, und Zetkin durfte als Mitglied der KPD 1933 ihr Mandat ohnehin nicht mehr ausüben.[3]

Zur konstituierenden Sitzung 2021 stellt die AfD den Antrag, die Änderung der Geschäftsordnung von 2017 rückgängig zu machen. Alterspräsident wäre demnach der einundachtzigjährige AfD-Politiker Alexander Gauland. Zu Beginn der Sitzung hat erneut Baumann das Rederecht. Er wiederholt den Göring-Vergleich. In zwei Jahrhunderten habe nur ein Parlament es gewagt, mit der Tradition zu brechen, dass der an Jahren älteste Abgeordnete Alterspräsident werde, wettert Baumann, «1933 mit einem Präsidenten Hermann Göring».[4] Ein Raunen und Buhen geht durch den Saal. «Das ist die gleiche Rede!», ruft Marco Buschmann dazwischen.

Abgang Baumann, Auftritt Carsten Schneider, zu diesem Zeitpunkt noch Erster Parlamentarischer Geschäftsführer der SPD-Fraktion, wenig später wird er zum Ostbeauftragen der Bundesregierung berufen. Auch Schneider hat schon 2017 gleich nach Bernd Baumann gesprochen, was das Déjà-vu-Gefühl verstärkt. Er könne nicht fassen, so Schneider, dass Baumann sich erdreiste, hier und heute die Weimarer Republik ins Spiel zu bringen. «Die Verfassung war gut, es gab nur zu wenige Demokraten, die das unterstützt haben – die sie [die Demokratie] unterstützt haben, und es gab zu viele, die sie von innen heraus bekämpft und diffamiert haben. Ihre Truppe hat dazugehört. Ihre Vorgänger haben dazugehört.»[5] Die zwanzigste Legislaturperiode beginnt also damit, dass sich die Geschäftsführer zweier Fraktionen gegenseitig bezichtigen, Nazis zu sein.

Es kommt zur Abstimmung. Der Antrag der AfD auf Änderung der Geschäftsordnung wird von allen anderen Abgeordneten abgelehnt. Wie schon in der vergangenen Legislaturperiode wird also der an Dienstjahren älteste Abgeordnete Alterspräsident und übernimmt die Leitung der konstituierenden Sitzung.

Wolfgang Schäuble mit Hermann Göring zu vergleichen ist empörend. Doch die Szene wirkt seltsam routiniert. Zwar ist die Tatsache, dass mit der AfD 2021 zum zweiten Mal eine rechtsextreme Partei mit deutlich über 10 Prozent der Stimmen in den Bundestag eingezogen ist, nicht weniger erschreckend als 2017. Doch Medien und Politik reagieren mittlerweile weniger alarmiert, ja fast gelassen auf die Dauerprovokation. Als Alexander Gauland 2017 sagte, neben «jemandem wie Boateng» wolle niemand leben, als er 2018 die Zeit des Nationalsozialismus als «Vogelschiss in über tausend Jahren erfolgreicher deutscher Geschichte» bezeichnete und dazu aufrief, die damalige Integrationsbeauftragte der Bundesregierung, Aydan Özoğuz, in Anatolien zu «entsorgen», ging ein Aufschrei durch die Republik. So widerwärtig solche Aussagen bleiben, so scheint sich doch zumindest das Überraschungsmoment des Tabubruchs abgenutzt zu haben.

War der Schlagabtausch mit Baumann in der konstituierenden Sitzung tatsächlich bereits Routine? Haben sich die demokratischen Parteien daran gewöhnt, dass die AfD mit im Bundestag sitzt? «Es gibt einen Gewöhnungseffekt», räumt Carsten Schneider bei einem Gespräch in seinem Abgeordnetenbüro Anfang Dezember 2021 ein. Die Provokationen der AfD, sagt er, gingen ihm nur noch selten nahe. «Vieles kennt man mit der Zeit. Aber manchmal, wie jetzt gerade wieder, bei historischen Vergleichen, wenn Abgeordnete der SPD mit der NSDAP verglichen werden, dann ist Schluss.» Und er wiederholt: «Dann ist Schluss.»

Als Erster Parlamentarischer Geschäftsführer der SPD-Fraktion hatte Carsten Schneider notgedrungen regelmäßig Kontakt mit seinen AfD-Pendants, nicht zuletzt mit Bernd Baumann. Die Parlamentarischen Geschäftsführer der Fraktionen bereiten in der «PGF-Runde» die Sitzungen des Ältestenrats vor, der über Verfahrensfragen, die Tagesordnung und alle praktischen Fragen des Sitzungsverlaufs entscheidet. Darüber hinaus meide er aber jeden Kontakt zu Abgeordneten der AfD, sagt Schneider. «Ich versuche, die nicht zu sehen, wenn sie mir entgegenkommen.»

So halten es seiner Beobachtung nach so gut wie alle Abgeordneten außerhalb der AfD, auch die konservativeren in CDU und CSU. Die persönliche Distanz ist groß, es gibt kaum einen Handschlag, schon gar kein gemeinsames Essen oder Kaffeetrinken, keinen Plausch im Gang. Die AfD-Fraktion bilde eine Art Blase im Bundestag, bestätigt ein FDP-Abgeordneter. Anfangs habe man noch geglaubt, vielleicht den einen oder anderen Verirrten auf die eigene Seite ziehen zu können. Doch innerhalb ihrer Blase hätten sich selbst die Vernünftigeren schnell radikalisiert.

Die AfD folgt im Bundestag einer eigenen Logik, die wenig mit dem eigentlichen Parlamentsgeschehen zu tun hat. Nach wie vor nutzt die Partei das Plenum für gezielte Provokationen, weil sich Videoclips dieser Selbstinszenierungen in den sozialen Medien gut verbreiten lassen. Um ihre Haltung zum Gendern deutlich zu machen, sprechen AfD-Abgeordnete Claudia Roth, bis 2021 Vizepräsidentin des Bundestags, als «Präsident» an, und immer wieder äußern sie sich fremdenfeindlich. In der Coronapandemie lehnten einige das Testen, Impfen und die Maskenpflicht ab. Einmal kommt der Abgeordnete Thomas Seitz mit einer löchrigen Maske ans Rednerpult. Claudia Roth reicht ihm eine regelkonforme Maske, Seitz beschwert sich über den «Maulkorb», Roth droht ihm ein Ordnungsgeld an. Kurz darauf erkrankt Seitz an Corona, er muss auf der Intensivstation behandelt werden.

«Da weißte auch nicht mehr, was du noch sagen sollst», meint Schneider und schüttelt resigniert den Kopf. Die parlamentarischen Instrumente, die zur Verfügung stünden, um die Bundesregierung unter Druck zu setzen, nutze die AfD hingegen kaum.

Die Abgeordneten der Partei stellen zwar viele sogenannte Kleine Anfragen, die dann auch auf Schneiders Schreibtisch landen. Aber er könne sich nicht daran erinnern, dass eine davon je einen wunden Punkt getroffen hätte. So will die AfD etwa wissen, ob der Regierung die Zahl der «Auslandschinesen» bekannt sei, sie erkundigt sich nach «Mehrfachidentitäten von Asylbewerbern» oder nach «politisch motivierter Kriminalität – links – (bitte nach Monaten aufschlüsseln)». Die AfD fragt, die Regierung antwortet. Die AfD spult ihr Programm ab, die anderen Parteien lassen es an sich abperlen.

Der Bundestag hat den Schockmoment von 2017 also verarbeitet. Das Reiz-Reaktions-Schema von Provokation und Aufregung ist zum Ritual erstarrt, hat durch die Ritualisierung an Schrecken verloren und verblasst in der Wiederholung der zweiten Legislatur der AfD im Bundestag womöglich weiter. Beide Seiten, die AfD und die demokratischen Fraktionen, haben sich in ihre jeweilige Welt zurückgezogen.

Auch außerhalb des Bundestags sind die Fronten vier Jahre nach dem AfD-Erfolg auf Bundesebene weitgehend geklärt. Ein Großteil der Verunsicherung, die mit dem Wachstum der AfD verbunden war, rührte auch daher, dass in den ersten Jahren unklar blieb, wie sich die anderen Parteien, besonders CDU und CSU, dazu positionieren würden. Populismusforscher sind sich einig, dass eine der größten Gefahren für liberale Demokratien darin besteht, dass demokratische Parteien Inhalte und Rhetorik der populistischen Parteien übernehmen oder gar mit diesen koalieren.[6] Besonders die CSU experimentierte im Bayernwahlkampf 2018 mit Sprache und Inhalten der Populisten, allerdings ohne Erfolg. Mittlerweile hat sich die Union von der Copycat-Strategie verabschiedet. Konservative Spitzenpolitiker sagen heute unter der Hand, dass tatsächlich wohl nur ein geringer Anteil der AfD-Wähler noch für Parteien der Mitte erreichbar ist.

Die AfD hat sich währenddessen radikalisiert. Wohl auch deshalb scheint ihr Wachstumspotenzial zumindest in Westdeutschland begrenzt zu sein. Das Populismus-Barometer der Bertelsmann-Stiftung von 2020 kam sogar zu dem Schluss, es sei zu einer «Trendwende» gekommen: Populistische Einstellungen in der gesellschaftlichen Mitte hätten demnach deutlich abgenommen.[7]

Doch ein Rest Unsicherheit bleibt. Was, wenn es erneut zu einer Migrationskrise käme? Könnte die Partei weiter wachsen? Dass die Ausbreitung des Populismus stagniere, ist allenfalls eine westdeutsche Sicht. In Ostdeutschland expandiert die AfD. Es ist ein Kampf Dorf für Dorf, den die Partei an vielen Orten für sich entscheidet.

Carsten Schneider, 1976 in Erfurt geboren, hat die unterschiedlichen Phasen des neuen deutschen Rechtsextremismus aus der Perspektive eines ostdeutschen Politikers und immer aus der Nähe erlebt. Sie sind Teil seiner Biografie, Teil seines politischen Alltags. Als Jugendlicher, Anfang der neunziger Jahre, lebte er, wie schon beschrieben, mit seiner Mutter im Erfurter Plattenbaugebiet Herrenberg. Es ist jene Zeit, für die der Journalist Christian Bangel, 1979 in Frankfurt an der Oder geboren, den Namen «Baseballschlägerjahre» geprägt hat. Schneider trägt damals lange gefärbte Haare und ein Pali-Tuch, er hat sich einen Aufnäher mit dem Schriftzug «Nazis raus» auf den Ärmel seiner blauen Bomberjacke genäht. Die anderen, die Rechtsextremen, wohnen in denselben Plattenbauten wie er, erkennbar unter anderem an den Springerstiefeln mit den weißen Schnürsenkeln. Auch sie tragen manchmal Bomberjacken, aber mit anderen Aufnähern. Die Codes sind eindeutig, und man kennt sich sowieso schon lange, man teilt, notgedrungen, denselben Lebensraum.

Mit «harten Faschos» sei er nicht befreundet gewesen, erzählt Schneider im Winter 2021. Aber mit Leuten «aus dem Umfeld» hatte er durchaus Kontakt, «klar». Die Rechten gehören in diesen Jahren und an diesem Ort einfach zu seiner Realität. Schneider spielt schon damals viel Fußball und geht ins Stadion. In seiner

Erfurter Mannschaft sind zwei Jungs aus der rechten Szene. Er wird gewissermaßen geduldet, ab und an eingeschüchtert, aber nur zweimal gewalttätig bedrängt. Später, als sie alt genug sind, kaufen sich viele in Schneiders Freundeskreis Motorräder. Schneider selbst hat eine Simson Enduro, ein Cross-Motorrad. «Das war die Freiheit», sagt er. Die Jungs schrauben an ihren Maschinen rum und fahren damit ins Umland, zum Stausee zum Beispiel. «Cruising» nennt Schneider das. «Ich hatte den Auspuff abgesägt. Das war so laut, wenn ich am Großen Herrenberg losgefahren bin, hat man das am Kleinen Herrenberg gehört, im Plattenbaugebiet nebenan.» Einer seiner damaligen engen Freunde aus der Motorrad-Clique ist heute in der AfD. «Der war früher eher monarchisch drauf, träumte vom Kaiserreich», erinnert sich Schneider. Er ist ihm in den letzten Jahren noch ein paarmal über den Weg gelaufen, Erfurt ist schließlich nicht sehr groß. Engeren Kontakt haben sie nicht mehr. Damals hätten sie oft einfach gar nicht über Politik gesprochen. «Die Sichtweisen waren zu unterschiedlich, aber trotzdem kamen wir miteinander zurecht.»

Nicht nur Schneiders Jugendfreund, auch viele andere, die schon in den neunziger Jahren zur rechten Szene gehörten, bilden ab Mitte der zehner Jahre neue Allianzen in und mit der AfD, mit Menschen, in denen die Wende-Enttäuschung gärt, Menschen, die Angst vor Zuwanderung haben, und schließlich, in der Corona-Krise, mit Verschwörungsgläubigen und Corona-Leugnern.

In Schneiders Wahlkreis Erfurt hat die AfD bei der Bundestagswahl 2021 16 Prozent geholt, mehr als im Bundesdurchschnitt, aber wenig im Vergleich zum übrigen Thüringen. In der Stadt, sagt Schneider, sei die Partei weniger sichtbar. Stephan Brandner, der dem völkisch-nationalistischen Teil der AfD zugeordnet wird, war 2017 Schneiders Gegenkandidat in Erfurt und Spitzenkandidat der AfD in Thüringen. Brandner verliert 2017 gegen die CDU-Kandidatin und zieht über die Landesliste ein, wie Schneider. 2021 wechselt er in einen ländlicheren Wahlkreis, den er direkt gewinnt, mit 29 Prozent der Stimmen. Das Direktmandat in Erfurt holt Schneider, mit 24,4 Prozent der Stimmen, erstmals seit 2005 wieder.

Im Bundestagswahlkampf 2021 war Schneider viel in Thüringen unterwegs. Er besuchte andere SPD-Kandidaten, die dort um ihr Mandat kämpften. Wo er hinkam, in kleineren Orten wie Greiz oder Rudolstadt, war die AfD präsent. «Die von der Landtagsfraktion hatten einen VW T6 California, blau, und damit standen die dann immer auf den Wochenmärkten», erzählt er. «Die haben sich sehr gezielt die Landkreise ausgesucht und nicht die Städte. Die wissen, die holen in Erfurt und Weimar nichts.» Die AfD, sagt Schneider, sei in Thüringen gut aufgestellt, offenbar auch finanziell. In diesem Sommer verteilte die Partei eine Wahlkampfzeitung an alle Thüringer Haushalte. «Das kann ich mir gar nicht leisten», sagt Schneider. Und die Partei plakatierte. Wenn Schneider im Frühjahr vor dem Wahlkampf mit dem Rennrad über die Dörfer fuhr, sah er fast nur AfD-Plakate. «Alles blau», sagt er knapp.

Die anderen Parteien, auch die SPD, schrumpfen in Thüringen wie überhaupt im Osten an vielen Orten stark. In einigen Landkreisen, meint Schneider, gebe es nur noch eine Handvoll guter Sozialdemokraten, die standhaft die Fahne der ehemaligen Volkspartei hochhalten. «Und selbst die gibt es nicht überall. Im Saale-Holzland-Kreis haben wir insgesamt noch sechsundvierzig Mitglieder.» Irgendwann, sagt Schneider, kippt die Stimmung an diesen Orten. «Meine Kennzahl – gefühlt, nicht streng empirisch unterlegt – sind die 30 Prozent.» Wenn die AfD diesen Anteil an Stimmen in einem Wahlkreis holt, treten die ganz anders auf, das ist seine Erfahrung. In vielen Wahlkreisen haben sich die anderen Parteien, auch die Linke, zurückgezogen. «Die Listen werden dann quasi vom Feuerwehrverein und vom Sportverein bestückt – und von der AfD. In dieses Vakuum gehen die rein.»

Wann immer Zeit dafür bleibt, unterstützt Schneider die Genossen vor Ort. «Aber man muss es auch erst mal schaffen.» Das professionelle Personal der SPD in Thüringen besteht aus acht Landtagsabgeordneten und fünf, vor 2021 drei Bundestagsabgeordneten. «Es ist kaum machbar, die vielen kleinen Dörfer abzudecken.»

Carsten Schneider hat weder mit dem Erfolg der Ausstiegsbefürworter im Brexit-Referendum noch mit der Wahl von Donald Trump gerechnet. «Beides hat mich sehr geprägt», sagt er. Wie viele andere Politiker seiner Generation beschäftigt sich Schneider danach intensiv mit Wahlanalysen. Er schaut sich an, in welchen Regionen Trump und die Brexiteers gewonnen haben und welche Wähler sie mobilisieren konnten. Viele der Trump-Gebiete seien durchaus mit bestimmten Regionen in Ostdeutschland zu vergleichen, sagt er. Auch die strukturellen Bedingungen in manchen Wahlkreisen im Norden von England, die früher Labour-dominiert waren und nun für den Brexit stimmten, seien ähnlich: im Zuge der Globalisierung deindustrialisiert, weit entfernt von der Kultur der Metropolen.

Vor einiger Zeit hat Schneider in Thüringen eine Frau kennengelernt, die jeden Tag von Bad Langensalza nach Erfurt fährt, um dort in einem Logistikzentrum Versandpakete zu packen, an der Seite von Arbeitern aus Tschechien, Polen, Angola. Sie hat zwei Ausbildungen abgeschlossen, eine als Reiseverkehrskauffrau und eine als Buchhalterin, und ist heute zweiundfünfzig Jahre alt. Ökonomisch hat jemand wie sie vielleicht ganz ähnliche Interessen wie ein Freelancer in Berlin-Mitte, der auch nicht mehr als 2200 Euro brutto im Monat verdient. Aber dann kommen eben die kulturellen Konflikte hinzu. Der Freiberufler in Berlin darf sich zumindest als Teil eines kosmopolitisch-liberalen Milieus fühlen. Die Zweiundfünfzigjährige aus Langensalza nicht. «Der mit dem Latte macchiato in der Linienstraße verdient vielleicht nicht mehr, aber er guckt kulturell arrogant auf die Paketpacker bei Zalando herab», sagt Schneider.

Es ist diese doppelte Kränkung, die den Populismus stark

macht, so seine Einschätzung. Eine Analyse, die auch dem SPD-Programm zugrunde liegt.

Berlin, Anfang Oktober 2020. Im Bundesfinanzministerium in der Wilhelmstraße trifft eine Gruppe von Journalistinnen und Journalisten den damaligen Bundesfinanzminister Olaf Scholz zu einem «Hintergrund», einem vertraulichen Gespräch. Die Informationen aus einem solchen «Hintergrund» dürfen öffentlich nicht verwendet werden. Manchmal darf zitiert werden, ohne eine konkrete Quelle zu nennen, es heißt dann zum Beispiel «wie aus Regierungskreisen verlautete». Für Journalisten bietet sich hier eine Gelegenheit, hinter die häufig gestanzte, «offizielle» Sprache zu schauen, Politiker und ihre Sicht auf die Dinge besser kennenzulernen. Viele der Personenbeschreibungen in diesem Buch beruhen auch auf Beobachtungen aus solchen Gesprächen. Politiker haben hier die Chance, offener zu sprechen, aber auch eine bestimmte Sichtweise, ein Narrativ zu platzieren, zu diskutieren oder zu testen.

Eine Mitarbeiterin führt die Gruppe in einen Sitzungsraum auf der Leitungsebene des Ministeriums. Olaf Scholz war in seiner Zeit als Finanzminister geschlagen mit einem der hässlichsten Amtssitze, die diese an hässlichen Bauten nicht eben arme Stadt aufzubieten hat. Immerhin ist das Gebäude geschichtsträchtig: 1936 fertiggestellt, beherbergte es im Dritten Reich das Reichsluftfahrtministerium, in der DDR das Haus der Ministerien. Nach der Friedlichen Revolution zog die Treuhandanstalt ein, mit dem Umzug der Regierung von Bonn nach Berlin der Finanzminister. Ein gigantischer, grauer Bau, von außen burgartig, von innen eine seltsame Mischung aus Großspurigkeit im Raumverbrauch und bürokratischer Strenge in der Parzellierung.

Die Fenster des Sitzungsraums stehen weit offen, pandemiebedingt. Anfang Oktober 2020 zeichnet sich der Beginn der zweiten Coronawelle ab. Die Umfragewerte der SPD liegen ein Jahr vor der Bundestagswahl bei rund 15 Prozent, Olaf Scholz wirkt dennoch aufgeräumt und zuversichtlich. Er macht Witze, die die Journalisten nicht so recht verstehen, über die er aber selbst lacht. Er schafft es, große Ernsthaftigkeit auszustrahlen und gleichzeitig ein bisschen ulkig zu wirken.

Über den Inhalt des Gesprächs kann gesagt werden, dass es – neben der Haushalts- und Corona-Politik und der Lage der SPD – auch um die Frage ging, wie es zur Wahl Trumps und zum Erfolg der AfD kommen konnte. Olaf Scholz hat viel gelesen in den letzten Jahren, nun will er mit den Journalisten über seine Gesellschaftsanalyse diskutieren. Es ist eines von vielen Gesprächen, mit denen er sich auf die Wahl vorbereitet. Sicher interessiert ihn auch, wie Journalisten – Multiplikatoren – auf seine Analyse reagieren. Und natürlich will er zeigen, dass er mehr ist als ein Technokrat, ein Image, das ihm hartnäckig anhängt.

Von seinen Lektüren hat Olaf Scholz selbst auch öffentlich mehrfach berichtet, zum Beispiel in einem Interview mit der «Zeit» im Februar 2020, von daher kann man es getrost hier wiedergeben.[8] Und er liest offenbar tatsächlich viel. Vertraute betonen immer wieder, ja, «der Olaf» lese alles selbst, nein, er lasse sich Bücher nicht von Mitarbeitern zusammenfassen, und ja, sie seien selbst überrascht, wie viel er immer so schaffe neben seinem Ministerjob und den Verpflichtungen in der SPD. Das Bild vom Denkerkanzler Olaf Scholz wird durch solche Hintergrundgespräche und Interviews sicherlich bewusst gepflegt. Aber es gibt auch keinen Grund, daran zu zweifeln, dass Olaf Scholz ein ernsthaftes Erkenntnisinteresse verfolgt. Er macht den Eindruck zu wissen, wovon er spricht.

Scholz' Suche nach den Wurzeln des Populismus führte ihn unter anderem zu der autobiografischen Erzählung «Hillbilly-Elegie». Der Autor J. D. Vance erzählt darin die Geschichte seiner eigenen Jugend in einer Familie in Middletown, Ohio, die sich dort wie viele andere mit miesen Jobs über Wasser hält. Seine Mutter ist drogenabhängig, aufgezogen wird er von den Großeltern, beide Alkoholiker. Dennoch schafft er es an die Universität. Das Buch erscheint im Juni 2016. Nach der Wahl von Donald Trump im darauffolgenden November wird es von der «New York Times» als eine Erklärung für den Ausgang der Wahl gepriesen, als Einblick in die Gedanken- und Lebenswelt der Entrechteten und Deprivierten im «Rust Belt» der USA, die Trump an die Macht gebracht haben.

Kompakt nachlesen kann man Scholz' Analyse in einem Beitrag für die «Frankfurter Allgemeine Zeitung», der im März 2021 erschienen ist.[9] Die These, dass der «Clash of Civilizations» und die kulturelle Spaltung des Westens die Hauptursachen für den Aufstieg des Populismus seien, teilt Scholz nicht. Gerade seine Partei, die SPD, hat in den Jahren seit 2015 heftig um einen angemessenen Umgang mit den politischen und gesellschaftlichen Verwerfungen gerungen. Einige forderten, die SPD müsse die «kulturellen» Ängste, also die Ängste im Huntington'schen Sinne, wieder ernster nehmen, die Partei habe sich zu stark bei den kosmopolitisch gesinnten urbanen Oberschichtmilieus angebiedert. Behauptet wurde oft, solche kulturellen Ängste seien unter der klassischen Klientel der SPD weiter verbreitet als in anderen Schichten (was die Politikwissenschaft so nicht bestätigt). Andere machten weniger sozialpsychologische als vielmehr materielle Ursachen für das Schwächeln liberaler Demokratien aus und forderten eine sozialpolitische Wende.

Scholz selbst wählt einen Mittelweg. Ja, Konflikte «zwischen dem Lebensgefühl der polyglotten, akademischen, urbanen Mittelschicht und den traditionelleren Milieus abseits der Großstädte», also auch zwischen jenen, die eine global orientierte Einwanderungsgesellschaft befürworten, und jenen, die sich eine homogenere Gesellschaft wünschen, spielten eine Rolle. Für wichtiger aber hält Scholz etwas anderes: Das zentrale Versprechen liberaler Demokratien, dass Aufstieg für alle möglich ist, dass es den Kindern einmal besser gehen wird als den Eltern, wurde gebrochen. Anders als während der Bildungsexpansion der sechziger und siebziger Jahre, als es vielen Kindern aus der unteren Mittelschicht gelang, akademische Berufe zu erlangen, gestaltet sich der soziale Aufstieg heute wesentlich schwieriger. Gerade die untere Mittelschicht ist vielmehr von Abstieg bedroht, da Industriejobs im Zuge der Globalisierung abwandern. Neue Jobs gibt es zwar, aber Arbeit im wachsenden Dienstleistungssektor ist weniger sicher und schlechter bezahlt.

Scholz will nicht die Hoffnung vermitteln, dass sich das wieder grundsätzlich ändern wird. Aber er fordert mehr Anerkennung – auch finanziell – für jene, die heute in Bereichen arbeiten, die vom Rest der Bevölkerung als «unten» wahrgenommen werden. Gerade dadurch, dass permanent «Aufstieg» versprochen oder gefordert werde, würden bestimmte Aufgaben in der Gesellschaft entwertet, die aus seiner Sicht nicht weniger wichtig sind. Es gelte anzuerkennen, schreibt Scholz, «dass der Aufstiegsimperativ zu einer Herabwürdigung all derer führen kann, die keine akademischen Abschlüsse oder Kreativberufe in den Metropolen anstreben».

Zentral sei für ihn ein Buch des Labour-Vordenkers Michael Young gewesen, hat Olaf Scholz mehrfach erzählt. Young gilt als Erfinder des Begriffs «Meritokratie», der eine Gesellschaft beschreibt, in der jene aufsteigen, die viel und Gutes leisten.[10] Blicke man durch diese Brille auf die Gesellschaft, heiße das im Umkehrschluss, dass diejenigen, die es nicht geschafft haben, nach «oben» zu kommen, selbst schuld daran und deshalb weniger wert sind. Scholz hat auch die 2020 erschienene Meritokratie-Kritik des amerikanischen Philosophen Michael J. Sandel gelesen. Aus Sandels Sicht ist die Meritokratie eine Schimäre, ein Narrativ vor allem jener, die schon «oben» sind und diese gesellschaftliche Stellung irgendwie rechtfertigen müssen. Seine Antwort ist nicht die liberale (mehr Chancengleichheit und bessere Startbedingungen für alle, um in der Meritokratie mitzuspielen) und auch nicht die klassische sozialdemokratische (mehr Verteilungsgerechtigkeit). Sandel spricht vielmehr von «contributive justice», der «Möglichkeit, die soziale Anerkennung und Achtung zu gewinnen, die mit der Produktion dessen einhergeht, was andere brauchen und wertschätzen».[11] Scholz übernimmt diesen Begriff unter Verweis auf Sandel. Das meritokratische Prinzip blende aus, dass wir in einer arbeitsteiligen Gesellschaft leben, in der wir alle aufeinander angewiesen sind.

Für Scholz ist die Kränkung, die sich aus sozialer Abwertung ergibt, eine der wichtigsten Ursachen für die Erfolge des Populismus und der Brexiteers, wichtiger noch als die kulturellen Ängste und Ressentiments der Post-9/11-Einwanderungsgesellschaft. Die nationalistischen und chauvinistischen Narrative der Populisten sind aus dieser Perspektive lediglich eine Art Ersatzbefriedigung, um die Kränkung durch mangelnde Anerkennung zu überwinden.

Auch Robert Habeck hat sich intensiv mit den Ursachen für die Schwäche der liberalen Demokratie auseinandergesetzt. In seinem Buch «Von hier an anders» schreibt er, «der Boden der Demokratie» sei «ganz schön ausgetrocknet». Als echter Norddeutscher wählt er ein sehr norddeutsches Bild: «Der Boden hat tiefe Risse bekommen, und kleine Schollen sind entstanden. Und auf diesen kleinen Schollen leben die Menschen in Gruppen und Grüppchen.» Auch Habeck konstatiert eine «zunehmend zerfaserte gesellschaftliche Wirklichkeit» und stellt fest, dass die Reaktionen der Bürgerinnen und Bürger immer weniger von Fakten und immer mehr von Emotionen bestimmt werden. Mit vernünftigen Argumenten lasse sich da nur bedingt dagegenhalten.[12]

Die kulturelle Zersplitterung der Gesellschaft ist geradezu ein Topos geworden, mit dem Politiker hantieren. Robert Habeck bezieht sich dabei auf den Soziologen Andreas Reckwitz, den er ebenso gelesen hat wie Olaf Scholz. Reckwitz ist zu einer Art Hausdenker der politischen Klasse im linksliberalen Spektrum geworden. Sein Buch «Die Gesellschaft der Singularitäten» ist 2017 erschienen, also kurz nach dem Brexit und der Wahl Donald Trumps. Es war ein erster, bereits sehr umfassender Versuch, die

Schwachstellen der liberalen Demokratie zu erklären, für viele ein erster Erkenntnisschritt in der Frühphase der Traumabewältigung.

Reckwitz formuliert in seinem Buch die Diagnose, dass «das Allgemeine» in der Gesellschaft auf dem Rückzug sei. Letztere zerfällt in eine Vielzahl von Kleinstbereichen, definiert durch kulturell überformte Orte, Gegenstände, Ereignisse, Gruppen. Reckwitz meint damit nicht, dass ganz einfach bestehende individuelle Neigungen oder Prägungen ausgelebt würden, dass es mehr Individualismus gebe. «Singularitäten», wie er es nennt, werden gezielt hergestellt. Sie markieren Unterschiede zwischen Menschen und Gruppen, die hauptsächlich der Distinktion und Identifikation dienen – und damit unter Umständen auch dazu, die eigene Gruppe und den eigenen Lebensstil über andere Gruppen und Lebensstile zu stellen.[13] Das war natürlich schon immer so, auch Pierre Bourdieu hat die Gesellschaft ähnlich beschrieben. Aber die Abgrenzungsräume sind kleiner, differenzierter geworden und die Konflikte zwischen verschiedenen Gruppen schärfer. Denn diese kulturellen Unterschiede werden nicht als angeeignet oder erzeugt wahrgenommen, sondern zu Seinsfragen erklärt. «Kulturessenzialismus» nennt Reckwitz das. Fährst du Rennrad, oder gehst du «auf Schalke»? Bist du geimpft oder ungeimpft? Liest du Reckwitz oder eher «Die sechs Elemente des Erfolgs» von Carsten Maschmeyer?

Aus Reckwitz' Sicht kommt es in der «Gesellschaft der Singularitäten» unter anderem zu einer «Krise der Anerkennung», in der diejenigen die Leidtragenden sind, deren Tätigkeit als «Arbeitssubjekt» oder deren Lebensstil als minderwertig gelten oder «unten» verortet werden.[14] Hier setzt Olaf Scholz an, wie wir gesehen haben, aber auch Robert Habeck. Scholz' Antwort auf dieses Problem ist der Mindestlohn. Für Habeck ist die Sache komplizierter. Seine Partei gilt gemeinhin als ein Treiber hin zu einer «Gesellschaft der Singularitäten». Es ist ja nicht zuletzt die Umwelt- und Klimabewegung, die dazu beigetragen hat, dass Gegenstände, Orte und Ereignisse kulturell und ethisch aufgeladen, zu moralischen Distinktionsmerkmalen bestimmter Gruppen wurden. Trinkst du Hafermilch, oder isst du Nackensteak? Habeck ist sich dessen bewusst. Und da er die ethischen Werte, die ja tatsächlich mit bestimmten Produkten verbunden sind, nicht aufgeben kann und will, setzt er auf Konfrontation und Ausgleich mit anderen Partikulareinheiten innerhalb dieser «Gesellschaft der Singularitäten» – in der Hoffnung auf ein produktives Gespräch und den Abbau von Ressentiments.

Fuhlreit in Schleswig-Holstein, Ende Juli 2021, etwa zwei Monate vor der Bundestagswahl. Es ist schön da, wo Robert Habeck herkommt. Zu dem Milchbauernhof, den er an diesem Freitagmorgen besucht, führt eine schmale Landstraße, die sich zwischen saftig grünen Wiesen hindurchwindet, hier und da ein schilfumwucherter Teich, ein paar Weiden, darauf ein paar Kühe. Ein Landwirtschaftsidyll, von außen betrachtet. Der starke Wind vom Vortag hat etwas nachgelassen, aber die Wolken ziehen noch immer schnell über den blauen Himmel. Habecks Familie wohnt etwa eine Stunde von hier, in einem Ort auf der anderen Seite der Kieler Förde. Von 2012 bis 2018 war Robert Habeck Landwirtschaftsminister in Schleswig-Holstein. Jetzt zieht er im Bundestagswahlkampf durch die Lande, durch seine Heimat.

Der Hof der Familie Sierck liegt auf der rechten Seite einer langen Zufahrtsstraße, das Haupthaus und der ältere Teil der Stallungen sind aus roten Ziegeln gebaut, auch der Seitenflügel, in dem ein Hofladen untergebracht ist. «Familie Sierck 1881» steht in weißen Lettern über der Eingangstür zum Wohntrakt.

Jörn Sierck, ein großer Mann mit verschmitztem Blick, Jeans, Weste, Gummischuhe, wartet im Hof, gemeinsam mit einer Gruppe anderer Bauern aus der Region, darunter auch die Vorsitzende des Bundesverbands Deutscher Milchviehhalter (BDM) in Schleswig-Holstein. Es sei nicht ganz leicht gewesen, einen Hof zu finden, den Robert Habeck auf seiner Wahlkampftour besuchen kann, viele Landwirte hätten abgesagt, erzählt die Vorsitzende. Jörn Sierck kannte Habeck schon von einem früheren Besuch, damals noch als Landwirtschaftsminister von Schleswig-Holstein. Er willigte schließlich ein.

In der «Gesellschaft der Singularitäten» zählen Landwirte zunehmend zu jenen Gruppen, die empfindlich an gesellschaftlicher Anerkennung eingebüßt haben. Die ökologische Wende, politisch vertreten durch die Grünen, hat sie zu «Problemfällen» gemacht. Der politische Diskurs der vergangenen Jahre drehte sich vor allem um den Schaden, den die Landwirtschaft anrichtet: die Belastung der Böden und des Grundwassers durch die Gülledüngung, schlechte Bedingungen bei der Tierhaltung, die schlechte CO_2-Bilanz von Fleisch im Vergleich zu pflanzlichen Nahrungsmitteln, die Auswirkungen von Monokulturen auf die Biodiversität und anderes mehr. Aus Sicht jener hochausdifferenzierten urbanen Milieus, die umgekehrt zum Feindbild ländlich orientierter Populisten wurden, sind Bauernhöfe vom Urlaubsidyll zu klimaschädlichen Industriebetrieben geworden.

In den USA gehörten die Farmer zu den treuesten Unterstützern von Donald Trump. In Deutschland ist das Verhältnis zwischen den Grünen, die als Vertreter vor allem der urbanen Milieus gesehen werden, und den Landwirten schlecht. Bei der Bundestagswahl gaben nur 5 Prozent der Landwirte ihre Stimme den Grünen. Aber auch die Union, die einstige Bauernpartei, hat massiv verloren. 2013 stimmten noch 71 Prozent der Landwirte für CDU oder CSU, 2021 waren es nur noch 45 Prozent. Im Vergleich mit anderen Berufsgruppen wählen überdurchschnittlich viele Landwirte «sonstige Parteien», 13 Prozent – ein Hinweis darauf, dass sie sich politisch nirgendwo mehr richtig beheimatet fühlen. Generell, das ist auch an diesem Nachmittag deutlich zu spüren, ist der Frust der Milchbauern groß, ebenso das Gefühl des Ausgeschlossenseins.

Der Kies im Hof knirscht unter Habecks Füßen, als er mit seinem Tross eintrifft – eine Kamerafrau, die Videos für die sozialen

Medien dreht, ein Mitarbeiter, eine Pressesprecherin. Die Begrüßung ist norddeutsch knapp, aber freundlich: «Moin, Moin», Corona-konforme Fist Bumps. «Das sind meine beiden Jungs», sagt Sierck und deutet auf zwei hochgeschossene junge Männer, die sich etwas im Hintergrund halten.

Hundert Kühe haben die Siercks, rund achtzig werden jeden Tag gemolken, außerdem mästet die Familie Bullen. Ein mittelgroßer Betrieb, der mit den vier Familienmitgliedern gerade noch zu stemmen ist, erzählt der Landwirt. Der Hof ist weder ein ökologischer Vorzeigebetrieb noch ein industrielles Hochleistungsunternehmen. Vor zehn Jahren hat die Familie entschieden, ihre Produkte regional selbst zu vermarkten, sie also nicht an eine Großmolkerei weiterzuverkaufen. Noch immer ist sie dabei, eine eigene Meierei plus Vertrieb aufzubauen. Die Siercks leiden – wie die meisten Milchbauern – unter den extrem niedrigen Milchpreisen. Der Preisdruck durch die Discounter ist immens, die Abnehmerpreise der Molkereien liegen seit Jahren unter den Herstellungspreisen. Einige versuchen zu expandieren, um ihre Höfe über die Massenproduktion rentabel zu halten. Viele geben ihre Höfe aber auch auf. Die Siercks wollten ausbrechen. «Hop oder Flop», sagt Sierck. Im Moment sieht es so aus, als würde das gelingen. Der Hofladen läuft, die Milch und den Käse aus der hofeigenen Molkerei können die Kunden auch direkt zu sich nach Hause bestellen.

Sierck führt die Gruppe in den Stall. Zuerst geht es in die alten Stallungen, die niedrig sind und dunkel, so wie man früher eben Ställe baute, dann in einen Anbau, eine Halle mit geräumigeren Boxen, Tageslicht und geöffneten Deckenfenstern. Schwalben schießen durch den Raum, sie nisten im Gewölbe. Habeck bleibt im Gang stehen, links von ihm schnuffeln Jungbullen im Stroh, acht, zehn Tiere teilen sich eine Box, nach Alter und Maststufe getrennt. In der ersten Box tummeln sich niedliche Kälber, in der letzten stehen massige Viecher kurz vor der Schlachtreife.

«Wann werden die geklemmt?», fragt Habeck fachmännisch.

Er will zeigen, dass er weiß, wie man hier sagt, wenn man «kastriert» meint. «Gar nich», antwortet Sierck. Die Tiere bleiben Bullen. Bullen auf der Weide zu halten, ist sehr aufwendig, man braucht dafür getrennte Weideflächen, und für die Bauern kann es gefährlich sein. Sie zu kastrieren und als Ochsen draußen zu halten, ist tierfreundlicher, aber weniger wirtschaftlich. Ein Bulle braucht ein Jahr, ein Ochse bis zu zweieinhalb Jahre, bis er geschlachtet werden kann.

Habeck geht in die Hocke und streckt die Hand nach den Tieren aus. Die Fotografen zücken die Kameras. Aber die Bullenkälber sind misstrauisch, sie wollen ihre Köpfe nicht durch das Gitter strecken. «Bei Politikern renn die immer wech», sagt Arne Sierck, der ältere der beiden Söhne, und grinst.

Nach der Besichtigung stehen Habeck und die Bauern auf einer betonierten Fläche hinter dem Stallgebäude, dem Siloplatz, zwischen in Plastikfolien gewickelter Silage, also feuchtem Heufutter, und Güllegrube zusammen. Es gibt «ächte Buddamilch». Die Fläche ist frisch versiegelt, eine neue Anforderung an die Bauern, damit nicht zu viel Silagesickersaft in das Grundwasser gelangt.

Habeck zeigt Verständnis für die Nöte der Bauern, gibt aber auch Kontra. Die BDM-Vorsitzende rechnet vor, was so eine versiegelte Fläche kostet: vierzigtausend Euro für eine der Betonplatten. Da kommt schnell ein mittlerer bis hoher sechsstelliger Betrag zusammen. «Und da ist jetzt auch für viele das Problem, dass die ihre Siloplatten nicht in Ordnung haben. Und wenn dann das Amt kommt, machen die den Laden dicht. Man hört jetzt, dass die sich das dörferweise vornehmen.» «Na ja», antwortet Habeck. Er klingt ein bisschen norddeutscher als in Berlin, schnoddert die Wörter, die Hände in den Hosentaschen. «Was sollen denn die Behörden anderes machen, wenn die den Auftrag haben, das Grundwasser zu schützen? Da würde ich als ehemaliger Behördenchef sagen: Ja, so ist das dann halt.» Für die Verbandsvorsitzende ist das Thema damit noch nicht beendet: «Das ist völlig in Ordnung.

Aber bei vielen ist das halt noch nicht gemacht. Und bevor die jetzt so eine Investition wagen, machen die den Laden dicht.»

Die Landwirte bilden nun einen Kreis um Habeck. Der Hofhund, ein bärengroßer, aber sehr freundlicher Berner Sennenhund, läuft aufgeregt zwischen den Besuchern hindurch, sucht nach Orientierung und lässt sich dann in der Mitte des Kreises zu Füßen des Politikers nieder. Das Gespräch dreht sich jetzt um die Empfehlungen der sogenannten Borchert-Kommission, ein von der früheren CDU-Landwirtschaftsministerin Julia Klöckner eingesetztes Gremium. Im April 2020 hat die Kommission zur Verbesserung der Tierhaltung die Einführung einer Tierwohlabgabe empfohlen, die aus Steuergeldern und durch höhere Preise finanziert werden soll. Habeck spricht selbst einen wunden Punkt an: «Jetzt habe ich gesehen, dass der BDM und andere das gar nicht gut finden. Aber das versteh ich nicht. Was gefällt euch denn nicht daran? Die Bullen würden dann so gehalten, wie der Verbraucher sich das vorstellt. Und ihr habt Planungssicherheit. Warum ist das unfair?» Arne Sierck antwortet: «Der Größere profitiert davon mehr, das ist wie bei der Agrarabgabe.» Er fürchtet außerdem, dass das Geld irgendwo auf dem Weg zum Bauern versickert. So geht es eine Weile hin und her. Am Ende einigt man sich auf einen gemeinsamen Feind: den Lebensmitteleinzelhandel, von dem der Preisdruck ausgeht.

Habecks Besuch soll zeigen, dass es möglich ist, gesellschaftliche Gräben im gemeinsamen Gespräch zu überbrücken – und natürlich geht es Habeck auch darum, sich als Brückenbauer zu profilieren. Tatsächlich hat er, sicher auch in seinen Jahren als Landwirtschaftsminister, einen geschickten Gesprächsstil entwickelt. Von seinen eigenen Positionen weicht er nicht ab. Er fordert seine Gesprächspartner heraus, gibt Anwürfe zurück an den Kritisierenden («Dann sag mir, wie es gehen soll ...»), zeigt Verständnis und Empathie für die Lage, trägt Sachkenntnis zur Schau, um Vertrauen zu wecken, versucht, Gemeinsamkeiten in der Sprache zu schaffen. Man hat den Eindruck, er trete an, um die «Gesellschaft der Singularitäten» zu therapieren, nur: Wie lässt sich so ein Besuch auf einem Hof multiplizieren? Und was bewirkt er?

Nachdem Habeck und sein Tross weitergezogen sind, steht Arne Sierck, der Nachwuchslandwirt, noch eine Weile auf dem Hof. Unter dem Vordach der Meierei stapeln sich Kisten mit Glasflaschen für die Milch und den Joghurt. Habeck sei «unheimlich menschlich und auch verbal noch an der Basis», räumt Sierck ein. So kenne man ihn hier auch. «Ich find's gut, dass er überhaupt noch rauskommt, um andere Meinungen zu hören. Das macht ja auch nicht jeder.» Aus dem, was Sierck sagt, spricht allerdings auch eine sehr ablehnende Haltung gegenüber der Politik an sich. «Meine persönliche Einstellung zur Politik ist so dermaßen Schrott. Da ist überhaupt kein Vertrauen mehr da, gar nicht», meint er. Die Entscheidungen, die in der Pandemie getroffen wurden, hätten diesen Vertrauensverlust noch verstärkt. Habecks Argumente für die Tierhaltungsregeln der Borchert-Kommission haben Sierck nicht überzeugt. Das ganze System der Landwirtschaftspolitik sei so kaputt, das müsse mal «gegen die Wand gefahren» werden. «Aus jeder Krise entsteht etwas Neues.» Bei der Bundestagswahl, sagt Sierck Ende Juli 2021, will er die Partei «Die Basis» wählen. «Wir brauchen einen ganz anderen Aufschwung, müssen wieder viel mehr Ethik in die Politik bringen. Die Altparteien – und da nehme ich die AfD mit rein – haben da nichts mehr verloren.» Im Februar 2022 telefonieren wir noch einmal. Er hat seine Meinung nicht geändert. Wer der neue Landwirtschaftsminister ist, das interessiert ihn gar nicht. Er macht sein eigenes Ding.

Berlin, Mai 2021, rund vier Monate vor der Bundestagswahl. Nach etwa einer Stunde Gespräch signalisiert eine Mitarbeiterin, dass gleich der nächste Termin anstehe. «Danke, einen Moment noch», sagt Marco Buschmann.

Buschmann stammt aus Gelsenkirchen und ist zum Zeitpunkt

des Gesprächs dreiundvierzig Jahre alt. Er ist ein enger Vertrauter von Christian Lindner. Die beiden kennen sich seit Jahrzehnten aus der Landespolitik in Nordrhein-Westfalen. Nachdem die FDP 2013 aus dem Bundestag geflogen war, bildeten Buschmann und Lindner gemeinsam mit Wolfgang Kubicki und Nicola Beer das verschworene Zentrum des Wiederaufbaus. Dabei hielt Buschmann sich lange Zeit eher im Hintergrund. Nach dem Wiedereinzug in den Bundestag wurde er Parlamentarischer Geschäftsführer seiner Fraktion, wirkte als solcher aber vor allem nach innen und überließ die Fernsehbühnen dem Parteichef. Buschmann sagt noch im Mai über sich selbst, für die allererste Reihe fehle ihm vielleicht der «geländegängige Charme». Seit Oktober 2021 steht er allerdings genau dort. Während der Ampel-Sondierungen arbeitet er eng mit Generalsekretär Volker Wissing und Parteichef Christian Lindner zusammen, er gehört zum engsten Verhandlerkreis der «Kopfgruppe». Im Kabinett Olaf Scholz wird er Justizminister. Im Bundestag kann man ihn als präzisen und pointierten Redner erleben. Was er mit seiner Aussage über sich selbst vielleicht auch meint, ist eine Liebe zum Theoretischen, eine gewisse Nerdigkeit.

Buschmann ist Anwalt. Vor seiner politischen Karriere hat er in einer amerikanischen Wirtschaftskanzlei in Düsseldorf gearbeitet. Seine Leidenschaft aber scheinen eher die Geistes- und Sozialwissenschaften zu sein. Er liest viel, die antiken Klassiker wie die Klassiker des Liberalismus, neben modernen Politik- und Gesellschaftstheorien, Philosophen und Wissenschaftlern wie Richard Thaler und Cass Sunstein, Büchern zur Rational-Choice-Theorie oder des amerikanisch-israelischen Psychologen Daniel Kahneman. Buschmann interessiert sich für die psychologischen und sozialen Grundlagen des menschlichen Denkens und dafür, wie daraus Handlungen erwachsen, wie also Menschen Entscheidungen treffen und wie diese einzelnen Entscheidungen dann «aggregiert» werden, zu gesellschaftlichem und politischem Handeln verschmelzen.

Vor Kurzem erst hat Buschmann selbst ein Buch veröffentlicht, es ist bei NZZ Libro erschienen, dem Verlag der «Neuen Zürcher Zeitung» für Sozial- und Gesellschaftswissenschaften. Verglichen mit dem Buch seines Freundes Christian Lindner, das eher unterhaltsam-anekdotisch ist und sich ziemlich viel um Lindner selbst dreht, ist es, nun ja, tatsächlich nicht gerade «geländegängig» – aber doch interessant. Entstanden ist es in den Jahren nach dem verpassten Einzug in den Bundestag, als ein Versuch, der FDP auch gedanklich eine neue Grundierung zu geben. Man kann es aber auch einordnen in jenes Soul-Searching der deutschen Politik nach den AfD-Erfolgen, dem Brexit und der Trump-Wahl, in die Suche nach den Ursachen für das Schwächeln der liberalen Demokratie. Marco Buschmann empfindet diese Schocks – «wenn ich jetzt mal ein ganz großes Wort wählen müsste» – als eine «Rückkehr der Geschichte». Noch vor ein paar Jahren, sagt er, hätten doch die meisten abgewunken und gegähnt, wenn jemand gefragt hätte: «Und, meinen Sie, liberale Demokratien sind gut gewappnet für die Zukunft?» Heute aber lebe man in einer völlig neuen «gedanklichen Umwelt» – geprägt von der inneren Schwäche liberaler Demokratien, verstärkt durch den Systemwettbewerb mit China und Russland.

Buschmann kann durchaus scharf im Ton sein, im Plenum, auf Twitter, in seiner Rolle als Parlamentarischer Geschäftsführer, also als Personalmanager seiner Fraktion und deren Chefverhandler in der Zusammenarbeit mit anderen Fraktionen, als Herr über Tagesordnungen und Redezeiten, in Talkshows. Jetzt aber wirkt er plötzlich fast ein bisschen schüchtern. Er nimmt ein Exemplar seines Buches aus dem Regal. Ob er mir das vielleicht «aufdrängen» dürfe? Als ich bejahe, selbstverständlich, vielen Dank, greift er nach einem schwarzen Filzstift und schreibt auf die erste weiße Seite: «Viel Spaß bei der Lektüre!»

In «Die sterbliche Seele der Freiheit. Zur Verteidigung der liberalen Demokratie» entwickelt Buschmann – in Anlehnung an Platon, die Klassiker des Liberalismus, aber auch an Kahneman und die politische Psychologie (ein etwas wilder Mix) – den Gedanken, dass die liberale Demokratie beides erfassen muss, um zu überleben und wirklich «freiheitlich» zu sein: Kopf und Herz, Verstand und Gefühle, den «göttlichen» und den «sterblichen Teil der Seele» (so Platons Begriffe für Verstand und Leidenschaft und daher auch der Titel des Buches). Und weil Buschmann, wie gesagt, ein bisschen nerdig ist, hat er nicht nur Platon gelesen, sondern natürlich auch «Raumschiff Enterprise» geschaut. In seinem Buch vergleicht er die beiden Teile der Seele der Freiheit, die Politik ansprechen muss, mit dem kühlen, emotionslosen Vulkanier Mr. Spock und mit dem einfühlsamen, emotionalen Arzt des Raumschiffs, Leonard McCoy, genannt Pille. «Ein vulkanisch-platonischer Liberalismus, der den Gedanken, dass die Menschen frei und gleich an Rechten geboren sind, bloß intellektuell anerkennt, der aber den sterblichen Teil der Seele verachtet (...), der wendet sich gegen seine eigenen ideengeschichtlichen Wurzeln», schreibt Buschmann. «Der tiefe Wunsch nach Freiheit ist ein Stück weit ein Urinstinkt des sterblichen Teils der Seele.»[15] Das Buch ist ein Plädoyer für Sympathie, für die Anerkennung von Gefühlen. Politisch Andersdenkende und Andersfühlende seien nicht «dümmer oder schlechter informiert», so Buschmann. Sie kämen aufgrund ihrer «Veranlagung» lediglich «zu einer anderen Beurteilung der Fakten».[16] Beide, Spock und Pille, sollten Captain Kirk gleichberechtigt beraten – nur so gelingen die Missionen des Raumschiffs Politik.[17]

In den zwanzig Jahren, die seit den Anschlägen vom 11. September 2001 vergangen sind, haben sich die westlichen Gesellschaften rasant gewandelt. Natürlich bleibt richtig, was die Nachkriegsgeneration und die ostdeutsche Wendegeneration den Jüngeren gelegentlich vorhält: dass sie keine Kriege oder transformativen Ereignisse wie die Friedliche Revolution erlebt und erfahren haben, nichts, das sie ihrer persönlichen Lebensrealitäten beraubt hätte. Umbruchjahre waren die ersten beiden Jahrzehnte, die

Jahre des Coming of Age der neuen Politikergeneration, aber dennoch. Die Geschichte kehrte zurück, wie Buschmann sagt, und stellte die selbstverständlich geglaubte liberale Demokratie infrage. Die Globalisierung legte noch einmal an Tempo zu und höhlte den Gedanken der Meritokratie aus, der viele marktwirtschaftliche Gesellschaftsmodelle prägt. Gesellschaften differenzierten sich entlang kultureller Achsen immer weiter aus. Damit haben sich nicht zuletzt die Bedingungen des Politischen grundlegend verändert. Die Ampel-Regierung handelt in einer anderen Welt als jener, in der Angela Merkel 2005 zum ersten Mal Kanzlerin wurde.

Vertreter der Generation X wie Marco Buschmann und Carsten Schneider verbindet mit etwas Älteren wie Robert Habeck und Olaf Scholz, dass sie ein geradezu überscharfes Bewusstsein für die Fragilität, die Risse, die Wut haben. Für die FDP kann das heißen, prominent gegen Tempo hundertdreißig zu opponieren – eine, wie Lindner selbst sagt, letztlich nachrangige Frage, aber eben eine, die in manchen Kreisen emotional aufgeladen ist und «den sterblichen Teil der Seele» berührt. Für andere, wie Habeck, heißt es, die Konfrontation zu suchen. Auch wenn das am Ende vielleicht keinen Umschwung bringt, kann es doch den Respekt erhöhen. Für Olaf Scholz heißt es, als Zeichen gesellschaftlicher Anerkennung den Mindestlohn einzuführen. Im Alltag greift jeder schon auch mal zum Mittel der Polarisierung – alles in allem aber ist die Lehre der wilden Jahre seit dem 11. September 2021 und besonders seit 2015, dass Polarisierung am Ende auch der demokratischen Mitte die Existenzgrundlage entzieht. Die Generation X und mit ihnen viele der Älteren begreifen sich als Vermittlergeneration.

Pessimisten sind der Meinung, dass sich kulturelle Konflikte in der «Gesellschaft der Singularitäten» zukünftig noch verstärken werden. Sie sehen mit der Generation Z, den ab Mitte der neunziger Jahre Geborenen, eine Generation heranwachsen, die die neuen gesellschaftlichen Verhältnisse schon verinnerlicht hat und nicht, wie Habeck oder Scholz, lediglich versucht, darin klarzukommen; eine Generation, die mit Identitäten Politik macht. Um diese neuen Konfliktlinien soll es im folgenden Kapitel gehen.

5 Snowflakes gegen Boomer.
Warum sich alles um Identität dreht

Hier ist nur normale Milch, soll ich dir noch die Hafer-milch holen?», fragt der Sprecher. «Ach, das wär toll», sagt Cem Özdemir, nimmt am Konferenztisch Platz und ordnet seine dunkle Krawatte. Es ist der 27. Januar 2022, der Holo-caust-Gedenktag, Özdemir hat bei der Feierstunde im Bundes-tag gesprochen und ist entsprechend gekleidet. Bis eben war er drüben, im Reichstagsgebäude, für das Interview ist er noch einmal zurückgekehrt in das Landwirtschaftsministerium in der Berliner Wilhelmstraße, danach stehen bis spät in den Abend hinein weitere Termine an. Wir sitzen in einem Besprechungs-raum auf der zweiten Etage des preußischen Repräsentations-baus, weit über unseren Köpfen mahnt eine Kassettendecke staatstragende Ernsthaftigkeit an. In Özdemirs Dienstsitz tagte Anfang des 20. Jahrhunderts das Geheime Zivilkabinett des preußischen Königs und deutschen Kaisers, außerdem hatte Wilhelm II. hier ein Regierungsbüro. Von der Wand verfolgt ein grimmiger Konrad Adenauer, wie Özdemirs Sprecher auf Hafer-milch-Mission den Raum Richtung Teeküche verlässt, das Bild des ersten Kanzlers der Bundesrepublik hat Cem Özdemir wohl seine Vorgängerin Julia Klöckner hinterlassen. Özdemir scheint sich an die umsichtig modernisierte preußische Strenge gewöhnt zu haben. «Nebenan im Kühlschrank», ruft er seinem Sprecher gut gelaunt hinterher. «Da ist so ein Fach, da steht ‹Ötzelbrötzel› drüber.»

So spricht Cem Özdemir gelegentlich über sich selbst, eine Anspielung auf die häufigen Umlaute in der türkischen Sprache. Aber steht das ernsthaft über dem Fach eines Kühlschranks auf der Leitungsebene des Ministeriums? Özdemir amüsiert sich über meinen irritierten Blick und sagt: «Nur Spaß, da steht ‹Minister›.» Er beobachtet meine Reaktion genau. Der winzige Austausch wirkt wie ein Test, wie schnell sein Gegenüber schalten kann, wie viel Humor man hat, vielleicht auch, wie man es findet, wenn sich der erste Bundesminister mit türkischen Eltern einen Spitznamen gibt, der als abwertend gelten würde, hätte ihn ein Deutscher aus einer anderen Community verwendet. Ich schaue Özdemir wohl in etwa so an wie eines der Nutztiere, für die er jetzt von Amts wegen zuständig ist, jedenfalls macht er eine resignierte Handbewegung. Nicht viel Humor zu holen bei mir, aber immerhin hat er schon ein paar Themen und Identitätsschnipsel platziert: den Tierschützer Özdemir, der auf Fleisch und Milchprodukte weitgehend verzichtet. Den Migrantensohn Özdemir. Den deutschen Minister Özdemir.

Ob ihm das recht ist oder nicht, die Frage seiner Identität hat Cem Özdemirs persönliche und politische Biografie geprägt. Es gab Phasen, in denen das Thema wichtiger war, und Phasen, in denen es eine geringere Rolle spielte. Als die Ampel-Regierung gebildet wurde, stand es wieder stärker im Vordergrund. Progressive Regierungen mit Vorbildcharakter wie die von Joe Biden, Justin Trudeau und Emmanuel Macron hatten sich um möglichst vielfältig besetzte Kabinette bemüht. Dem sollte auch Deutschland nun folgen – was sich aber als politisch kompliziert herausstellte. Ein Name, um den die Debatte kreiste, war der von Cem Özdemir.

Die zehner und frühen zwanziger Jahre des 21. Jahrhunderts sind geprägt von einer erneuerten Emanzipationsbewegung.

Queere Menschen, Afrodeutsche, Deutsche aus Familien mit Migrationsgeschichte fordern lauter als zuvor ihre Rechte, Gleichbehandlung, eine Stimme im Diskurs und faire Repräsentation in allen Bereichen der Gesellschaft ein. Ausgangspunkt waren unter anderem die Black-Lives-Matter-Proteste in den USA. In vielen Ländern der Welt identifizierten sich Minderheiten mit der Bewegung, nachdem ein Polizist im Mai 2020 in Minneapolis den Schwarzen Amerikaner George Floyd getötet hatte. Auch in Deutschland gingen viele Menschen auf die Straße, längst nicht nur Afrodeutsche. Der gewaltsame Rechtsextremismus hatte seit 2015 zugenommen; der zähe und für viele unbefriedigende Prozess gegen den NSU, der Anschlag auf die Synagoge in Halle im Oktober 2019 und der Anschlag von Hanau im Februar 2020 machten die Gefahren überdeutlich.

Doch die «Identitätspolitik» ist seit einigen Jahren auch eine Art Schreckgespenst der politischen Debatte in Deutschland. Viele empfinden die Auseinandersetzungen um die Rechte und die Beteiligung von Gruppen, die sich über ihre ethnische, sexuelle oder geschlechtliche Identität definieren, als zunehmend kleinteilig, übermäßig streng und unerbittlich – entsprechend hat auch die Kritik daran an Schärfe gewonnen. Kritiker sehen in den Forderungen nicht nur ein Bestreben nach Identifikation, sondern auch nach Aus- und Abgrenzung; weniger ein Bestreben nach Egalität und Emanzipation als eine Identifikation mit immer kleineren Gruppen. Kritisiert wird ein zunehmendes «Othering», ein Ausgrenzen von Menschen mit anderer Identität oder abweichenden Ansichten, das zu einer Einschränkung der Meinungsfreiheit führen kann. An der Universität Frankfurt etwa wurde eine Professorin für Islamwissenschaft 2019 unter Polizeischutz gestellt, weil sie die Feministin Alice Schwarzer zu einer Debatte über das Kopftuch eingeladen hatte. Studierende warfen Schwarzer vor, islamophob zu sein. Große Erregung gab es auch, als eine (weiße) niederländische Übersetzerin den Auftrag zurückgab, die Gedichte der afroamerikanischen Lyrikerin Amanda Gorman zu übersetzen. Gorman war bekannt geworden, weil sie bei der Feier zur Amtseinführung von US-Präsident Joe Biden ein Gedicht vorgetragen hatte. Eine weiße Übersetzerin, so der erhobene Vorwurf, sei nicht geeignet, den Text zu übersetzen, und letztlich sogar ein Affront gegen eine ohnehin schon systematisch benachteiligte Minderheit. Um diesem Vorwurf zu entgehen, beauftragte der deutsche Lizenzverlag für die Übersetzung ein diverses Dreier-Team, was eine Debatte über die Kunstfreiheit und einen essenzialistischen Kunstbegriff auslöste. Kritiker warnen, der für die Demokratie so wichtige Gedanke der Repräsentation sei in Gefahr, wenn Menschen mit einer bestimmten ethnischen oder geschlechtlichen Identität – und seien es weiße, heterosexuelle Männer – die Fähigkeit abgesprochen wird, Bürger mit anderen Identitäten zu vertreten.

Rechtsextremen wiederum kam die Kritik gerade gelegen, um emanzipatorische Bewegungen – von Frauen, Migranten, queeren Menschen – zu delegitimieren und lächerlich zu machen. In rechten Kreisen ist es zu einem Sport geworden, nach den absurdesten Beispielen und Auswüchsen der Identitätspolitik zu fahnden und sie mit großer rechthaberischer Geste im Netz zu teilen. Die «safe spaces», die an einigen amerikanischen Universitäten als geschützte Orte für Minderheiten geschaffen wurden, sind regelrecht zu einem Meme dieser Szene geworden. Auch den Begriff «Cancel Culture», der die Ausgrenzung Andersdenkender vor allem im Kulturbetrieb bezeichnen soll, griff die rechtsradikale Szene begierig auf. Linke Identitätspolitiker wiederum nutzten die rechte Instrumentalisierung, um ihrerseits Kritik abzuwehren und Kritiker als «rechts» zu verunglimpfen. Und irgendwo mittendrin findet sich eine launige bis schlecht gelaunte «Wird man doch wohl noch sagen dürfen»-Gruppe.

Kurz: Die Diskurslage ist kompliziert, als in Deutschland erstmals ein Sohn türkischer Einwanderer Bundesminister wird. Die sogenannte Identitätspolitik und die Debatten darum haben die

Republik fest im Griff. Wobei das bei Cem Özdemir nichts Neues ist. In dieser Hinsicht war sein Leben schon immer kompliziert.

Cem Özdemir wird 1965 im schwäbischen Bad Urach geboren. Seine Mutter Nihal Özdemir arbeitet in einer Papierfabrik, später als Änderungsschneiderin. Sein Vater Abdullah Özdemir arbeitet in einer Spinnerei und später in einer Fabrik für Feuerlöscher und nebenbei in einer Tankstelle. Sie stammen aus der Türkei. Die Mutter ist in Istanbul aufgewachsen, der Vater kommt aus einem kleinen Dorf bei Pazar in Anatolien. Beide sind als sogenannte Gastarbeiter erst kurz vor Özdemirs Geburt nach Deutschland gekommen.

Man kann Özdemirs Biografie mit gutem Recht als Geschichte eines sozialen Aufstiegs erzählen. Als er geboren wird, wohnen die Eltern in einer Einzimmerwohnung ohne Bad und mit einer Toilette auf dem Flur. Von Anfang an wird Cem Özdemir viel von anderen betreut, weil seine Eltern beide arbeiten müssen, um die kleine Familie über Wasser zu halten. Ein älteres Ehepaar, das über den Özdemirs wohnt, kümmert sich täglich um Cem, er nennt die beiden «Oma» und «Opa». «Von ihnen habe ich Schwäbisch gelernt», schreibt Özdemir in einer Autobiografie, die 1997 erschienen ist, kurz nachdem er zum ersten Mal in den Bundestag einzog – als erster Bundestagsabgeordneter mit türkischen Eltern.[1] Später zieht die Familie in eine etwas größere Wohnung, jetzt haben sie drei Zimmer, aber immer noch kein Bad. Wenn es mal nicht der Wäschezuber aus dem Keller hinter dem Haus ist, baden die Özdemirs bei einer türkischen Familie, die auf der gegenüberliegenden Straßenseite wohnt. «Wir sind immer mit unseren Handtüchern unter dem Arm rübergelaufen», erinnert sich Cem Özdemir. Von hier bis an die Parteispitze der Grünen und ins Landwirtschaftsministerium war es ein weiter Weg.

Es fiele auch nicht schwer, Özdemirs Biografie als Geschichte der Diskriminierung zu erzählen. In der Grundschule teilt die Lehrerin die Klasse in «Leistungsgruppen» ein. Er selbst gehört zu den «Krokodilen», «den Losern», wie Özdemir in seiner Biografie schreibt, jenen, die aus Sicht der Lehrerin aus «sozial auffälligen Familien» kommen. Nur weil ein Bekannter der Familie sich für ihn einsetzt, wird er überhaupt in die zweite Klasse versetzt. In der vierten Klasse fragt ein Lehrer in der Klasse ab, wer auf die Haupt- oder Realschule wolle und wer aufs Gymnasium. Als Özdemir sich für das Gymnasium meldet, wird er vom Lehrer und von seinen Mitschülern ausgelacht. Tatsächlich geht er zunächst auf die Hauptschule und wechselt erst später auf die Realschule.[2]

Bis zu seinem achtzehnten Lebensjahr hat Özdemir keinen deutschen, sondern einen türkischen Pass, was den Alltag immer wieder erschwert. Auf einer Klassenreise nach England in der achten oder neunten Klasse stellen belgische Grenzbeamte im Zug zum Fährhafen fest, dass er mit dem türkischen Pass ein Durchreisevisum brauche, sie sagen, er halte sich illegal in Belgien auf. Er muss aus dem Bus aussteigen und wird mit einem Polizeiauto zu einer belgischen Hafenbehörde gebracht, wo ihm – nach vielen Fragen – nachträglich ein Durchreisevisum ausgestellt wird. Ein anderes Mal soll die Klassenfahrt nach Frankreich gehen. Sein Vater muss für die Reise ins Nachbarland ein Visum beantragen. «Er musste mit Melde- und Gehaltsbescheinigung zum französischen Konsulat nach Stuttgart», erinnert sich Özdemir. «Er musste sich von der Arbeit freinehmen, und ich musste mich in der Schule abmelden, und am Ende fehlte doch irgendein Papier, wir mussten zurückfahren und noch einmal kommen. Für mich war Deutschland mit einer unsichtbaren Mauer umgeben, obwohl es in der EU war.»

Cem Özdemir ist mit vielen deutschen Kindern befreundet – ganz gleich aber, das wird er später erfahren, ist er irgendwie nicht. Einer seiner Freunde ist der Sohn eines mittelständischen Unternehmers, «der hatte immer die besten Spielsachen und so», unter anderem eine Super-8-Kamera. Der Freund veranstaltet gelegentlich Filmnachmittage bei sich zu Hause und verlangt dafür Eintritt, wie im Kino. Er zeigt Louis-de-Funès-Filme und «Lederstrumpf». Später, als Erwachsener, beichtet er Özdemir, dass gar nicht alle Kinder Eintritt gezahlt hätten, sondern nur er und Olcay, der einzige andere Junge aus einer türkischen Familie in diesem Freundeskreis. Ähnlich war es mit den Leichtfliegern. Viele der anderen Jungs hatten Spielzeugflugzeuge aus Holz, teils gekauft, teils von den Vätern in der schwäbischen Heimwerkstatt gebastelt. Özdemirs Vater hatte kein Geld für solches Spielzeug und keinen Bezug zur schwäbischen Tradition der Heimwerkerei. Manchmal durften auch Cem und Olcay die Flugzeuge der anderen fliegen lassen – dafür mussten sie aber die übrige Zeit dabeistehen und die Flugzeuge von den Bäumen herunterholen, wenn sie darin hängen blieben.

Özdemirs Biografie auf seinen sozialen Aufstieg und seine Diskriminierungserfahrungen zu reduzieren wäre allerdings verkürzt – zumal er selbst sich gegen einfache Wahrheiten wehrt, sich mit Urteilen zurückhält. «Was war das denn jetzt?», fragt Özdemir, als er die Geschichte von den Kinonachmittagen erzählt, bei denen nur Olcay und er Eintritt zahlen mussten. «Ein Kinderstreich? Weil wir aus unterschiedlichen Milieus stammten? Wegen der Herkunft? Ich weiß es nicht.» Die Jungs von damals, sowohl Olcay als auch der Unternehmersohn, sind heute immer noch seine Freunde. «Was uns Menschen auszeichnet, ist ja, dass wir uns verändern können», sagt Özdemir. «Dass wir dazulernen, dass wir uns selbst reflektieren können. Ich sehe keinen Anlass, mich deshalb über sie zu erheben oder mich in dem Unrecht zu suhlen. Aber man trägt natürlich über die Zeit seine kleinen Narben davon.»

In seiner Autobiografie erzählt Cem Özdemir viele ähnliche Episoden mit heiterer Distanz. Er sieht im Thematisieren der eigenen Herkunft einen Akt der Selbstermächtigung. Ebenso darin, der Diskriminierung mit Humor zu begegnen. «Wenn ich mit migrantischen Freunden zusammen bin, mache ich auch Witze, vor allem über mich selbst, über meine Herkunft, wenn ich mich zum

Beispiel selbst ‹Ötzelbrötzel› nenne», sagt er. «Manche meiner Freunde nennen sich ‹Kanake›. Ich wurde in meiner Kindheit oft Kanake genannt, das war aber in keiner Weise positiv gemeint.» Sich eine Beleidigung anzueignen könne ein Akt der Befreiung sein, so wie die Schwulenbewegung «schwul» als Eigenbezeichnung übernommen hat. «Das ist der Versuch, zu sagen: Das trifft mich nicht, du triffst mich nicht. Du kannst mich gar nicht treffen, denn ich schäme mich nicht für das, was ich bin.»

Die jüngeren Entwicklungen in identitätspolitischen Debatten sieht Özdemir allerdings durchaus kritisch. «Auf der eigenen Identität sein gesamtes Politikkonzept aufzubauen und es vor allem zu lösen von anderen politischen Inhalten – das finde ich zumindest für mich falsch.» Er hat ein Buch dazu geschrieben, es sei weitgehend fertig, sagt er im Januar 2022. Der Titel: «Übertreibt nicht! Eine Intervention zu Freiheit und Identität». Fragt man ihn, worum es gehen wird, zitiert er den Komiker Groucho Marx: «‹Years after years, I found the answer of the question. But what was the question?› Soll heißen: Es ist immer schlecht, wenn man vergisst, warum man einmal losgelaufen ist. Bei der Identitätsdebatte habe ich das Gefühl, dass sie die Antwort gelöst hat von dem Ursprungsgedanken einer egalitären Gesellschaft, den Werten der Aufklärung, der Französischen Revolution. Niemand hat Einfluss auf seine Herkunft. Von daher leitet sich daraus auch kein Stolz ab.» Identität, so Özdemir an anderer Stelle unter Bezug auf den Essayisten Lothar Baier, sei doch ein Begriff, um etwas Unbestimmtes auszudrücken.[3] Aus seiner Sicht ist auf allen Seiten das eigentliche Problem das Streben nach zu viel Eindeutigkeit.

Tatsächlich ist Özdemirs Identität komplex und seine Biografie vielschichtig. Letztere ließe sich auch erzählen als relativ typische Geschichte der Öko-Bewegung, als Geschichte der Grünen. Cem Özdemir ist ein Grüner der ersten Stunde.

An seiner Schule ist Özdemir erst Klassensprecher, dann Schülersprecher. Er verkauft Dritte-Welt-Waren, sammelt Korken und Alufolie und setzt sich für die Mülltrennung ein. Er trägt zerrissene Jeans. Er verteilt Handzettel und mobilisiert Mitschüler für Friedens- und Anti-Atomkraft-Demos. Seine Freunde treffen sich auch zu Sitzblockaden vor dem Raketendepot Großengstingen auf der Schwäbischen Alb, aber sie drängen ihn, nicht mitzumachen, schließlich könne das seine Einbürgerung gefährden. Mit sechzehn beantragt Özdemir die deutsche Staatsbürgerschaft, mit achtzehn bekommt er den Pass.

Özdemirs Eltern finden sein Aussehen und seine Einstellungen nicht gerade witzig – für sie als Einwanderer und Arbeiter aber hat seine Rebellion gegen die Verhältnisse noch eine andere Dimension. «Mein Vater hat sich wegen meiner zerrissenen Jeans in Grund und Boden geschämt», erinnert sich Özdemir. «Er arbeitete schließlich auch deshalb so hart in der Fabrik, damit sein Kind vernünftige Kleidung hatte.» Auch dass Cem Özdemir dann Erzieher wird, ist den Eltern zunächst peinlich. Für ihn ist diese Berufswahl nicht zuletzt Ausdruck eines neuen Rollenverständnisses als Mann. Der Traum seiner Eltern hingegen ist es, dass er eine akademische Laufbahn einschlägt. «Was soll ich denn den anderen türkischen Frauen sagen?», habe die Mutter einmal gesagt, nur halb scherzhaft, erzählt Özdemir. «Die eine hat einen Kfz-Mechaniker, eine Tochter will Ärztin werden. Und meiner spielt mit Kindern.»

Als sein zweites Kind geboren wird, ist Özdemir einer der ersten Politiker, der sechs Wochen Elternzeit nimmt – auch auf diese Minderheitenrolle reagiert die Mehrheitsgesellschaft teils mit großer Skepsis. Ob man denn so Karriere machen könne, fragt einmal ein Journalist. Joschka Fischer könne man sich ja nicht im Sandkasten vorstellen.[4]

Das wechselnde gesellschaftliche Klima sorgt dafür, dass mal die eine, mal eine andere Identität im Vordergrund steht. Die neunziger Jahre sind mit den Ausschreitungen von Hoyerswerda, den Brandanschlägen von Mölln und Solingen und der verweigerten Anteilnahme von Helmut Kohl beängstigend und

frustrierend. Özdemirs türkische Freunde besorgen sich Feuerlöscher und Seile. Er selbst beschließt, für den Bundestag zu kandidieren.[5]

Es folgt eine lange politische Karriere mit Höhen und Tiefen.
Cem Özdemir ist bis 2002 Bundestagsabgeordneter, dann verzichtet er auf sein Mandat, nachdem bekannt wird, dass er über
den Bundestag erworbene Flugmeilen privat genutzt hat. 2004
wird er Abgeordneter des Europaparlaments, von 2010 bis 2018
ist er Vorsitzender seiner Partei. Anfangs ist er migrationspoliti-
scher Sprecher, später beschäftigt er sich eher mit Klimapolitik,
Innenpolitik und Außenpolitik; von 2017 bis 2021 ist er verkehrs-
politischer Sprecher der Bundestagsfraktion.

Özdemir hat sich, wenn man so will, politisch zuletzt sehr erfolgreich von jedem Versuch emanzipiert, ihn auf seine Herkunft
zu reduzieren. Wer oft «der Erste» ist, ist schnell auf die Rolle als
Vorzeigemigrant abonniert. Die Journalistin und Schriftstellerin
Hatice Akyün schrieb in einem Essay über die eigene Karriere
einmal, sie habe sich irgendwann gefühlt «wie ein Zirkuspferd,
das in der Manege als Musterbeispiel gelungener Integration
stolz vorgeführt wurde».[6] Özdemir und Akyün sind gut bekannt,
sie sind etwa gleich alt. Akyün ist die Tochter eines aus der Türkei
eingewanderten Bergmanns aus Duisburg.

Fühlt Özdemir sich gelegentlich auch so? «Als Politiker stehe
ich täglich unter ganz besonderer Beobachtung», sagt er im Januar 2022. «Davon kann man nicht weglaufen. Und man hat es ja
selbst in der Hand, die eigene Rolle zu gestalten. Man muss die
Zuschreibung ja nicht akzeptieren.» Zu Beginn seiner Amtszeit
als Agrarminister jedenfalls sorgte er erst einmal dafür, dass er
als ein ganz anderer «Erster» wahrgenommen wurde. Als erster
Vegetarier in diesem Amt geißelte er in der «Bild» die «Ramsch-
preise» für Fleisch – nicht ohne den gewünschten Effekt, nämlich
ein nationales Gerangel um das Grundrecht auf die Wurst.

Cem Özdemirs Ernennung zum Minister fällt in eine identitätspolitisch bewegte Zeit, in der es auch jemandem wie ihm selbst nicht leichtfällt, die Kontrolle zu behalten über die eigene Rolle, über Identität und Identifikation. Um die Zusammensetzung des Kabinetts wurde heftig gerungen. Dass die Hälfte der Minister Frauen sein sollten, hatte Olaf Scholz im Wahlkampf versprochen und sein Versprechen schließlich gehalten – doch auch andere Gruppen drängten auf Repräsentation: Ostdeutsche zum Beispiel und Menschen mit Migrationsgeschichte. Die Parteien müssen weitere Quotierungen beachten, etwa regionale Proporze. Die Grünen bemühen sich nicht zuletzt um die Gleichverteilung von Posten an «Realos» und den linken Flügel. Zudem haben sie sich 2020 ein «Vielfaltsstatut» gegeben. Darin bekennen sie sich dazu, 25 Prozent aller Spitzenämter an Politikerinnen und Politiker mit Migrationsgeschichte vergeben zu wollen, wenn auch ohne einen Zeitrahmen zu nennen.

Der innerparteiliche Machtkampf um die Kabinettsposten muss furchtbar gewesen sein.[7] Ricarda Lang, später selbst Parteivorsitzende und damals Mitglied des Vorstands, versuchte gemeinsam mit Jamila Schäfer, den linken Toni Hofreiter durchzusetzen, auch durch öffentliche Kritik an den Parteigenossen. Andere, etwa die prominente Politikerin Aminata Touré, forderten öffentlich einen Kabinettsposten für jemanden mit Migrationshintergrund. Bekannte Intellektuelle meldeten sich zu Wort, darunter die Migrationsforscherin Naika Foroutan: «Repräsentation ist ein demokratisches Prinzip», sagte sie der «Süddeutschen Zeitung». «Sie gilt nicht nur für verschiedene Regionen, die in Parlamente hineingetragen werden, sondern auch für Geschlecht, Religion oder Migrationshintergrund.» Es reiche auf Dauer nicht, dass Parteien für andere gesellschaftliche Gruppen mitverhandelten oder Migrationsbeauftragte einsetzten, ohne dass die Gruppe nennenswert Einfluss gewinne. «Die Angehörigen der Gruppe müssen ihre biografischen Erfahrungen selbst substanziell einbringen.»[8]

Am Ende setzte Özdemir sich durch – obwohl er mit Landwirtschaft bislang noch nichts zu tun hatte. Mit seiner Herkunft habe er selbst nicht argumentiert, sagt er im Januar 2022. «Aber ich fand es umgekehrt interessant, dass manche, die bei uns am Vielfaltsstatut mitgearbeitet haben, es im entscheidenden Moment relativ weit hinten ins Regal gestellt haben.» Er sage das als jemand, der nichts mit dem Vielfaltsstatut zu tun hat. «Ich hoffe doch, dass ich den Job habe, weil man ihn mir zutraut.»

Eine Ironie der Geschichte liegt darin, dass damit auf dem Höhepunkt der identitätspolitischen Debatte in Deutschland ein Politiker als «Repräsentant» einer bestimmten Gruppe im Kabinett vertreten ist, der diese Vorstellung von identitärer Repräsentation – von Repräsentation durch das eigene Sein – im Kern gar nicht teilt. Bei Özdemir hört man vielmehr den Stolz heraus, dass es ihm gelungen ist, als Sohn türkischer Einwanderer gerade eine besonders große Vielfalt unterschiedlicher Interessen zu vertreten. «Ich habe immer viele Hüte auf», sagt er und hebt hervor, dass er seinen Wahlkreis mit 40 Prozent der Stimmen direkt gewonnen hat. «Die bekommt man nur, wenn man tief in unterschiedlichen Milieus verankert ist.» Gleichzeitig ist ihm bewusst, dass er mit seinem Namen auch für den enormen Wandel steht, den Deutschland durchlaufen hat, seit jener Konrad Adenauer, der nun nur noch die Wand von Özdemirs Ministerium dekoriert, das Land regiert hat: Deutschland ist ein Einwanderungsland geworden, und viele Einwanderer und Angehörige anderer Minderheiten identifizieren sich mit ihm. All diese Menschen, sagt Özdemir, wolle er repräsentieren – gleichzeitig aber auch das große Ganze.

Identitätspolitik ist «essenziell», sie geht von der Person aus und richtet sich auf das Sein. Daraus zieht sie ihre Energie, daraus ergibt sich auch die Schärfe identitätspolitischer Debatten. Jede Kritik daran kann als Angriff auf eine Person oder Gruppe ausgelegt werden, als Versuch, Vielfalt und vielfältige Repräsentation zu verhindern. Gleichzeitig stellt die Identitätspolitik die klassische Vorstellung nicht identitärer Repräsentation infrage.

Cem Özdemirs Biografie zeigt eindrücklich, wie stark Deutschland sich in den Lebzeiten der Generation X verändert hat. Kohl verweigerte die Trauerfeier für die Opfer von Mölln (1992) und Solingen (1993). Zur Trauerfeier für die Opfer des Anschlags von Hanau im Jahr 2020 kam Bundespräsident Frank-Walter Steinmeier, Angela Merkel traf sich mit Hinterbliebenen. Doch die Auseinandersetzungen um Deutschlands nationale Identität als Einwanderungsland gehen unerbittlich weiter. Die Debatte um Migrantenquoten für politische Ämter etwa wird die politische Ära der Generation X vermutlich prägen.

Özdemirs eher gespaltene Haltung dazu ist dabei typisch für die Haltung der politischen Generation X. Viele Gen-X-Politiker äußern sich in Gesprächen skeptisch bis ablehnend gegenüber dem, was sie als «Identitätspolitik» verstehen. Allerdings wachsen – wie sich auch bei den Grünen zeigt – mit den Millennials und der Generation Z Alterskohorten nach, die zum Teil andere Vorstellungen von Repräsentation haben, die Herkunft, Geschlecht und sexuelle Identität stärker betonen und essenziell repräsentiert sehen wollen. Empirische Belege dafür, dass Millennials und Zoomer insgesamt in diesem Sinne «woker» sind als ihre Vorgängergenerationen, gibt es bislang nicht. In seinem Buch «Generations» vermutet der britische Sozialwissenschaftler Bobby Duffy vielmehr, dass das Bild dieser Generationen – ähnlich wie schon das der Achtundsechziger – durch besonders diskursprägende Gruppen mit besonders radikalen Ansichten bestimmt wird, verstärkt durch die mediale Aufmerksamkeit für die Identitätspolitik und die Abwehrreflexe bei Vertretern der älteren Generationen.[9] Gerade im politischen Raum aber dürften diese Konflikte immer wieder vorkommen.

Am 18. Februar 2021, mitten in der zweiten Welle der Coronapandemie, veranstalten das SPD-Kulturforum und die SPD-Grundwertekommission eine digitale Diskussionsveranstaltung zum Thema «Kultur schafft Demokratie». Gesine Schwan moderiert die Diskussion gemeinsam mit dem Publizisten Klaus-Jürgen Scherer, als Gast eingeladen ist die Feuilletonchefin der «Frankfurter Allgemeinen Zeitung», Sandra Kegel.

Etwa zwei Wochen zuvor haben sich im Magazin der «Süddeutschen Zeitung» 185 deutsche Schauspieler*innen – Frauen, Männer und non-binäre Personen – als queer geoutet, verbunden mit der Forderung nach Gleichbehandlung in der Branche. Sandra Kegel hat einen kritischen Kommentar zu diesem Outing veröffentlicht, in dem sie das Manifest der 185 unter anderem als «Kalkül im Ringen um Aufmerksamkeit bei Verkennung der Verhältnisse» bezeichnete. In der queeren Community sorgte der Kommentar für Wut und Aufregung, die Einladung von Kegel zu einer SPD-Veranstaltung wurde scharf kritisiert, als Konzession haben die Veranstalter drei Vertreter der Community eingeladen, an der digitalen Diskussion teilzunehmen, darunter mit Heinrich Horwitz, einer Schauspieler*in, die sich als non-binäre Person keinem Geschlecht zuordnet, einen Unterzeichner*in des Manifests.

Die Debatte eskaliert. Kegel wird in die Nähe der AfD gerückt. Sie wiederum spricht von «Schneeflöckchen-Mentalität» und wirft Betroffenen vor, allzu «empfindlich» zu sein. Erst nach fast zwei Stunden bricht Gesine Schwan die Debatte ab und sagt: «Jetzt kommt die Großmutter. Das hat keinen Wert» – da wirken alle schon erschöpft und resigniert. In den Tagen darauf gewinnt das Drama politische Brisanz. Der SPD-Politiker Wolfgang Thierse, ein alter Bekannter von Gesine Schwan, veröffentlicht in der «Frankfurter Allgemeinen Zeitung» einen Beitrag, in dem er mahnend darauf hinweist, dass es kein Nebeneinander «sich abgrenzender Minderheiten und Identitäten» brauche, sondern eine «Verständigung über das Verbindende» und Solidarität.[10] Kurz darauf schicken Kevin Kühnert und Saskia Esken, die selbst gar nicht an der Veranstaltung teilgenommen haben, eine Art

Entschuldigungs-E-Mail an queere Menschen in der SPD, in der sie Schwan indirekt «fehlende Zurückweisung von Grenzüberschreitungen und mangelnde Sensibilität» vorwerfen. Über dieses Schreiben berichtet der «Tagesspiegel» – und wenig später berichten zahlreiche Medien über den «SPD-Zoff über Identitätspolitik».[11]

Als immer mehr Medien über die eskalierte Onlineveranstaltung des SPD-Kulturforums berichten, werden auch der Rest der Parteispitze und das Team Olaf Scholz nervös. Es ist der Beginn eines Wahljahres, die Partei soll einig aussehen, darauf haben sich alle verständigt, und jetzt das: Die Parteichefin und ein stellvertretender Parteivorsitzender im Clinch mit einem ehemaligen Bundestagspräsidenten und einem Mitglied der Grundwertekommission, dazu ein hochbrisantes und hochemotionales Thema mit starker Trigger-Wirkung in den sozialen Medien. Emissäre telefonieren mit allen Seiten. Die Beteiligten sind teils aufgewühlt, teils verunsichert, aber gesprächsbereit. Offenbar sind auch sie zu der Einsicht gekommen, dass das Ganze irgendwie aus dem Ruder gelaufen ist. Es wird eine Aussprache zwischen Kühnert, Esken, Schwan und Thierse arrangiert, moderiert von einem Neutralen aus dem Umfeld von Olaf Scholz. Man trifft sich wiederum online – es ist schließlich immer noch Pandemie –, so berichten es mehrere Beteiligte.

Ein halbes Jahr später, mitten im Wahlkampf, scheint der Streit beigelegt zu sein. «Kevin Kühnert ist meines Erachtens gar kein Identitätspolitiker», sagt Gesine Schwan im Sommer 2021. Sie sieht dahinter auch keine identitätspolitische Bewegung in der SPD. «Kevin Kühnerts und Saskia Eskens harte Kritik an Wolfgang Thierse und mir war meines Erachtens ein Alleingang, viele andere haben mir und Wolfgang Thierse zu verstehen gegeben, dass sie das unangebracht fanden.» Schwan spricht von einem «Profilierungsversuch», sagt jedoch auch: «Ich könnte immer gelassen mit Kevin ein Bier trinken.» Kevin Kühnert räumt etwa zur selben Zeit ein, die E-Mail an die Mitglieder sei eine

«teils übereilte Reaktion» gewesen. Aber auch Thierse habe über-
reagiert und die Gelegenheit genutzt, um zu sagen, «was er immer
schon mal sagen wollte». «Das taugt nicht zum Glaubensstreit.»

Die besondere Schärfe erhielt der Konflikt wohl eher, weil er
überlagert wurde von persönlichen Verletzungen und klassischen
Generationenkonflikten, die mit Politik nur wenig zu tun haben.
Zum Zeitpunkt der Debatte war es gerade einmal eineinhalb
Jahre her, dass Kevin Kühnert eine Revolution in seiner Partei
angezettelt und in einem Mitgliederentscheid mit dafür gesorgt
hatte, dass Saskia Esken und Norbert Walter-Borjans Parteivorsitzende wurden – und das heißt vor allem nicht Olaf Scholz
und Klara Geywitz. Gesine Schwan war selbst gemeinsam mit
Ralf Stegner angetreten. Beide, Schwan und Thierse, kritisierten
Kühnert später öffentlich. Thierse etwa bezeichnete Kühnerts
Rede auf dem Wahlparteitag der SPD, der Esken und Walter-Borjans als Parteichefs bestätigte, als «schon fast von demagogischer
Qualität» und kanzelte ihn in recht altväterlicher Weise ab: «Wir
erleben ja, dass ein junger Mann – er ist dreißig, er hat noch nie
etwas anderes außer Politik gemacht –, dass er gewissermaßen
nach oben gejubelt wird und ihm doch – hoffe ich – ein bisschen
schwindelig wird. Ich bin der altmodischen Ansicht, dass man –
bevor man Politik vollends zu seinem Beruf macht – erst mal ein
gewisses Quantum beruflicher und sozialer Erfahrung gesammelt
haben soll.»[12] Schwan warf Kühnert öffentlich vor, die Vorstands-
wahl manipuliert zu haben. Er habe sie schwer enttäuscht.[13]

Interessant ist die Debatte aber auch, weil sie eine große Glau-
bens- und Wissensverunsicherung zeigt, mit der sich die ältere
Generation konfrontiert sieht. Sowohl Gesine Schwan als auch
Wolfgang Thierse verstehen sich schließlich selbst als egalitär
und emanzipatorisch. Thierse erzählt gern, dass er als Bundes-
tagspräsident einer der ersten prominenten Politiker überhaupt
war, die auf dem Christopher Street Day in Berlin eine Rede gehalten haben. 2002 war das, ein Jahr nachdem sich der damalige
Regierende Bürgermeister der Stadt, Klaus Wowereit, als erster

Spitzenpolitiker mit dem mittlerweile legendären Satz «Ich bin schwul, und das ist auch gut so» geoutet hatte. Noch vor zwanzig Jahren galt man als progressiv, wenn man die Rechte von Männern verteidigte, die Männer liebten, und von Frauen, die Frauen liebten. Heute gelten allein die Kategorien «Mann» und «Frau» für manche als normative Erfindungen der Mehrheitsgesellschaft.

Kevin Kühnert wiederum musste schlicht auch seine Wählerbasis verteidigen. Im Norden seines Wahlkreises in Schöneberg gibt es eine lebendige queere Szene, viele Bars, Läden und Clubs. Kühnert ist zudem selbst Teil der Szene. 2018 outete er sich im queeren Berliner Magazin «Siegessäule». Zuletzt gab er 2021 ein Interview in «Vice», in dem er erzählt, wie es war, als seine Mutter ihn als Teenager zum ersten Mal auf sein Schwulsein ansprach, und wie er später mit Freunden bis in die frühen Morgenstunden im «SchwuZ» feierte, einem Club in Kreuzberg. Kühnert sagt in diesem Interview, er würde nicht mit einem Mann öffentlich Händchen halten – selbst in Berlin nicht.[14] Man spürt eine gewisse Zurückhaltung, es soll darum gehen, als schwuler Mann eine Opferrolle zu reklamieren. Kühnert sagt, er habe «nicht das Gefühl, auf der Skala der Ungleichbehandlungen auf dem vordersten Platz zu stehen».

Bei jenen SPD-Politikern der Generation X wiederum, die als Vermittler und Beschwichtiger zum Einsatz kamen, kann man sich des Eindrucks nicht erwehren, dass sie sich eher widerwillig mit dem Thema befasst haben. Er komme da nicht mehr mit, sagt einer. Der Streit sei durch «Doofheit auf allen Seiten» zustande gekommen, sagt ein anderer rückblickend. Einig ist man sich, dass der «SPD-Zoff über Identitätspolitik» kaum ein Anzeichen dafür sei, dass identitätspolitische Streitigkeiten in Deutschland zunähmen. Tatsächlich zeigt der Fall wohl eher, wie sehr sich allgemeine generationelle Konflikte mit dem Streit um die Identitätspolitik vermischen. Es spricht wenig dafür, dass die gegenwärtigen Debatten an deutschen Universitäten und im

Kunstbetrieb systematisch mit der nächsten Generation, den Millennials und der Generation Z, in deutsche Parteien einziehen und den Politikbetrieb lahmlegen werden. Dagegen steht der politische Pragmatismus der Generation X, der im Kern das genaue Gegenteil der Identitätspolitik ist.

Identitätspolitisch bewegte Jüngere leiten ihre Forderungen häufig aus der eigenen Betroffenheit ab. Diese Politik ist eng mit persönlichen Eigenschaften, mit der sexuellen Orientierung, der familiären Herkunft, dem Aussehen verbunden. Politik und Sein sind eins, das Politische ist persönlich. Zum Teil ist das auch bei der Nachkriegs- und Wendegeneration so, bei Politikern im Alter von Wolfgang Thierse und Gesine Schwan, die ebenfalls viele ihrer Haltungen (in Fragen der Friedenspolitik, der Emanzipation, der Freiheit) aus Erfahrungen ableiten, persönlichen Erfahrungen, die nicht nur ihr politisches Denken geprägt haben, sondern auch ihre Biografien mitgeschrieben haben, ihre Identität, ihr Sein definieren, wenn man so will. Auch für sie ist Politik in diesem Sinne «essenziell», auf ihr Wesen als Person bezogen, auch sie reagieren deshalb möglicherweise schneller gekränkt.

Die Generation X leitet politische Forderungen eher aus der Beobachtung ab. Wie im vorangegangenen Kapitel gezeigt, gab es in den prägenden Jahren von Annalena Baerbock, Christian Lindner und Lars Klingbeil durchaus historische Umwälzungen – allerdings haben sie diese meist nicht direkt erlebt, am eigenen Körper erfahren. Diese Ereignisse haben die Umwelt verändert, in der sie sich bewegen, aber nur sehr indirekt ihre Biografien. Die Nachkriegs- und Wendegeneration ebenso wie manche «Identitätspolitiker» agieren als Betroffene. Politiker der Generation X agieren eher als empathische Analytiker. Sie sind eher Repräsentantinnen und Repräsentanten der Betroffenheit anderer Gruppen oder der Gesellschaft insgesamt, weniger ihrer eigenen Betroffenheit. Begrifflich zugespitzt könnte man sagen, dass die politische Generation X eine Generation von «Beobachtungspolitikern» ist, während die Nachkriegs- und Wendegeneration, aber auch identitätspolitisch bewegte Jüngere «Erfahrungspolitiker» sind.

Die Beispiele Cem Özdemir und Kevin Kühnert aber zeigen auch, dass sich Politiker selbst dann nicht immer von ihren Identitäten emanzipieren können, wenn sie es wollen. Als Angehöriger einer Minderheit repräsentiert man eine Vielzahl von Zuschreibungen, ohne es zu wollen, und man sieht sich mit den Forderungen der eigenen Community und den Anfeindungen anderer Gruppen konfrontiert, völlig unabhängig davon, wie stark man seine Rolle spielt.

6 Apokalypse und Mietenpolitik.
Über die neuen Konflikte zwischen Jung und Alt

Draußen ist es noch dunkel. Von den Frauen und Männern des Sicherheitsdienstes an der Pforte abgesehen, scheint das Bürogebäude Unter den Linden 50 um sieben Uhr morgens noch menschenleer zu sein. In einem Flur im zweiten Stock steht der Wagen einer Reinigungskraft, doch es ist niemand zu sehen. Die graue Auslegeware in den langen Gängen schluckt das Geräusch der Schritte. Nur im Nordteil des Gebäudekomplexes, der mehrere Innenhöfe umschließt, vor Raum 2048, dringt Licht durch ein kleines Fenster über der Tür. Daneben hat jemand Bücher ausgelegt: eine «Geschichte der Ukraine» ist dabei und ein Kochbuch mit dem Titel «Show Cookings», das Cover zeigt ein kunstvoll auf einen Salat drapiertes Stück Lachs. Dazwischen liegt ein Zettel, auf dem steht: «zu verschenken».

Es ist Dienstag, der 26. Oktober 2021, genau einen Monat nach der Bundestagswahl. Um elf Uhr wird Alterspräsident Wolfgang Schäuble die erste Sitzung der Legislatur eröffnen. Bis dahin sind es noch einige Stunden, aber Max Lucks ist schon eine ganze Weile wach. Er hat schlecht geschlafen und wollte unbedingt noch joggen gehen. Außerdem hat er WDR 2 für 7:10 Uhr ein Radiointerview zugesagt, das wollte er lieber vom Büro aus machen.

Max Lucks ist vierundzwanzig Jahre alt und gerade zum

ersten Mal Mitglied des Deutschen Bundestags geworden. Bis 2019 war er Sprecher der Grünen Jugend. An der Tür zu seinem Büro in Raum 2048 steht noch «Dr. Frithjof Schmidt, MdB». Das ist Lucks Vorgänger im Wahlkreis Bochum I, er ist aus Altersgründen nicht mehr angetreten. Es ist nur ein provisorisches Büro, die endgültige Zuteilung durch die Bundestagsverwaltung folgt noch, und so sieht es hier auch aus. Über einer schwarzen Ledercouch baumeln Plastikkabel von der Decke, verwaiste Aufhängungen für Bilder. Die Bücherregale sind weitgehend leer. Auf einem Sideboard ist ein verstaubter Locher zurückgeblieben, und auch der Schreibtisch, an dem Max Lucks sitzt, ist leer bis auf einen Laptop und einen Pappbecher mit Kaffee.

Eine Wohnung hat Lucks mittlerweile gefunden, die Schlüssel bekommt er aber erst nächste Woche. Noch schläft er im Hotel. Das sei eine ganz schöne Umgewöhnung, erzählt er und meint damit: ein ungewohnter Luxus. Von 2017 bis 2019 war er als Bundessprecher der Grünen Jugend auch öfter in Berlin. In der Zeit schlief er meist bei Freunden auf der Isomatte, für mehr reichte das Geld nicht. Die Aufwandsentschädigung für die Sprecher der Jugendorganisation betrug dreihundert Euro, daneben hatte er einen Job als wissenschaftliche Hilfskraft an der Fernuni Hagen. Bis vor Kurzem hat er an der Uni Bochum studiert. Seine Bachelorarbeit über «Die ethnische Fragmentierung Südtirols» hat er kurz nach der Bundestagswahl eingereicht. Jetzt bekommt er ein Abgeordnetengehalt – sein erstes richtiges Gehalt überhaupt.

Lucks macht sich schnell noch ein paar Notizen, dann ruft er beim WDR an: «Ja, Lucks, guten Morgen, ich sollte Ihre Nummer anrufen ... Nee, lassen Sie mich ruhig dran, ich weiß auch noch nicht, wie das funktioniert mit der Durchwahl hier, ist vielleicht besser ...»

Er sei aufgeregt, dankbar und demütig, sagt er in dem Interview. «Aus meiner Generation haben so viele Leute meine Partei gewählt wie noch nie, da spürt man eine große Verantwortung.» Die Verjüngung des Bundestags sei kein Selbstzweck, sondern

Auftrag für eine andere Politik. «Jetzt muss es das geben, was unsere Generation von der Politik erwartet, also ambitionierten Klimaschutz zum Beispiel.»

Am zweiten, dritten Tag nach der Bundestagswahl dämmert der Seniorenrepublik Deutschland, dass sich da etwas getan hat. Der Bundestag ist mit einem Durchschnittsalter von 47,5 Jahren so jung wie seit 1990 nicht. Allein 49 Jungsozialistinnen und Jungsozialisten sind Teil der SPD-Fraktion, auch in den Fraktionen der Grünen und der FDP sind viele jüngere Abgeordnete hinzugekommen. Und die Jungen haben ganz anders gewählt als die Älteren, nämlich überwiegend die Grünen oder die FDP. Bei den achtzehn- bis einundzwanzigjährigen Erstwählern lagen beide Parteien mit je 23 Prozent gleichauf (im Schnitt aller Wähler erzielten die Grünen 14,8, die FDP 11,5 Prozent). Es folgte, weit abgeschlagen, die SPD mit 15 Prozent (im Schnitt 25,7). Die Union erhielt nur 10 Prozent der Stimmen derjenigen, die zum ersten Mal zur Wahl gingen (im Schnitt 24,1). Nirgendwo sonst waren so deutliche Unterschiede im Wahlverhalten zu erkennen wie zwischen Jungen und Alten – nicht zwischen Männern und Frauen, nicht zwischen unterschiedlichen Berufsgruppen.

Mit den jungen Grünen, Jusos und Liberalen ziehen viele Vertreter der Millennials und der Generation Z, der Zoomer, in den Bundestag ein. In diesem Kapitel soll gezeigt werden, was diese beiden Generationen bewegt. Fest steht, dass mit der Klimakrise, aber auch in der Sozialpolitik Konflikte zwischen den Altersgruppen zunehmen. Verteilungskonflikte zählen zu den wichtigsten «cleavages», mit denen Baerbock, Klingbeil, Lindner und Co. umgehen müssen. Sie treffen dabei auf jüngere Generationen, die zwar vielfältiger sind als oft angenommen – aber dennoch ein sehr viel stärkeres Generationenbewusstsein entwickelt haben als die Generation X.

Schon im vorangegangenen Kapitel war Thema, dass Millennials und Zoomer nicht den Stereotypen entsprechen, die ihnen zugeschrieben werden, dass sie also keineswegs nur «woke snowflakes» sind, die sich in «safe spaces» identitätspolitischen Debatten hingeben und ihre diskursverletzten Seelen pflegen. Nun, mit der Bundestagswahl, wurde ein weiteres Klischee widerlegt: Die Generation Z ist keine «Generation Fridays for Future».

Diese Gleichsetzung hat für einige Jahre das Bild der jüngsten Wähler und Politiker stark geprägt. Aktivistinnen – und zwar tatsächlich besonders Aktivist*innen* – wie Greta Thunberg und Luisa Neubauer wurden zu Repräsentanten dieser Generation erklärt, einer Generation, die viele durchaus erschreckte mit ihrer auf die Straße getragenen Vehemenz und ihren als radikal wahrgenommenen Forderungen. Der Ausdruck «OK Boomer» galt als symptomatisch für die Haltung dieser Generation gegenüber den Älteren. Das entsprechende Internet-Meme soll seine Ursprünge auf Tiktok haben, wo 2019 Nutzer diesen Ausdruck verwendeten, um dem ebenfalls in ein Video gebannten Vorwurf eines Älteren zu begegnen, die gesamte Jugend leide an einem «Peter-Pan-Syndrom» und weigere sich, erwachsen zu werden. «OK Boomer» ist Ausdruck der Frustration und Resignation, eine Reaktion auf die Herablassung der vermeintlich Erwachsenen, aber auch ein Ausdruck, der jedes Gespräch beendet. Millennials und die Generation Z, so schien es lange, werfen der älteren Generation und besonders den Babyboomern vor, durch exzessiven und unbedachten Konsum die Klimaerwärmung anzutreiben und Ressourcen zu verbrauchen, die den Jüngeren in Zukunft fehlen werden. Die Boomer wiederum, so der Eindruck, reagierten ihrerseits aggressiv, selbstgerecht und herablassend auf die Anwürfe.

Schon vor der Wahl warnten Sozialwissenschaftler, dieser Blick auf die Generation Z, die Millennials und ihr Verhältnis zu den Älteren sei zu schematisch. Der Soziologe Dieter Rucht etwa konstatierte, es gebe gar keine «Generation Fridays for Future». Die sehr sichtbaren Proteste seien vor allem getragen von Elf- bis Achtzehnjährigen, häufig weiblichen Gymnasiastinnen aus gut situiertem Elternhaus. Haupt- und Realschüler hätten kaum jemals teilgenommen.[1]

Die Bundestagswahl bestätigte das indirekt. Ausgerechnet die FDP war bei den Erstwählern stark, also die Partei von Christian Lindner, der sich 2019 noch mit einem besonders «boomerigen» Statement hervorgetan hatte. Lindner schlug vor, die Jugendlichen sollten ihre Fridays-for-Future-Demonstrationen doch besser in ihrer Freizeit abhalten. Er sagte außerdem, von Kindern und Jugendlichen könne man nicht erwarten, dass sie «bereits alle globalen Zusammenhänge, das technisch Sinnvolle und das ökonomisch Machbare sehen». Das sei eben eine «Sache für Profis». Nun gaben viele dieser jüngeren Generation ihm und seiner Partei bei der Bundestagswahl ihre Stimme. «Die Jugend ist divers und vielfältig, längst kein Einheitskollektiv, das sich hinter einem gemeinsamen Projekt versammeln könnte», resümierte der Soziologe Steffen Mau nach der Wahl. Festzustellen seien unter den Erstwählern 2021, anders als vermutet, ein ausgeprägter «Meritokratieglauben» und eine «starke Internalisierung von Leistungsnormen». Sie erwarteten weniger einen Umverteilungsstaat als vielmehr einen Staat, der die Probleme gut manage, auch den Klimawandel. Klimaschutz und Liberalismus kämen sich in der jüngeren Generation daher «womöglich weniger in die Quere», als viele meinten. Mau sieht unter jüngeren Wählern «Ökoliberale» und «Ökosoziale», viele Pragmatiker und wenige Ideologen.[2]

Klaus Hurrelmann, einer der Autoren der Shell-Jugendstudie, unterstreicht das. Die Generation Z sei nicht ideologisch geprägt, sagt er in einem Interview zu diesem Buch, sondern eher «wissenschaftsgläubig» und «themenorientiert». Sie fordere nicht die Umsetzung einer Utopie, sondern vielmehr eine Orientierung an den Realitäten. Im Vergleich mit der Generation X sei die Generation Z selbstbewusster, auch politischer, die «am stärksten politische Generation seit der Studentenbewegung». Dass die Babyboomer nun in Rente gehen, ist für diese Generation ein Problem, schließlich hat sie die enorm steigenden Kosten der Rente zu tragen. Gleichzeitig entstehen dadurch für die Jüngeren aber auch neue berufliche Perspektiven, «und das merkt man», so Hurrelmann. «Sie spüren die Fachkräftelücke. Und das macht frei, das setzt politische Kräfte frei.»

Einen Generationenkonflikt sieht Hurrelmann durchaus, nicht nur in Bezug auf den Klimawandel. Anders als die Generation X würden jüngere Millennials und die Generation Z tatsächlich hart mit den Älteren ins Gericht gehen, besonders mit den Babyboomern und nicht zuletzt mit Angela Merkel. Während der Corona-Krise rückt die Kanzlerin zunehmend ins Zentrum der Kritik: zu viel verschleppt, zu viel verschlafen. Den Babyboomern, aber auch der Generation X werfen die Jüngeren vor, die Realitäten und Erfordernisse zugunsten des gesellschaftlichen Friedens zu verschleiern – ebenjene Konsensorientierung, die auch als positives Merkmal dieser Generationen gelten kann.

Es mag also sein, dass ein großer Teil der Jüngeren – der Generation des grünen Abgeordneten Max Lucks – nicht klimabewegt ist und noch nie an einem Klimastreik teilgenommen hat. Eine politische Generation aber ist es, und sie legt sehr viel Wert darauf, sich von den Älteren abzugrenzen.

In den letzten Jahren der Regierungszeit von Angela Merkel ließ sich etwas beobachten, das man mit Ulrike Jureit als «generation building» beschreiben kann, einen «komplexen Vorgang sozialer Vergemeinschaftung». In einem dialektischen Prozess von Selbst- und Fremdzuschreibung, Kritik und Identifikation schufen die Jüngeren ein Generationengefühl, an das nicht zuletzt der FDP-Wahlkampf mit Slogans wie «Die Digitalisierung ändert alles. Wann ändert sich die Politik?» andockte. Im Zuge der Fridays-for-Future-Diskussion wurden Kindern und Jugendlichen bestimmte Eigenschaften zugeschrieben, die sie entweder adaptierten oder ablehnten. Bezeichnend war etwa das «Oma-Lied», das der WDR von einem Kinderchor einsingen ließ, eine (nicht sonderlich subtile) Variante des Liedes «Meine Oma fährt im Hühnerstall Motorrad». Die Oma wird darin als «alte Umweltsau» bezeichnet. Gedichtet hatten das Lied allerdings nicht

Kinder oder Jugendliche; es waren Erwachsene, die ihnen diese Haltung und Ausdrucksweise zuschrieben. Ältere wiederum, eben die adressierten Omas und Opas, reagierten gekränkt, es gab heftige Proteste. Wieder andere, jene, die FDP gewählt haben, können mit der vermeintlichen Panikmache der Fridays-for-Future-Aktivistinnen nichts anfangen, teilen mit ihnen aber die Kritik an den Modernisierungsversäumnissen der Merkel-Jahre.

Verstärkt wurde dieser Prozess des «generation building» in der Pandemie. Wie der Soziologe Steffen Mau feststellt, änderte sich gerade für Erstwähler bei der Bundestagswahl 2021 in der Pandemie alles. Während die Generation X und die Älteren weiter arbeiten konnten (eine Minderheit vom Homeoffice aus) und an Arbeitgeber in der Pandemiebekämpfung zunächst vergleichsweise geringe Anforderungen gestellt wurden, wurden die Gewohnheiten und Beziehungen der Jüngeren jäh unterbrochen. Schule, Studium, Freizeitgewohnheiten fielen weg, Hoffnungen und Pläne wurden zerstört. Und das betraf nicht nur den nächsten Urlaub, den man schließlich zu einem späteren Zeitpunkt machen kann. Sondern auch Dinge, die sich nicht nachholen lassen, weil sie an genau diesen, nicht wiederholbaren Lebensabschnitt geknüpft sind – der Schüleraustausch, die Abi-Party. Kinder, Jugendliche und junge Erwachsene sollten von zu Hause aus lernen, die digitale Infrastruktur aber fehlte an vielen Orten.

Erstmals seit der Nachkriegszeit zieht nun also mit den jüngeren Millennials und den Angehörigen der Generation Z eine Politikergeneration in den Bundestag ein, die sehr stark selbst berührt ist von den politischen Themen, die die Gegenwart und die nächsten Jahre prägen. Es ist die Generation, die mit den Auswirkungen des Klimawandels wird leben müssen und mit den Folgen der demografischen Entwicklung, ob es um die Rente geht oder den sich schon jetzt abzeichnenden Fachkräftemangel. Diese Politikerinnen und Politiker sind nicht nur Repräsentanten, sondern Betroffene; sie sind Identitätspolitiker insofern, als sie nicht nur Politik für andere machen, sondern immer auch für sich selbst.

Bemerkenswert ist, dass es sich bei den zentralen Politikfeldern der nächsten Jahre vielfach um überzeitliche Verteilungskonflikte handelt – um die Frage, wie viel der Lasten politischer Entscheidungen die Heutigen tragen müssen und wie viel auf die nächste Generation verlagert werden darf. Gleichzeitig geht es um die Frage, ob die Heutigen das Recht haben, die Entscheidungsfreiheit künftiger Generationen einzuschränken – indem sie durch politische Entscheidungen, die heute getroffen werden, Pfadabhängigkeiten herstellen, Wege vorgeben, die morgen kaum noch zu revidieren sind.

Aufgrund der demografischen Entwicklung kommt es bei der Verteilung von gemeinschaftlich zu tragenden Lasten und von politischem Einfluss zu einer Schieflage, zu einem demografisch-demokratischen Ungleichgewicht. Das zeigt sich zum Beispiel im Verhältnis der Beitragszahler zu den Rentenempfängern. 2021 kamen auf einen Rentenempfänger 1,8 Beitragszahler. Wirtschaftsinstitute prognostizieren, dass 2030 nur noch 1,5 Beitragszahler einen Rentner finanzieren müssen. Junge Menschen aber – und das wird immer deutlicher spürbar – sind zunehmend in der Minderheit. In einer alternden Demokratie wie der deutschen entsteht praktisch automatisch eine Schieflage der Macht zugunsten der Älteren. Sie sind schlicht zahlenmäßig mehr, und sie machen zudem den Großteil der Mitglieder in Parteien aus, weshalb es sich gerade die ehemaligen Volksparteien SPD und CDU mit ihrer besonders alten Mitgliedschaft nicht leisten können, Politik gegen die Interessen der Älteren zu machen. Bei der Bundestagswahl trat Olaf Scholz mit dem Versprechen an, dass die Rente sicher sei. Der Koalitionsvertrag sieht die Einführung einer zusätzlichen, kapitalgedeckten Altersvorsorge vor (ein Projekt der FDP); gleichzeitig schließt er aus, dass Renten gekürzt werden oder das Renteneintrittsalter angehoben wird.

Das Bundesverfassungsgericht hat 2021 die Rechte zukünftiger Generationen gestärkt. Geklagt wurde gegen das Klimaschutzgesetz der Bundesregierung von 2018, das nach Ansicht der Beschwerdeführer nicht ausreichend war, um dem Pariser Klimaabkommen zu genügen und schwere Schäden abzuwenden. Zwar sah das Bundesverfassungsgericht die Beschwerdeführer nicht in ihrem Recht auf staatlichen Schutz verletzt – das Gesetz reiche aus, um katastrophale Zustände zu verhindern. Wohl aber sah es die Beschwerdeführer in ihren Freiheitsrechten verletzt, denn das Gesetz verlagere Einsparmaßnahmen aus der Gegenwart in die Zukunft und belaste so einseitig zukünftige Generationen. Diese würden regelrecht gezwungen sein, drastische Maßnahmen zu ergreifen, und so in ihrer allgemeinen Handlungsfreiheit beschränkt. Das Gericht kam zu dem Schluss, das Grundgesetz verpflichte «unter bestimmten Voraussetzungen zur Sicherung grundrechtsgeschützter Freiheit über die Zeit und zur verhältnismäßigen Verteilung von Freiheitschancen über die Generationen». Juristen halten es für gut denkbar, dass dieses Urteil auch auf andere Politikbereiche, etwa die Zukunft der sozialen Sicherungssysteme, übertragbar ist. Generationengerechtigkeit wird mit diesem Urteil zu einem einklagbaren Recht.[3] Für die Politik ist das ein gewaltiger Schritt. Das Urteil könnte zu einem Paradigmenwechsel führen und dazu, dass Auseinandersetzungen zwischen Generationen wieder an Bedeutung gewinnen.

Ein Tag Ende Juli 2021 in Eckernförde. Noch plätschert der Bundestagswahlkampf eher gemächlich vor sich hin. Robert Habeck tourt durch seine Heimat Schleswig-Holstein. Es ist die letzte Woche der Sommerferien, typisches Ostseewetter, mild und sehr windig. Am Hafen leuchten Segelschiffe weiß vor einer pittoresken Kulisse aus Backsteinhäusern. In ein paar Strandkörben auf der Mole trinken Urlauber schon am frühen Nachmittag das erste Flens. Es schauert immer wieder, doch die geübten Ostseebesucher, die den Kai entlangschlendern, ficht das nicht an. Ein kleines Mädchen in Gummistiefeln trägt ein grünes Windrad in der Hand, ein Wahlkampfgeschenk. Es dreht sich kräftig.

An der Spitze der Mole haben sich ein paar Hundert Menschen versammelt. Familien mit Kindern in Fahrradanhängern, rüstige Senioren in Outdoor-Kleidung. Auf der Mole steht ein rundes Podest, darauf grüner Teppich. Die Vorband für Robert Habeck gibt Jakob Blasel. Er trägt ein zuversichtliches und herausforderndes Lächeln zu einem nordischen Strickpulli, wirkt energisch und lässig zugleich. Blasel ist 2000 geboren, hat 2019 sein Abitur gemacht, jetzt studiert er Jura. Er hat sich bei Greenpeace und diversen anderen Nichtregierungsorganisationen engagiert, schließlich ist er den Grünen beigetreten. Er war auch bei der Grünen Jugend, hat dort aber eher gefremdelt. Deren Formalitäten, sagt er, seien ihm manchmal eher wie ein Selbstzweck vorgekommen. Er fühle sich noch immer auf der Straße wohler als auf einer Delegiertenkonferenz. 2018 nahm er zum ersten Mal an einer Fridays-for-Future-Demonstration teil, hin und wieder war er als Aktivist auch in überregionalen Medien zu sehen. Als Greta Thunberg 2019 mit der «Goldenen Kamera» ausgezeichnet wurde, begleitete er sie auf die Bühne. Jetzt kandidiert er für den Bundestag. «Ich bitte Sie, werden Sie mit uns aktiv», ruft Blasel den Zuhörern zu. «Diese Zeiten sind so entscheidend, bei dieser Wahl entscheidet sich, ob wird den Klimawandel aufhalten. Und jetzt darf ich das Mikro an Robert übergeben.»

Robert Habeck springt auf das Podest. Er trägt einen Troyer, dazu ausgewaschene graue Jeans. Er spricht über den Klimawandel, aber auch über die Schwierigkeiten, auf dem Weg zum 1,5-Grad-Ziel alle mitzunehmen. Zwischendurch fängt es wieder an zu regnen, jemand reicht Habeck eine gelbe Öljacke. «Oh, die ist aber schön», sagt er. «Wenn Christian Lindner das sehen könnte.» Kapuzen rascheln, viele lachen, aber kaum jemand geht wegen des erneuten Regens. Habeck hat sie gepackt. Was bevorstehe, so Habeck, sei der «Umbau eines großen Industrielandes in achtzehn Jahren. Und Jakob würde sagen: Achtzehn Jahre, das ist viel zu lang, wir müssen das in vierzehn, fünfzehn Jahren hinbekommen. Je schneller wir sind, desto schwieriger die Aufgabe.» Nach dem Auftritt muss er noch ein paar Autogrammkarten unterschreiben, Habeck ist darauf in Schwarz-Weiß zu sehen, beinahe unwirklich ordentlich frisiert, eine Fünfziger-Jahre-Version seiner selbst. Dann geht es auch schon weiter zum nächsten Termin.

Jakob Blasel bleibt noch und hilft den Leuten vom Ortsverband beim Abbauen. Zwei junge Männer in seinem Alter gesellen sich dazu und suchen das Gespräch, während die Menge der Urlauber sich zerstreut. Es geht um seine Rolle als Fridays-for-Future-Aktivist und grüner Politiker. Blasel wird immer wieder gefragt, ob er denn finde, dass die Grünen genug tun würden, auch jetzt. «Die Grünen», sagt er, «machen so viel Klimaschutz, wie möglich ist.» Das heißt implizit: nicht so viel, wie nötig ist. Und er sagt «die Grünen», nicht «wir».

Im Gespräch mit Jakob Blasel spürt man deutlich, wie hin- und hergerissen er ist zwischen seinen Ansprüchen an die Klimapolitik und dem, was seine Partei, was Politiker wie Robert Habeck für machbar halten. Über Habeck sagt er, er finde es «beeindruckend, wie Robert politisch redet, wie er diese konsensorientierte Politik fährt, gerade eben dachte ich auch, ich bin froh, mit ihm in einem Team zu sein». Er sagt aber auch, Habeck vertrete in der Klimapolitik «weniger progressive Positionen» als er. Habeck gerate außerdem «schnell in rhetorische Muster, die fast so was Konservativ-Abwertendes haben. Neben mir wird er zum konservativen Politiker.» Er selbst würde zum Beispiel seine Forderungen nie als «radikal» bezeichnen. Das Radikalste, was man machen könne, sei angesichts der gegenwärtigen Krise doch, nichts oder zu wenig zu tun. Dass Habeck ihn in seiner Rede erwähnt hat, dass er gesagt hat, er, Jakob, würde ja alles noch viel schneller wollen, empfand er als herablassend. «Ja, Jakob will das alles noch fünf Jahre schneller, haha. Da könnten ältere Politiker manchmal etwas wohlwollender sein, weniger demonstrieren, dass sie halt die Seniors sind. Aber damit komme ich schon klar. Und ansonsten haben wir es ja geschafft, auch auf Bundesparteitagen gute Kompromisse zu finden.»

Am Ende reicht das Ergebnis der Grünen nicht aus, um Jakob Blasel in den Bundestag einziehen zu lassen. Den Koalitionsvertrag kritisiert er noch am Tag der Vorstellung scharf, sein Tweet richtet sich direkt gegen eine Aussage von Robert Habeck. Der hatte bei der Vorstellung des Koalitionsvertrags gesagt, mit diesem Papier sei man «auf dem 1,5-Grad-Pfad». Blasel widerspricht: «Es stimmt einfach nicht. Dieser Vertrag führt uns nicht auf einen 1,5-Grad-Pfad. Bei aller Freude über die Erfolge der Klimabewegung in diesem #Koalitionsvertrag – 1,5 °C müssen und werden wir weiter auf der Straße erkämpfen!»[4]

Max Lucks lobt den Koalitionsvertrag auf Twitter. «Kohleausstieg 2030, TSG-Reform, Cannabis-Legalisierung, Wahlalter absenken, Streichung #219a, Familiennachzug für subsidiär Geschützte. Die Union wird nach sechzehn Jahren so was von abgelöst!», schreibt er.[5] Anders als Blasel kommt Max Lucks nicht aus der Aktivistenszene. Er ist bei der Grünen Jugend, seit er vierzehn ist. Er ist im Norden von Bochum-Wattenscheid aufgewachsen. Wattenscheid, sagt er, hatte in seiner Jugend ein «Nazi-Problem». In der Nähe seines Wohnorts lag sowohl die nordrhein-westfälische Landeszentrale der NPD als auch die Privatwohnung des Vorsitzenden. Mit vierzehn gründet er gemeinsam mit Freunden eine Antifa-Jugend. Die Grüne Jugend unterstützt diese Gruppe. Das ist es, was ihn vor allem politisiert hat.

Auf Fridays for Future hat Lucks einen anderen Blick als Jakob Blasel. Er sieht manches in der Bewegung durchaus kritisch, «zum Beispiel, dass manche Aktivisten bei Fridays for Future nicht uneingeschränkt an ein Primat des Politischen glauben». Gleichzeitig müsse man aber natürlich auch fragen, warum diese vielen jungen Menschen nicht mehr an die Leistungsfähigkeit der Politik glauben. Eine allgemeine generationelle Ablehnung der Älteren spürt man bei ihm nicht. «Gerade in unserer Partei gibt es ja sehr viele, die sich seit den siebziger Jahren gegen den Klimawandel engagieren», sagt er. «Es wäre absurd, dieser Generation pauschal vorzuwerfen, sie seien an allem schuld.»

Die Beispiele Max Lucks und Jakob Blasel zeigen, wie unterschiedlich Politiker der Generation Z denken. Das Bild von der umweltbewegten grünen Jugend mit kleinem «G», die sich an den «Boomern» auch in der eigenen Partei abarbeitet, ist letztlich eine grobe Vereinfachung. Vieles, was zum großen Generationenkonflikt der 2020er Jahre erklärt wird, ist natürlich auch Teil von Konflikten, wie es sie zwischen Generationen immer wieder gibt, zwischen dem Sturm und Drang der Jüngeren und dem Erfahrungskonservatismus der Älteren, selbst in einer Partei wie den Grünen, die sich als progressiv versteht. All diese üblichen Konflikte werden jedoch durch die demografische Entwicklung und das Minderheitsgefühl der Jugend verstärkt. Es gibt ein Bewusstsein dafür, besonders laut, besonders drängend sein zu müssen, um überhaupt noch Gehör zu finden.

Die Ungeduld entspringt aber auch einem neuen Gefühl für die Zeitlichkeit, ja Endlichkeit von Dingen. In der Klimapolitik, in der Rentenpolitik und letztlich auch in der Corona-Politik geben Prognosen den Takt vor. Die für die Jüngeren besonders relevanten Politikfelder sind allesamt ausgerichtet auf Stichtage und Grenzwerte: das 1,5-Grad-Ziel zum Beispiel oder den Punkt, an dem nur noch eineinhalb Beitragszahler für einen Rentner aufkommen müssen. In der Pandemie war es eine bestimmte Inzidenz oder Hospitalisierungsrate. Grenzwerte, die nicht überschritten werden dürfen, wenn «das System» als Ganzes erhalten bleiben soll.

Bereits in der letzten Legislaturperiode von Angela Merkel formierte sich eine Art Stichtag-Politik: Schon das Klimagesetz der Großen Koalition zielt auf das Erreichen bestimmter Einsparziele bis zu einem bestimmten Zeitpunkt. Diese Stichtag-Logik verleiht den Jüngeren ein übermächtiges Argument, das ihren Status als Minderheit teilweise kompensiert, gestärkt durch das Urteil des Bundesverfassungsgerichts. Die Juso-Vorsitzende

Jessica Rosenthal hat es in einem Interview so formuliert: «Wir haben die Zeit im Nacken.»[6]

Es ist 23 Uhr, es ist dunkel und kühl, dass es Herbst geworden ist, lässt sich nicht mehr leugnen. Jessica Rosenthal trägt ein leichtes Blusenkleid mit Leopardenmuster, schwarze Schnürstiefel, darüber einen dünnen Mantel. Sie steht draußen bei den Buchsbäumen, die den Parkplatz säumen, ein Bier in der Hand, die Schultern ein wenig hochgezogen, und wartet. Den ganzen Tag lang haben die Jusos Nordrhein-Westfalen an diesem 9. Oktober 2021, ein paar Wochen nach der Bundestagswahl, in einer Halle in Mühlheim getagt. Nach dem Kongress sollen Busse die Delegierten hierherbringen, zum Bürgertreff im Essener Stadtteil Überruhr, wo eine Party stattfindet. Der flache Bau liegt in einem Wohngebiet zwischen Einfamilienhäusern und Ruhrgebietsmietskasernen. Neben dem Bürgertreff gibt es eine Dart-Kneipe, vor der schweigend ein paar Mittfünfziger mit Fußballschals und Pilsken stehen. Auch sie scheinen auf irgendetwas zu warten. Im Bürgertreff ist das schummrige, rötliche Licht schon angeschaltet, die Musik wummert, die Bar ist besetzt – aber einer der Busfahrer hat sich wohl verfahren.

Zeit, kurz Luft zu holen. Jessica Rosenthal ist seit 2021 Bundeschefin der Jungsozialisten, sie folgte auf Kevin Kühnert. Zuvor war sie viele Jahre Chefin der Jusos in Nordrhein-Westfalen, seit 2020 ist sie auch Ko-Vorsitzende des Bonner Kreisverbands der SPD.

Rosenthal ist 1992 geboren und in Bad Münder bei Hameln aufgewachsen. Ihre Eltern trennten sich, als sie noch klein war. Sie lebte mit einer Schwester bei der Mutter, zwei andere Geschwister lebten beim Vater. An den Wochenenden waren auch sie und ihre Schwester beim Vater, dann teilten sich die Kinder zu viert das Zimmer. Als Alleinerziehende kam ihre Mutter gerade so über die Runden. «Ich weiß, wie es ist, mal die Heizung auszulassen, wie es ist, mal nicht auf Kursfahrt zu fahren», erzählt Rosenthal. «Einmal waren wir in der Situation, dass es ohne Hartz IV finanziell eigentlich nicht mehr ging.» Sie war da zwölf oder dreizehn Jahre alt, ihre Mutter nahm sie und ihre Schwester mit zum Jobcenter. Der Mitarbeiter erklärte, dass die Familie vor dem Hartz-IV-Bezug auch das Ersparte der Kinder würde aufbrauchen müssen, Rosenthal hatte zum Beispiel ihr Konfirmationsgeld zurückgelegt, um später ihren Führerschein machen zu können. Ihre Mutter entschied sich gegen Hartz IV, die Personalfachfrau nahm einen Job an. Der Preis war, dass die beiden Mädchen nun ziemlich viel allein managen mussten. Das war nicht immer einfach, sie wolle das aber auch nicht überbetonen, sagt Rosenthal. Später wurde sie Lehrerin an einer Bonner Gesamtschule, da unterrichtete sie Kinder aus Hartz-IV-Familien, die manchmal nichts gegessen hatten, die kein Schulmaterial bekamen und sich das Zimmer nicht nur am Wochenende mit drei Geschwistern teilen mussten. «Da war in der Pandemie natürlich völlig klar», sagt Rosenthal, «dass diese Kinder nicht richtig am digitalen Unterricht teilnehmen können.»

Rosenthal hat Deutsch, Geschichte und Pädagogik studiert. Als wir uns nach dem Kongress der NRW-Jusos unterhalten, hat sie gerade ein Bundestagsmandat gewonnen und daher ihren Job als Lehrerin gekündigt. Sie ist eine jener neuen Juso-Abgeordneten im Bundestag, von denen nach der Wahl viel die Rede ist, von denen es heißt, sie seien viel linker und viel wilder und viel radikaler als das Parteiestablishment, was zu einem Problem für die SPD werden könne. Vor allem sind sie viele: neunundvierzig an der Zahl, fast jeder vierte SPD-Abgeordnete ist unter fünfunddreißig. Zumindest im Parlament sind die Jungen keine Minderheit, sondern eine relevante Größe.

Doch während sich die NRW-Jusos in Mühlheim versammeln, laufen in Berlin bereits die Sondierungen zwischen SPD, Grünen und FDP – und da sind die Jusos nicht vertreten. Hinter den Kulissen setzt Rosenthal sich dafür ein, dass Vertreter der Jusos zumindest an den Koalitionsverhandlungen teilnehmen. Die

Gespräche darüber würden gut laufen, sagt sie. Um den Druck zu erhöhen, hat sie auch öffentlich gefordert, die Jusos mögen bei den Verhandlungen mit am Tisch sitzen. Das sei «eine Selbstverständlichkeit, die ich unterstrichen habe», sagt sie beinahe trotzig.

Bei einem Telefonat nach der Unterzeichnung des Koalitionsvertrags im Dezember 2021 klingt sie zufriedener. Jessica Rosenthal hat die Ampel mitverhandelt, in der von Hubertus Heil geleiteten Gruppe zur Arbeitsmarktpolitik. Kevin Kühnert, ihr Vorgänger, hat sogar eine Gruppe geleitet – die Gruppe Bauen und Wohnen. Auch andere Jusos und Abgeordnete unter fünfunddreißig waren dabei. Die Mitglieder der Arbeitsgruppen wurden von den damaligen Parteivorsitzenden Saskia Esken und Norbert Walter-Borjans und von Lars Klingbeil benannt. Die Beteiligung der Jungen durchzusetzen sei innerparteilich nicht immer einfach gewesen, sagt Rosenthal rückblickend. Am Ende sei es aber «ein gutes Team» gewesen, in dem sehr viele verschiedene Perspektiven vertreten waren. In ihrer Arbeitsgruppe sei sie – nicht zuletzt von Arbeitsminister Hubertus Heil – als Gleiche behandelt worden. Ein zentrales Thema der Jusos war eine Ausbildungsplatzgarantie. Im Koalitionsvertrag steht nun auch tatsächlich, dass die Koalition eine Ausbildungsgarantie «will» – es soll ein Pakt mit Ländern, Kommunen und Sozialpartnern geschlossen werden.

Kühnert hatte es vergleichsweise leicht. Das Versprechen, 400 000 Wohnungen zu bauen, ein Viertel davon öffentlich gefördert, gehörte zu den Wahlkampfschlagern von Olaf Scholz. Ein so zentrales Versprechen der größten Partei war für den Koalitionsvertrag quasi gesetzt. Andere Themen der Jusos hingegen fielen sang- und klanglos durch das Raster. Zwar soll die Mietpreisbremse verlängert werden, das Mietenmoratorium allerdings, ein sofortiger Stopp für steigende Mieten, kommt nicht.

Mietenpolitik ist Generationenpolitik. Sie ist eines jener politischen Felder, in der sich die Schieflage zwischen den Generationen am deutlichsten ausdrückt. Und sie ist eines jener Felder, in denen der Druck besonders groß ist, auch weil viele der jüngeren Politiker selbst betroffen sind oder es zumindest waren, bis sie ein Abgeordnetengehalt erhielten.

Im Vergleich zur Lohnungleichheit hat die ungleiche Verteilung von Kapital, also von Wohlstand, der sich in Eigentum ausdrückt, in den ersten Dekaden des 21. Jahrhunderts viel stärker zugenommen. Viele Ökonomen sehen diese Ungleichverteilung als ein zentrales Merkmal der Wirtschaft dieser Zeit.[7] Sie existiert innerhalb einer Generation, zunehmend aber auch zwischen Jüngeren und Älteren. Jüngeren Menschen fällt es aufgrund der steigenden Lebenshaltungskosten in den Städten, vor allem der steigenden Mieten, immer schwerer, selbst das notwendige Eigenkapital aufzubauen, um etwa eine Wohnung oder ein Haus zu kaufen. Sie sind quasi in Mietverhältnissen gefangen. Einige werden zwar erben – aber eben auch nur die, deren Eltern Kapital haben, und das ist bereits in der Eltern- und Großelterngeneration sehr ungleich verteilt. Diese ererbte Ungleichverteilung wird bei den Millennials und den Zoomern verstärkt. Im Vergleich zu anderen Ländern hatte Deutschland schon immer eine relativ geringe Eigentümerquote. Diese Quote blieb bis zur Generation der Millennials stets in etwa gleich. In jüngster Zeit aber fiel sie im Vergleich zu Vorgängergenerationen stark ab: Nur 12 Prozent der Fünfundzwanzig- bis Vierunddreißigjährigen wohnen in einer eigenen Wohnung oder einem eigenen Haus. 1990 waren es in dieser Altersgruppe noch 23 Prozent, wie 2019 eine Studie des Instituts der Deutschen Wirtschaft zeigte.[8]

Für jüngere Menschen ergibt sich daraus ein doppeltes Ungerechtigkeitsgefühl: Zum einen erreichen sie mit derselben Leistung und demselben Einkommen wie Ältere nicht mehr denselben Lebensstandard. Zum anderen spüren sie, dass die soziale Herkunft wieder stärker als in früheren Generationen über ihren Status entscheidet. Der junge Berliner Sozialdemokrat Yannick Haan formulierte es 2020 in einem Artikel für die «taz» mit dem

Titel «Enterbt uns doch endlich!» so: «Am Ende entwickeln wir uns zu einer Gesellschaft der Besitzstandswahrer, die sich an das Gestrige klammert. In meiner Generation ist die eigene soziale Lage nicht mehr durch eigenes Handeln geprägt, sondern vor allem vom Glück oder Pech beim Geburtenbingo.»[9]

Auf dem Parkplatz vor dem Bürgertreff in Essen-Überruhr fährt jetzt ein Doppeldeckerbus vor. Junge Männer und Frauen steigen aus. Viele haben Bierflaschen in der Hand. Eine junge Frau kramt in einem Jutebeutel, zieht eine Sektflasche heraus, entkorkt sie. Es knallt laut, der Sekt schäumt über auf den Asphalt, die Gruppe johlt und klatscht. Becher gibt es nicht. Die Jusos singen die Internationale, während der Tross an Jessica Rosenthal vorbeizieht.

«Ein Nichts zu sein, tragt es nicht länger / Alles zu werden strömt zuhauf!»

«Is schon zwölf?», fragt Jessica Rosenthal. Um Mitternacht die Internationale zu singen ist Tradition bei Treffen der Jusos. «Entschuldigen Sie, das ist Pflichtprogramm», ruft Rosenthal und läuft hinüber zu einer Gruppe, die einen Kreis vor dem Bürgertreff gebildet hat. Sie singt mit, die Faust in die Luft gereckt. Die getrübte Stimmung scheint wie weggewischt.

«Völker, hört die Signale! Auf zum letzten Gefecht! / Die Internationale erkämpft das Menschenrecht.»

Nicht alle singen das Kampflied der Arbeiterbewegung auf derselben Tonhöhe, aber alle leidenschaftlich und textsicher. Die Männer vor der Dart-Kneipe nebenan schauen dem Treiben schweigend zu, einer steckt sich noch eine Zigarette an.

«Mit neunundvierzig Jusos im Bundestag werden ein paar Dinge anders laufen», sagt Jessica Rosenthal, als die Hymne verklungen ist. Das «generation building», eine gemeinsame Erzählung für eine Generation junger Juso-Abgeordneter zu erarbeiten, ist jetzt ihre Aufgabe.

Der Machtkampf innerhalb der SPD im Jahr 2019 ist ein Schlüsselmoment für die Umverteilung generationeller Macht in der Partei. Verbunden ist er bislang vor allem mit dem Namen Kevin Kühnert, aber auch Jessica Rosenthal und die Jusos in NRW hatten einen wichtigen Anteil daran.

Bei der Bundestagswahl 2017 hatte die SPD mit ihrem Kanzlerkandidaten Martin Schulz nur 20,5 Prozent der Stimmen geholt, das schlechteste Ergebnis in ihrer Geschichte. Noch am Abend der Wahl kündigte Schulz an, die SPD gehe in die Opposition, um sich zu «erneuern». Doch so kam es nicht. Die Jamaika-Koalition platzte, und die SPD bildete erneut eine Große Koalition mit der Union. Schon gegen den Koalitionsvertrag, der mit einem Mitgliedervotum bestätigt werden sollte, liefen die Jusos Sturm. Kevin Kühnert kritisierte das Ergebnis öffentlich immer wieder scharf, die Jusos mobilisierten ihre Anhänger mit einer «#No-GroKo-Kampagne» – vergeblich. Der Koalitionsvertrag wurde im März 2018 von den Mitgliedern der SPD mit 66 Prozent der Stimmen angenommen. Dann ging im Mai 2019 auch die Europawahl für die SPD verloren, Andrea Nahles trat als Parteichefin zurück. Erneut sahen Kühnert, Rosenthal und andere den Zeitpunkt für einen Kurswechsel gekommen. Die Partei organisierte wieder einen Mitgliederentscheid, dieses Mal über den neuen Vorsitz, ein Mammutprojekt. Dreiundzwanzig Regionalkonferenzen wurden abgehalten, auf denen sich die sechs Teams (zwischenzeitlich waren es sogar neun) den Mitgliedern vorstellten. Als Spitzenduo galten Finanzminister Olaf Scholz und die Brandenburger SPD-Abgeordnete Klara Geywitz. Es gewannen allerdings die Außenseiter Saskia Esken und Norbert Walter-Borjans. Und zwar, weil Kevin Kühnert, Jessica Rosenthal und die Jusos es so wollten.

Kevin Kühnert ist ein Medienprofi. Er weiß, wie man Erzählungen schafft, wie man sich als Person inszeniert. Seine Rebellion gegen das «Parteiestablishment» und Olaf Scholz verlief nicht im Stillen. Alle sollten wissen, dass er es war, der die Mehrheit für Saskia Esken und Norbert Walter-Borjans organisiert hat – und er trug zumindest dazu bei, dass es am Ende aussah, als hätte er das quasi im Alleingang geschafft. Schon 2018 ließ Kühnert sich regelmäßig von den Dokumentarfilmern Katharina Schiele und Lucas Stratmann begleiten. Die sechsteilige Dokumentation, die daraus entstanden ist, war kurz nach der Bundestagswahl auf Arte zu sehen. Ein faszinierender Film, in dem Saskia Esken und Norbert Walter-Borjans wie Marionetten wirken. In einer Szene, gedreht im November 2019, zwei Wochen vor dem Mitgliederentscheid über den Parteivorsitz, sieht man die beiden in einem Besprechungszimmer im Willy-Brandt-Haus warten. Walter-Borjans tippt eine SMS, einen Geburtstagswunsch an Wolfgang Schäuble. Kühnert kommt hinzu und fragt die beiden ab wie zwei ihm unterstellte Mitarbeiter, die noch sehr unerfahren sind: «Wo wart ihr gestern überall?» Dann gibt er ihnen Tipps für die nächste Vorstellungsrunde: «Lasst euch nicht auf irgendwelche Debatten mit einzelnen Jusos ein, was jetzt der Bundesvorstand tun soll. Seid verbindlich, freundlich.» Und: «Der heutige Abend ist schon dann ein guter, wenn ihr da halbwegs schadlos durchkommt.»

Saskia Esken sagt, ihr sei bewusst gewesen, dass sie in dieser Situation gefilmt wurde – dass das Ganze gleich ein Kühnert-Sechsteiler wird, habe sie aber nicht geahnt. Ihr sei schon klar, sagt sie, wie die Szene wirke, so sei es aber nicht gewesen, sie nehme das aber auch nicht allzu wichtig. «Ich verschwende nicht viele Gedanken an hierarchische Überlegungen. Wenn jemand mir einen guten Rat geben kann, nehme ich das gern an.»

Kühnert war sicher die treibende Kraft hinter dem Aufstand, er und der Juso-Vorstand hatten offenbar noch Ende August 2019, bevor die Vorstellungsrunde überhaupt begann, die Entscheidung getroffen, Saskia Esken und Norbert Walter-Borjans zu unterstützen. Kühnert soll Absprachen zwischen verschiedenen Verbänden in der Partei organisiert haben. «Er hat mit seiner Juso-Macht die Vorsitzendenwahl manipuliert», sagt Gesine Schwan in einem Gespräch im Sommer 2021; sie selbst hatte, wie schon erwähnt, sich gemeinsam mit Ralf Stegner um den Partei-vorsitz beworben. Aber auch die NRW-Jusos unter Jessica Rosenthal hatten wohl ihren Anteil; die Idee, den früheren NRW-Finanzminister Norbert Walter-Borjans zu unterstützen, der sich mit dem Ankauf von Steuer-CDs bundesweit einen Namen gemacht hatte, kam aus ihren Kreisen. Saskia Esken sagt, sie sei aus vielen Richtungen angesprochen worden, ob sie nicht kandidieren wolle. Sie hält die Doppelspitze für eine gute Sache und sei dann von sich aus auf Norbert Walter-Borjans zugegangen. So oder so ist Kühnert eine zentrale Figur. «Er hat sein Blatt gut ausgespielt», sagt ein Spitzenpolitiker der SPD rückblickend nach der Bundestagswahl. «Er war Vorsitzender der Jusos, und die wollten demonstrieren, dass sie eine wichtige Rolle spielen.» Es kommt zur Stichwahl. Das Ergebnis wird am 30. November 2019 veröffentlicht: Norbert Walter-Borjans und Saskia Esken sind neue Vorsitzende der SPD.

Seine Rebellion begründet Kevin Kühnert 2019 damit, dass er Generationengerechtigkeit schaffen und die Zukunft der SPD sichern wolle. In den Jahren nach Schulz' Zwanzig-Prozent-Ergebnis riefen Sozialwissenschaftler und Journalisten immer wieder das Ende der Sozialdemokratie aus. Im Zuge der Globalisierung und der Abwanderung von Arbeitsplätzen in der Industrie hat die Partei einen guten Teil ihrer Kernklientel, der Arbeiterschaft, an den gesellschaftlichen Wandel verloren. In den Milieus, die heute die Industriearbeiter zunehmend ersetzen, in der Facharbeiterschaft und dem Dienstleistungsprekariat, kann die Partei nicht punkten. Es sei vorbei mit der Volkspartei, so ein häufiges Verdikt. Kühnert hingegen macht die Profillosigkeit der SPD in der GroKo für den Abstieg der Partei in der Wählergunst verantwortlich und ein Parteiestablishment, das aus seiner Sicht nichts dagegen tut. Er ist überzeugt, dass es einen Knall braucht und dann einen echten Neuanfang. In seiner Parteitagsrede am 6. Dezember 2019, auf dem Parteitag, der Esken und Walter-Borjans bestätigt, sagt Kühnert, er sehe sich in einer Mittlerrolle: «zwischen einer jungen Generation, die ungeduldig ist in Anbetracht der Herausforderungen, vor denen wir stehen, und die einem politischen Betrieb gegenübersteht, der diese junge Generation nicht versteht, manchmal auch nicht verstehen will und nicht von ihr verstanden wird». Auf einem anderen Parteitag sagt er: «Wir haben ein Interesse daran, dass hier noch etwas übrig bleibt von diesem Laden, verdammt noch mal.» Es ist ein ähnliches Narrativ, wie es die Fridays-for-Future-Aktivisten auf das Klima anwenden und junge Liberale auf den Modernisierungsstau in Schule und Staat: der Verbrauch und die Zerstörung von Werten durch Unterlassung.

Ist das nur eine Erzählung, um der Revolte den schalen Geschmack des Machtkampfes zu nehmen? Parteifreunde und -feinde zeichnen ein sehr heterogenes Bild von Kühnert. Die einen sehen in ihm einen Opportunisten, der seine Fahne in den Wind hängt, einen Egoisten, dem es vor allem um die Profilierung geht, «charakterlich unausgeprägt», urteilt einer. Andere beschreiben ihn als Vereinsmensch, einen, der mit ganz unterschiedlichen Menschen auskommt. Einig sind sich alle in einem: Kühnert ist ein hochtalentierter Politiker, besonders rhetorisch kann ihm kaum jemand das Wasser reichen.

Kevin Kühnert besuchte ein gutbürgerliches Gymnasium mit Musikschwerpunkt. Sein früherer Schulleiter Wolfgang Harnischfeger beschreibt die Schule bei einem Gespräch im Sommer 2021 als «privilegiert» und «linksliberal» geprägt. Harnischfeger trat vor einigen Jahren seinen Ruhestand an, er ist selbst seit Jahrzehnten Mitglied der SPD und der Bildungsgewerkschaft GEW. Er hat Kühnert unterrichtet, von der siebten bis zur neunten und ab der elften Klasse im Deutsch-Leistungskurs. Kühnert sei ein besonderer Schüler gewesen, einer, an den er sich sicher auch erinnert hätte, wenn er heute nicht ständig bei «Markus Lanz» wäre, sagt Harnischfeger, «schnell und beweglich im Kopf». Wie jeder intelligente Mensch habe sich Kühnert allerdings nicht besonders angestrengt – «wie ein Pferd, das nur so hoch springt, wie es muss». Als es darauf ankommt aber, in der Abi-Klausur, schreibt Kühnert fünfzehn Punkte. Kühnert spielt Violine, «er muss ziemlich gut gewesen sein», sagt Harnischfeger. Er schafft es in die begehrte Musikklasse der Schule.

In der Schulzeit sei Kühnert nie parteipolitisch in Erscheinung getreten. Dass er Mitglied seiner eigenen Partei ist, erfuhr Harnischfeger erst später, als Kühnert in den Medien auftauchte. Er hat ihn auch nicht als jemanden in Erinnerung, der die Gruppe suchte oder viele Freunde hatte. «Er war als Schüler eher ein Einzelgänger. Er hat sich ein Stück weit darüber definiert, ein Individualist zu sein.» Kühnert ist Schülersprecher, in einem Team mit vier anderen Schülern. Harnischfeger erinnert sich an eine konstruktive Zusammenarbeit mit den Schülervertretern. Gemeinsam organisierten sie Schulaufführungen. An Streitpunkte oder ein Aufbegehren erinnert er sich nicht. Allerdings stellt sich der Schulleiter auch nicht in den Weg, als Kühnert und andere sich etwa den Studierendenstreiks an der nahe gelegenen Freien Universität anschließen oder 2003 gegen den Irakkrieg demonstrieren. Er habe immer Wert darauf gelegt, Schülern viel anzubieten, Wissen, Möglichkeiten, ihnen aber auch Raum zu lassen, um sich zu entwickeln, sagt Harnischfeger.

Kühnert tritt schon sehr früh in die SPD ein, erzählt eine Parteifreundin, Melanie Kühnemann-Grunow. Wie Kühnert stammt sie aus Lichtenrade, sie ist Jahrgang 1972 und seit vielen Jahren Mitglied im Berliner Abgeordnetenhaus. Von 2016 bis 2021 hat Kühnert in ihrem Büro gearbeitet. «Er ist als sehr, sehr junger Teenager, schon mit vierzehn, um unseren Infostand herumgeschlichen und dann bald eingetreten», erinnert sie sich. Das sei schon bemerkenswert gewesen. «Die Vierzehnjährigen rennen uns ja nicht gerade die Tür ein.» Kühnert hilft im Wahlkampf zur Wiederwahl der rot-grünen Regierung von Gerhard Schröder. «Er hatte tausend Ideen, er war sehr innovativ. Er zog mit einem Bollerwagen durch unsere Einkaufsstraße», erinnert sich seine ehemalige Chefin. Auch als er bei den Jusos ist, kommt Kühnert noch häufig zu Sitzungen des Ortsverbands. «Kevin ist ein totaler Vereinsmensch. Er ist da immer präsent gewesen», sagt Kühnemann-Grunow. In den ersten Jahren ist die Sportpolitik Kühnerts Thema. Die Sportflächen in Berlin sind immer zu knapp, Kühnert setzt sich für Hallenzeiten ein und kümmert sich im Kommunalparlament des Bezirks um die Jugend- und Schulpolitik.

Tatsächlich zeigt sich Kühnert nach dem Machtkampf 2019 kooperativ. Vielleicht ist er selbst ein wenig erschrocken angesichts der Tatsache, dass der Coup der Jusos die Koalition sprengen und zu Neuwahlen führen könnte. Die Scholzianer, die neuen Parteivorsitzenden und die Jusos raufen sich zusammen. Gleich am Montag nach der Bekanntgabe des Wahlergebnisses, «nachdem wir ein bisschen gefeiert hatten», erzählt Saskia Esken, trifft sich das Vorsitzenden-Duo im Willy-Brandt-Haus mit Olaf Scholz, um zu besprechen, wie es weitergehen kann. Alle drei seien überzeugt gewesen: «Wir können es nur gemeinsam machen.» In vier Tagen «und vier Nächten», wie Esken sagt, wird ein Leitantrag ausgearbeitet, der auf dem Parteitag am 6. Dezember mit großer Mehrheit angenommen wird. Wirklich raus aus der GroKo will niemand. Man sucht einen Weg, wie alle aus der schwierigen Lage herauskommen, ohne ihr Gesicht zu verlieren. Als Vermittler fungieren nicht zuletzt Politiker der Generation X – Hubertus Heil zum Beispiel. Auch der Scholz-Vertraute Wolfgang Schmidt, Jahrgang 1970, dürfte viel dazu beigetragen haben. Die SPD bleibt in der Regierung, will aber mit der CDU nachverhandeln. Diese Gespräche werden nicht sehr gut laufen, aber bevor es erneut zum Knall kommen kann, hat das Virus das Land bereits fest im Griff.

Für Olaf Scholz ist die Wahl von Esken und Walter-Borjans ein Rückschlag, ihm ist aber auch schnell klar, dass ihm das den Weg zur Kanzlerkandidatur keineswegs verstellt, im Gegenteil. Er kann darauf hoffen, dass die Partei am Ende auf den aussichtsreichsten Kandidaten setzen wird – und das ist er, nicht Esken, nicht Walter-Borjans und auch nicht der dreißigjährige Kühnert.

Und so kommt es auch. Esken, Walter-Borjans, Rolf Mützenich und Lars Klingbeil einigen sich im Juli 2020 im Hinterzimmer der Brasserie Le Bon Mori gegenüber dem Willy-Brandt-Haus auf Scholz als Kanzlerkandidaten, wie der «Tagesspiegel» später berichtet.[10] Kevin Kühnert ist nicht dabei. Er wird erst später davon erfahren.

Mit der Ernennung von Scholz zum Kanzlerkandidaten haben sich die generationellen Machtverhältnisse in der SPD nicht wieder umgekehrt, aber angeglichen. Scholz ist klug genug, Kühnert einzubinden, und Kühnert klug genug, zu sehen, dass seine Partei mit Scholz wohl die besten Chancen hat – und sich damit auch seine Chancen erhöhen, tatsächlich Abgeordneter zu werden. Nach der Bundestagswahl wird er Generalsekretär.

Die Auseinandersetzungen zwischen Jessica Rosenthal, Kevin Kühnert und der Parteispitze, aber auch die Haltung von Aktivisten wie Jakob Blasel sind aufschlussreich, weil sich hier generationelle Machtkämpfe, das Ringen um politische Inhalte und besondere zeitgeschichtliche Umstände überlagern und mischen. Es geht um Einfluss und Repräsentanz – und dabei ist oft schwer zu unterscheiden, ob Nachhaltigkeitsargumente und die Logik der Stichtag-Politik instrumentalisiert oder ernsthaft vorgetragen werden, sei es in der Klimafrage oder in der Frage der Zukunft der SPD. In jedem Fall aber verleihen die zunehmend bedeutendere Rolle der Jungen als gesellschaftliche Minderheit, das gesteigerte Generationenbewusstsein und die Stichtag-Logik den üblichen generationellen Auseinandersetzungen potenziell eine neue Schärfe, in allen Parteien.

Dass der politische Generationenkonflikt nicht vollständig eskaliert, liegt auch an der Art und Weise, wie viele Ältere den Jüngeren gegenübertreten. Es sind nicht mehr die bis ins Letzte Selbstgerechten, sondern Menschen mit Sympathie für Jüngere und die Mittlerrolle der Generation X. Robert Habeck mag manchmal überheblich wirken, sieht sich selbst aber als Anwalt der Interessen der Jungen, ebenso wie Annalena Baerbock.

Hubertus Heil und Wolfgang Schmidt waren maßgeblich daran beteiligt, den Kompromiss zwischen dem Kühnert-Esken-Lager und dem Team Scholz auszuhandeln, der zu neuem Frieden in der Partei führte und mit dazu, dass die SPD in der GroKo blieb. Olaf Scholz verzichtet auf jede Art der Rache, er und sein Team binden Kühnert ein. Und auch Max Lucks und Jessica Rosenthal hatten ältere Förderer, ohne die sie, wie sie selbst sagen, nicht da wären, wo sie jetzt sind.

Bei aller Genervtheit über die Vehemenz der Jüngeren gibt es doch in fast allen Parteien auch eine ehrliche Sympathie für ihre Anliegen. Wolfgang Harnischfeger, Kevin Kühnerts Lehrer und als Schulleiter und Vater ein langjähriger Beobachter generationeller Veränderungen, drückt es so aus: «Diese Generation hat etwas begriffen. Ich habe es verstanden, im Kopf. Aber die haben es wirklich *begriffen*, es geht schließlich um ihre Existenz.»

Insgesamt kann man sagen, dass generationelle Konflikte sich durchaus verschärfen. Sie bilden eine neue Konfliktlinie, die das politische System prägt: Die Stichtag- und Grenzwert-Logik vieler aktueller politischer Aufgaben verstärkt überzeitliche und damit übergenerationelle Verteilungskonflikte. Während die Millennials und die Generation Z als Betroffene agieren, versteht sich die Generation X eher als Beobachter und Vermittler – und wird gerade deshalb von den Jüngeren oft auch als Gegenspieler betrachtet. All das geschieht vor dem Hintergrund eines Parteiensystems, das in einem tiefgreifenden Wandel begriffen ist. Darum soll es im folgenden Kapitel gehen.

7 Deutschland und die sechs Zwerge.
Wie die Zersplitterung des Parteiensystems das Land verändert

Der 1. Oktober 2021 ist ein sonniger, warmer Spätsommertag. An der Ecke Budapester Straße und Kurfürstenstraße in Berlin, gegenüber dem Elefantentor, dem Haupteingang zum Zoo, spuckt die Drehtür eines Bürogebäudes nach und nach eine große Gruppe überwiegend junger Männer und Frauen in identischen schwarzen Kapuzenpullovern aus. «40 Cities, 3 Continents, 1 Firm United» steht darauf. In dem Gebäude kann man temporär Büroräume anmieten, ein Unternehmen hält hier gerade sein jährliches Firmentreffen ab. Viele der Mitarbeiter schauen irritiert, als sie auf die Straße treten, denn um den Eingang herum bilden rund fünfzig Journalisten einen Halbkreis. Kameras und Mikrofone sind auf die Drehtür gerichtet. Die Männer und Frauen in den schwarzen Kapuzenpullovern bahnen sich einen Weg durch die Medienwand, steigen über Kabel, tauchen unter Flatterband durch, sammeln sich etwas abseits und verfolgen das Treiben.

Gegen 13:15 Uhr befördert die Drehtür drei Politiker ins Freie: Annalena Baerbock, Christian Lindner und Robert Habeck, gefolgt von Mitarbeitern und Pressesprechern. Baerbock tritt an die Mikrofone: «Diese Wahl hat uns den Auftrag gegeben, ein neues Bündnis zu schaffen», sagt sie. «Das ist auch ein historischer Moment für unsere Gesellschaft, für unser Land.» Es gehe jetzt darum, einen «Aufbruch» zu schaffen, in einer Dreierkonstellation, «die es so in diesem Land noch nie gegeben hat». Christian Lindner sagt, die Grünen und die FDP seien die Kräfte, die am stärksten für einen Aufbruch aus dem Status quo stünden. Deshalb hätten sie sich entschlossen, zuerst in dieser Konstellation zu sprechen, zwischen den beiden kleineren Partnern. Robert Habeck sagt, er habe das Gefühl, manche Wähler hätten die Befürchtung gehabt, nach der Wahl drohe «ein großes Kuddelmuddel». Die Wähler hätten sich gefragt: «Oh Gott, was haben wir denn da gewählt, was soll denn daraus werden?» Diese Haltung sei seinem Eindruck nach aber einer großen Neugier auf etwas Neues gewichen.

Zwei Tage zuvor haben Baerbock und Habeck sowie der spätere FDP-Verkehrsminister Volker Wissing und Parteichef Christian Lindner ein Selfie auf Instagram gepostet. Es zeigt die vier Politiker in legererer Kleidung und Baerbock mit etwas weniger Make-up als sonst bei ihrem ersten Treffen nach der Wahl. Die Kleidung und der Selfie-typische Bullseye-Effekt verleihen dem Foto etwas Privates. Im Hintergrund sind ein Türrahmen und ein Fenster zu sehen, die eher auf eine Wohnung als auf ein Büro hinzudeuten scheinen. Das Selfie soll wie ein Blick hinter die Kulissen wirken. Ein echter Blick hinter die Kulissen ist es natürlich nicht. Vom Inhalt der Gespräche erfährt man nichts. Auch Wochen später will Baerbock nicht verraten, wo sie sich getroffen haben. Die Geheimhaltung gehört zu dem Narrativ, das den Start dieser Koalition begleitet. Sie ist Teil einer Aufbruch-Inszenierung, die eine politisch unangenehme Tatsache überdecken soll: Es ging gar nicht anders.

Ein alternatives Narrativ, in das man das Werden der Ampel einbetten könnte, heißt «Deutschland und die sechs Zwerge» – es ist die Geschichte von der Fragmentierung des deutschen Parteiensystems. Nach der Bundestagswahl 2021 reicht es für keines der beiden traditionellen «Lagerbündnisse», weder für Rot-Grün noch für Schwarz-Gelb. Eine weitere Große Koalition will niemand, zumal schnell klar wird, dass der CDU eine längere inhaltliche und personelle Neuordnungsphase bevorsteht. Die Ampel soll aber nicht wie eine Zwangsehe aussehen – so wie die letzte Große Koalition unter Angela Merkel, gebildet aus staatspolitischer Verantwortung, um Neuwahlen zu vermeiden, wie niemand müde wurde zu betonen.

Scholz setzt gleich am Tag nach der Bundestagswahl 2021 bei einer Pressekonferenz im Willy-Brandt-Haus einen ganz anderen Ton, dessen Echo bei der eingangs geschilderten Pressekonferenz von Lindner, Baerbock und Habeck ein paar Tage später zu hören ist. Es ist elf Uhr, die Nacht muss kurz gewesen sein. Draußen auf dem Gehweg vor dem Willy-Brandt-Haus an der Stresemannstraße werden noch die Zelte abgebaut, in denen der Wahlsieg gefeiert wurde. Die Berliner Interpretationsmaschinerie läuft seit etwa vierzehn Stunden, und Scholz ist gekommen, um seine eigene Auslegung anzubieten. Er ist im Kanzlermodus, ruhig, bedächtig, fast regungslos, die Stimme monoton. Er habe gut geschlafen, antwortet er auf die Frage eines Journalisten. Er wolle eine sozial-ökologisch-liberale Koalition bilden, sagt Scholz, dies sei genau das richtige Bündnis, um «die Zukunftsaufgaben zu bewältigen, die vor uns stehen». Alle drei Parteien verbinde eine «Fortschrittserzählung».

Ob die Ampel ihr Narrativ lebt, wird sich noch zeigen müssen. Zunächst einmal ist diese Koalition aber kein Wunschbündnis, sondern das Ergebnis eines tiefgreifenden Wandels im deutschen Parteiensystem. Die Parteienlandschaft in Deutschland hat sich stark ausdifferenziert. Die früheren Volksparteien, die über Jahrzehnte entweder miteinander oder mit einem kleineren Partner in klarer Rollenverteilung koalierten, sind geschrumpft, die AfD ist hinzugekommen, Grüne und FDP konnten zuletzt zulegen. Schon 2017 reichte es nach der Bundestagswahl nur für eine Große Koalition oder ein Drei-Parteien-Bündnis. 2021 wird der Umbruch der Parteienlandschaft mit der Ampel-Regierung auf Bundesebene besiegelt.

In den deutschen Bundesländern ist die neue Vielfalt der Koalitionen da längst Realität. Zum Zeitpunkt der Bundestagswahl 2021 werden acht von sechzehn Bundesländern von Drei-Parteien-Koalitionen regiert. Alles ist dabei: Rot-rot-grüne Bündnisse in Berlin, Bremen und Thüringen, eine Deutschland-Koalition in Sachsen-Anhalt, ein Jamaika-Bündnis in Schleswig-Holstein, Kenia (also CDU, SPD und Grüne) in Sachsen und Brandenburg, und die Ampel gibt es zum Zeitpunkt der Bundestagswahl schon in Rheinland-Pfalz. Dietmar Bartsch, Fraktionsvorsitzender der Linken, stellt im Gespräch für dieses Buch trocken fest: «Heute ist das so: Was reicht, wird gemacht.» Die politische Generation X ist die erste, die damit auch auf Bundesebene zurechtkommen muss.

Die diversen neuen Konfliktlinien, die in den vorangegangenen Kapiteln beschrieben wurden, haben zur Auflösung traditioneller Milieus geführt. Schon seit den siebziger Jahren nimmt mit den Neuen Sozialen Bewegungen wie der Umweltbewegung und der Frauenbewegung die Bedeutung von postmateriellen Werten zu. Im Zuge dieses Wertewandels entstehen die Grünen. Die Globalisierung und die kulturellen Konflikte infolge von Migration und des Krieges gegen den Terror führen, wie geschildert, zu Konflikten zwischen geschlossenen, homogenen und kosmopolitischen Gesellschaftsvorstellungen. Diese Ausdifferenzierung schafft auch Raum für die AfD.[1]

Während des Kalten Krieges, so beschreibt es der Politikwissenschaftler Michael Koß, verliefen die großen Konfliktlinien «gebündelt» zwischen relativ fest umgrenzten, in sich geschlossenen Milieus, die als «Lager» beschrieben wurden und sich in ein «Links-rechts-Schema» einordnen ließen. «Antikommunismus und Westbindung fungierten als eine Art ideologische Leitplanken, die alle strukturellen politischen Konflikte einhegten.»[2] Heute, schreibt Koß, hat es Deutschland mit «ungebündelten» Konflikten zu tun, «progressiv-grüne und kosmopolitische Vorlieben» kreuzen sich mit «traditionell-autoritären Lösungen im nationalen Kontext» – allerdings oft quer zu wirtschaftspolitischen Präferenzen. Wie viel Migration soll es geben? Wie homogen soll die Kultur in einem Land sein? Braucht es den Gender-Stern? Diese Konflikte können sich um neue Themen herum ständig neu formieren. Hinzu kommen postfaktische Konflikte: Während der Pandemie ging es etwa darum, wie gefährlich das Coronavirus ist, ob das Impfen sicher ist und ob die Corona-Politik der Bundesregierung etwas bewirkt, Fragen, auf die es eine messbare, eindeutige Antwort gibt, die aber in postfaktischen Parallelwelten dennoch anders beantwortet wurden und zu Verwerfungen bis hin zu Gewalt führten.

Die Gesellschaft ist zersplittert in «Singularitäten», um noch einmal den Lieblingssoziologen der Berliner Politik, Andreas Reckwitz, zu zitieren – und das zeigt sich auch im Parteiensystem. Die politische Generation X ist mit dieser Entwicklung politisch groß geworden – und hat sich angepasst.

Anfang des Jahres 2014 lädt die FDP-Spitze unter dem noch recht neuen Parteichef Christian Lindner die Kreisvorsitzenden zu einer Konferenz nach Erfurt ein. Kurz zuvor, im Herbst 2013, ist die FDP aus dem Bundestag geflogen. Parteichef Guido Westerwelle ist zurückgetreten und hat sein Amt in die Hände des viel jüngeren Christian Lindner gelegt. Nach dem Willen Lindners und seines Generationsgenossen und Vertrauten, des späteren Ampel-Justizministers Marco Buschmann, soll das Treffen der Kreisvorsitzenden der Beginn einer Neuordnung der Partei sein. Zunächst, finden beide, müsse man überlegen, wo genau zwischen den neuen und alten Konfliktlinien man die Partei positionieren wolle.

Vor der Konferenz in Erfurt, erzählt Marco Buschmann im Vorwort zu seinem Buch, hätten er und Christian Lindner sich über ein weißes Blatt Papier gebeugt. «Christian zeichnete.» Es entsteht die Skizze eines Koordinatensystems mit einer X- und einer Y-Achse, die die Konfliktlinien in der Gesellschaft abbilden sollen. In den vier Quadranten werden die Parteien, auch die FDP, platziert. Auf die X-Achse setzen die beiden den Konflikt zwischen jenen Wählern, die eher dem Kollektiv vertrauen, und jenen, die eher auf individuelle Freiheit Wert legen. Auf der Y-Achse platzieren sie oben den gesellschaftlichen Wunsch nach Fortschritt, unten die Angst vor Veränderung. «Neophilie» und «Neophobie» wird der fremdwortaffinere Marco Buschmann das in seinem Buch nennen. Die FDP solle sich im ersten Quadranten verorten, also in dem Feld oben rechts, in dem sich Fortschritt und individuelle Freiheit überschneiden. Das Projekt Wiederaufbau der FDP habe deshalb intern auch «Projekt Q1» geheißen, schreibt Lindner.[3]

Auch die SPD bemühte sich nach der verlorenen Wahl 2017 intensiv um eine Analyse und Neuaufstellung der Partei, angeleitet von dem Generation-X-Politiker Lars Klingbeil. In dem öffentlich zugänglichen Bericht, den eine Kommission im Auftrag Klingbeils und des SPD-Präsidiums erarbeitete, erinnern die Autoren daran, dass soziodemografische Merkmale wie der Beruf heute weit weniger beeinflussen, wie jemand wählt, «als landläufig – und von vielen politischen Strategen – angenommen». Ein gemeinsames Verständnis von Arbeiterklasse gebe es nicht mehr, urteilen sie, bisweilen teile die Fließbandarbeiterin mehr Einstellungen mit dem Akademiker als mit dem Dachdecker. «In einem ausdifferenzierteren Parteiensystem und einer heterogeneren Gesellschaft müssen sich die Politstrategen von den alten Blaupausen lösen und einen neuen Blick auf die Gesellschaft zulassen, um langfristig wieder erfolgreich operieren zu können.»[4]

Das Koordinatensystem, das Lindner und Buschmann 2014 auf einem Blatt Papier skizzieren, ist mitnichten neu. Seit die beiden Soziologen Seymour Martin Lipset und Stein Rokkan 1967 den bis heute prägenden Begriff der «cleavages», der politischen Konfliktlinien, erfanden, um die Ordnung von Parteiensystemen zu erklären, arbeiten Politikwissenschaftler mit solchen Koordinatensystemen, heute meist mit einem zweidimensionalen. Die

X-Achse Staat–Markt (bei Lindner und Buschmann Kollektiv–Individuum) wird auch in der Politikwissenschaft durch eine Y-Achse ergänzt. Darauf steht oben etwa Weltoffenheit, wahlweise bezeichnet als «liberal», «multikulturell», «kosmopolitisch», «progressiv», «offen» oder eben «neophil». Am unteren Ende der Y-Achse steht Weltvorsicht, wahlweise bezeichnet als «konservativ», «autoritär», «national», «heimatverbunden» oder eben «neophob». So entstehen, wie in Lindners und Buschmanns Zeichnung, vier Quadranten, in denen sich die Parteien anordnen lassen. Und tatsächlich wird die FDP zumeist in «Q1» verortet, während sich SPD, Grüne und Linke tendenziell im zweiten Quadranten finden (in der Darstellung links oben), CDU/CSU und AfD im vierten (rechts unten).[5]

Für die Parteien selbst ergeben sich neue Konflikte. In den vergangenen Jahren war immer wieder zu beobachten, wie Parteien mit sich ringen, wenn sich bei bestimmten Themen die «ungebündelten» Achsen für sie ungünstig überschneiden oder quer durch die Traditionswählerschaft verlaufen. Ein Beispiel ist die Richtungssuche der SPD in der Migrationskrise. Einerseits neigt die Partei aus ihrer humanistischen, egalitären Perspektive dem multikulturellen, kosmopolitischen Pol zu. Da man aber lange Zeit glaubte, gerade die traditionellen Arbeitermilieus seien gegenüber Zuwanderung negativer eingestellt, auch aus Angst vor Konkurrenz auf dem Arbeitsmarkt oder um Sozialleistungen, gab es auch Stimmen, die für eine restriktivere Zuwanderungspolitik plädierten.[6]

Der Umbruch im Parteiensystem und die Schwächung der Milieus sorgen auch für eine Schwächung der Parteibindung. Besonders die beiden ehemaligen Volksparteien CDU/CSU und SPD haben seit Mitte der achtziger Jahre massiv an Mitgliedern verloren. Die SPD hat sich mehr als halbiert, die CDU hat 44 Prozent, die CSU 24 Prozent ihrer Mitglieder verloren.[7] Grüne und AfD konnten stark zulegen, die FDP hat ihre Mitgliedschaft auf ähnlichem Niveau gehalten.

Gleichzeitig steigt die Zahl der Wechselwähler. Laut einer Studie der CDU-nahen Konrad-Adenauer-Stiftung vom Sommer 2021 ist nur noch jeder Vierte fest an eine Partei gebunden. Die meisten Wähler können sich gut vorstellen, auch einmal eine andere Partei zu wählen. Das größte Austauschpotenzial sieht die Studie zwar noch immer zwischen den alten «Lagern», das heißt zwischen Grünen und SPD beziehungsweise CDU und FDP, aber immerhin jeder fünfte CDU-Wähler würde auch die Grünen wählen und umgekehrt.[8] Für die Parteien bedeutet das, dass sie die Wähler tatsächlich immer wieder neu gewinnen müssen. Für die Demokratie muss das nichts Schlechtes sein. Bürger, die sich informieren und eine bewusste Entscheidung treffen, entsprechen schließlich eher dem demokratischen Ideal als eine Wählerherde, die je nach Konfession, Wohnort oder Beruf ohnehin immer an derselben Stelle das Kreuz macht. Die neue Volatilität birgt aber auch Gefahren.

Wie Michael Koß unter Bezug auf den Politikwissenschaftler Giovanni Sartori schreibt, ist ein ausdifferenziertes Parteiensystem dann problematisch, wenn es dem Modell des «polarisierten Pluralismus» entspricht, wenn also «viele Parteien miteinander konkurrieren, die zudem eine große ideologische Distanz voneinander trennt».[9] Wie schwierig es sein kann, in einem solchen Raum zu navigieren, zeigte sich Anfang 2020 in Thüringen. Am 5. Februar 2020 wird im Thüringer Landtag ein Kandidat der FDP, Thomas Kemmerich, mit den Stimmen von FDP, CDU und AfD zum Ministerpräsidenten gewählt, obwohl die FDP die Fünf-Prozent-Hürde nur knapp genommen hat. Es ist ein Tabubruch, der die Republik rund vier Wochen lang in politisches Chaos stürzt und lange nachwirkt. Mit den Ereignissen in Thüringen hat dieses Buch begonnen – und es lohnt, sich noch einmal genauer damit zu befassen, weil es zeigt, welche potenziellen Gefahren im Sechs-Parteien-System lauern und wie schwierig es für die politische Generation X ist, sich in diesem Feld zurechtzufinden, in diesem Fall nicht zuletzt für Christian Lindner.

Bei der Landtagswahl in Thüringen im Oktober 2019 sind sowohl die AfD (22 Prozent) als auch die Linke (29 Prozent) so stark, dass keine Mehrheit im Parlament ohne eine der beiden Parteien möglich ist. Die FDP schließt ein mögliches Viererbündnis aus Linken, Grünen, SPD und FDP allerdings aus, während die CDU-Spitze umgehend an den Unvereinbarkeitsbeschluss der Partei von 2018 erinnert. Darin heißt es: «Die CDU Deutschlands lehnt Koalitionen und ähnliche Formen der Zusammenarbeit sowohl mit der Linkspartei als auch mit der Alternative für Deutschland ab.» In diesem Beschluss findet Ausdruck, was Michael Koß beschreibt, ein «polarisierter Pluralismus» – die ideologische Distanz ist so groß, dass jede Form der politischen Zusammenarbeit unmöglich erscheint. Für die politische Stabilität auf Bundesebene hat der CDU-Beschluss bislang keine praktische Rolle gespielt, da sowohl die Linke als auch die AfD bundesweit zu schwach sind. Die Bildung von Koalitionen war und ist immer auch ohne sie möglich. In Thüringen hatten die Wähler beide Parteien derart gestärkt, dass das nicht mehr so war.

In den Wochen nach der Wahl werden alle möglichen Modelle diskutiert. Eine rot-schwarze Regierung unter dem Thüringer CDU-Chef Mike Mohring, eine «israelische Lösung», bei der der Ministerpräsident zwischen Linken und Schwarzen zur Mitte der Legislatur wechselt. Der stellvertretende Fraktionsvize der CDU in Thüringen, Michael Heym, bringt sogar eine Koalition von CDU, FDP und AfD ins Spiel.[10] Am Ende findet keine dieser Lösungen die nötige Zustimmung in den Parteien. Der linke Ministerpräsident Bodo Ramelow erklärt schließlich, eine Minderheitenregierung mit Grünen und SPD schließen zu wollen, und stellt sich am 5. Februar der Wahl im Parlament. Im dritten Wahlgang würde ihm dort eine einfache Mehrheit reichen.

Doch im Januar 2020 erklärt auch die AfD, sie werde bei der Wahl im Landtag einen Kandidaten für das Ministerpräsidentenamt aufstellen. Das setzt CDU und FDP unter Druck, ebenfalls einen Kandidaten zu ernennen. Der Journalist Martin Debes hat die Ereignisse vor und nach der Wahl Kemmerichs in seinem Buch «Demokratie unter Schock» minutiös nachgezeichnet. Er erzählt, wie CDU und FDP innerlich ringen. In beiden Parteien ist die ideologische Ablehnung der Linken stark, es gibt den Wunsch, ein Zeichen gegen die erneute Wahl Ramelows zu setzen und einen wahrhaft bürgerlichen Gegenkandidaten aufzustellen. Von Anfang an hegen manche den Verdacht, dass die AfD-Kandidatur eine Falle sein könnte, es sei möglich, dass die Fraktion im dritten Wahlgang nicht den eigenen, sondern einen CDU- oder FDP-Kandidaten mitwählen könnte, um so einen Präzedenzfall zu schaffen: einen von der AfD mitgewählten Ministerpräsidenten, eine Überschreitung der Kooperationsverbote, die sich alle anderen Parteien auferlegt haben. Davor warnt unter anderem die damalige CDU-Vorsitzende Annegret Kramp-Karrenbauer, und die Thüringer CDU sieht schließlich von der Aufstellung eines Kandidaten ab. Thomas Kemmerich aber, Spitzenkandidat der FDP in Thüringen, schlägt alle Warnungen in den Wind. Er lässt sich aufstellen.[11]

Tatsächlich wird Ramelow in den ersten beiden Wahlgängen nicht gewählt, und tatsächlich schnappt die Falle im dritten Wahlgang zu: Der AfD-Kandidat erhält null Stimmen, Thomas Kemmerich von der FDP hingegen die meisten, eine Stimme mehr als Bodo Ramelow. Die Abgeordneten der AfD haben geschlossen gegen ihren eigenen Kandidaten und für Kemmerich gestimmt. Thomas Kemmerich wird somit der erste von der AfD mitgewählte Ministerpräsident in Deutschland. Er nimmt die Wahl an. Noch unterstrichen wird der Dammbruch dadurch, dass der rechtsextreme Thüringer AfD-Fraktionschef Björn Höcke Kemmerich im Plenum die Hand zur Gratulation reicht – und dieser einschlägt. Die thüringische Linken-Politikerin und Fraktionsvorsitzende Susanne Hennig-Wellsow wirft Kemmerich einen Blumenstrauß vor die Füße.

Politiker aller Parteien, Kommentatoren und Historiker sind

geschockt. Diskutiert wird unter anderem über die These, es habe eine Absprache zwischen FDP, CDU und AfD gegeben – was bis heute nicht belegt ist. Martin Debes, der mit so gut wie allen Beteiligten gesprochen hat und viele Dokumente einsehen konnte, glaubt nicht an ein Komplott. Er sieht vielmehr eine Mischung aus Prinzipien, Idealen, Ambitionen, aber auch «Dreistigkeit, Dickköpfigkeit und Dummheit» am Werk.[12] Debes vergleicht die Akteure in Anspielung auf ein Buch des Historikers Christopher Clark über die Geschehnisse, die zum Ersten Weltkrieg führten, mit Schlafwandlern.[13] Auch Carsten Schneider, der selbst aus Erfurt stammt und viele der Protagonisten kennt, meint, die Akteure hätten vor allem die Reaktionen völlig unterschätzt. Es gebe in Thüringen auf lokaler Ebene und im Landtag eine «Fraternisierung» zwischen einzelnen Politikern der CDU und Abgeordneten der AfD, die so in Berlin und im Bundestag nicht denkbar wäre. Man sitze zusammen bei Schützenfesten oder beim Karneval, man kenne sich teils schon lange und finde sich menschlich, wenn auch nicht politisch, in Ordnung. Die Berührungsängste sind hier viel geringer, und so wurden die Ereignisse im Thüringer Landtag viel weniger als ein Tabubruch wahrgenommen als in Berlin und im übrigen Deutschland. Derjenige, der das hätte vorhersehen und klarstellen können, Christian Lindner, hat das offenbar nicht getan, so beschreibt es zumindest Debes.

Nach der Wahl wird in Berlin und Thüringen fieberhaft darüber nachgedacht, ob und wie man das Geschehene ungeschehen machen könnte. Die Kanzlerin höchstselbst lässt verlauten, dieser Zustand sei «unverzeihlich», das Ergebnis müsse «wieder rückgängig gemacht» werden. Merkel war zwei Tage vor der Ministerpräsidentenwahl nach Südafrika geflogen. In Pretoria tritt sie vor die Kameras, um die Ministerpräsidentenwahl in Thüringen zu kommentieren. Hinter den Kulissen in Berlin wird Druck aufgebaut, nicht zuletzt auch von der SPD. Laut Martin Debes ruft Angela Merkel Christian Lindner an und erklärt, er müsse sofort dafür sorgen, dass Kemmerich zurücktritt. Debes berichtet auch, dass die SPD-Spitze im Koalitionsausschuss mit einem Ende der Koalition droht, sollte Kemmerich nicht zurücktreten. Merkel ruft Lindner noch einmal an.[14]

Die FDP insgesamt findet erst nach und nach zu einem energischen Umgang mit diesem ersten Super-GAU des deutschen Sechs-Parteien-Systems. Der stellvertretende Parteivorsitzende Wolfgang Kubicki freut sich zunächst öffentlich über den «großartigen Erfolg» für den «Kandidaten der demokratischen Mitte». Christian Lindner soll die Gefahr einer Falle zwar schon vor der Ministerpräsidentenwahl im Thüringer Landtag gesehen haben, schreibt Martin Debes, er habe aber in einem Telefonat mit Kemmerich zugestimmt, dass dieser im dritten Wahlgang antritt – unter der Bedingung, dass es einen eigenen AfD-Kandidaten gibt. Eine SMS von Annegret Kramp-Karrenbauer, die Lindner am Abend vor der Wahl noch einmal vor dem Szenario warnt, die AfD könne Kemmerich mitwählen, leitet Lindner nur an Kemmerich weiter.[15]

Nachdem alles anders gekommen ist als gedacht, tritt Christian Lindner in Berlin vor die Presse. Der Tag der Wahl im Thüringer Landtag, es ist 16:22 Uhr. Das kurze Statement ist ein kleines Kunstwerk der bestimmten Unbestimmtheit, Rückfragen lässt Lindner nicht zu. Er bezeichnet die Unterstützung der AfD als «überraschend» und sagt, die Landtagsfraktion in Thüringen handele «eigenständig». Eine Zusammenarbeit mit der AfD werde es nicht geben. Lindner verurteilt die Geschehnisse, fordert Kemmerich aber auch nicht, wie die Kanzlerin, öffentlich auf, die Wahl «rückgängig» zu machen. Er stellt seinen Parteivorsitz zur Disposition: «Ich persönlich würde nicht Bundesvorsitzender einer Partei sein können, die eine wie auch immer geartete Kooperation mit der AfD nicht klar ausschließt.» Dann aber appelliert er an Union, SPD und Grüne, mit der «neuen Regierung» zu sprechen. Kooperation sei möglich, wenn nicht, müsse es Neuwahlen geben. Lindner scheint da noch zu glauben, Kemmerich könne vielleicht irgendwie im Amt bleiben.

Thomas Kemmerich sagt in seiner ersten improvisierten Pressekonferenz, Lindner habe ihm gratuliert und ihm «gute Nerven» gewünscht.

Unterdessen steigt der öffentliche Druck. Vor FDP-Parteizentralen und vor dem Landtag in Erfurt sammeln sich Demonstranten. Die Welt erfährt von den Ereignissen und erkennt den «Tabubruch» schneller als mancher deutsche Politiker. Die «New York Times» berichtet. Besorgte Regierungschefs aus europäischen Nachbarländern melden sich öffentlich zu Wort.

Einen Tag später fährt Christian Lindner, wie eingangs geschildert, nach Erfurt. Er trifft Kemmerich in der Staatskanzlei, und kurz darauf gibt Kemmerich bei einer improvisierten Pressekonferenz seinen Rücktritt bekannt. «Demokraten brauchen demokratische Mehrheiten», sagt er. Bei einer separaten Pressekonferenz sagt Lindner, Kemmerich habe «die einzig richtige Entscheidung getroffen». Er habe sich «aus der Abhängigkeit der AfD» befreit.[16]

Gut eine Woche später entschuldigt sich Christian Lindner im Bundestag. «Wir sind verletzt, weil wir Zweifel an unserer Haltung als demokratische Partei der Mitte zugelassen haben», sagt er. «Und wir sind beschämt, weil wir der AfD ermöglicht haben, uns und darüber hinaus die parlamentarische Demokratie zu verhöhnen. Und dafür entschuldige ich mich namens der Freien Demokraten.» Er habe Kemmerich keineswegs gratuliert. Und er verweist darauf, sein Amt als Parteivorsitzender zur Disposition gestellt zu haben.

In der Geschichte mit dem Titel «Deutschland und die sechs Zwerge» bildet der 5. Februar 2020 einen dramatischen Höhepunkt – aber er führt auch zu einer Klärung. Denn, so schreibt Martin Debes, «nun wurde die Grenze zwischen den beiden bürgerlichen Parteien CDU und FDP auf der einen Seite und der extremen AfD auf der anderen Seite neu und hart gezogen».[17] Zugleich waren die Ereignisse von Thüringen – nach den gescheiterten Jamaika-Verhandlungen von 2017 – eine Übung, die für die Bildung der Ampel wichtig war. Hier ging so ziemlich alles schief, was schiefgehen kann, und es zeigte sich, wie viele auch mit allen Wassern gewaschene Politiker noch mit den neuen Verhältnissen haderten. In dem Wunsch, sich als bürgerliche Kraft zu profilieren, riskierte die FDP viel. Vielleicht war es das Hasardeur- und Spielerhafte in Christian Lindner, das ihn dazu brachte, es auf einen Versuch ankommen zu lassen oder zumindest im Vorfeld nicht klarer dazwischenzugehen. Das Risiko war enorm, der mögliche Gewinn letztlich nur ein politischer PR-Gag im Wettstreit um das Label «bürgerlich».

Gut denkbar ist, dass hier für einige noch einmal deutlich wurde, wie groß die Schwierigkeiten in einem Vielparteiensystem werden können, wenn zu viele Koalitionsmöglichkeiten zu früh ausgeschlossen werden, wenn das Parteiensystem also dem Modell des «polarisierten Pluralismus» zuneigt. Im Bundestagswahlkampf jedenfalls vermied es Christian Lindner daraufhin konsequent, eine Ampel kategorisch auszuschließen. Er betonte immer wieder, dass er eine Regierung mit der Union vorziehen würde, formulierte aber keine Absage an das Bündnis mit SPD und Grünen, selbst dann nicht, als die Union ihre Kampagne gegen die FDP richtete und versuchte, sie als Portier einer «linken» Regierung darzustellen, in der Hoffnung, den Liberalen Stimmen aus dem bürgerlichen Milieu abzunehmen und Lindner zu einer harten Koalitionsaussage zu drängen. Hätte Lindner eine Ampel-Regierung vor der Wahl kategorisch ausgeschlossen, wäre es nach der Wahl vielleicht nicht so chaotisch geworden wie 2020 in Thüringen – aber doch ziemlich ungemütlich.

Trotz Thüringen, trotz der unübersehbaren Untiefen und obwohl die Mehrheitsbeschaffung komplizierter ist als früher, scheinen die neuen Verhältnisse allerdings nur wenige Politiker der Generation X zu schrecken, im Gegenteil.

Sicher, bei Vertretern der ehemals großen Volksparteien ist noch Nostalgie zu spüren und auch so etwas wie strategischer

Trotz. Selbst jemand wie Kevin Kühnert, der vielen in seiner eigenen Partei als Individualist gilt, kommt regelrecht ins Schwärmen, wenn er über die Bindekraft der Volksparteien spricht. «Ich schätze, gerade in diesen individualisierten Zeiten, die Kraft von Großorganisationen», sagt er. «Ich bin gerne in einer Partei. Ich glaube, dass es gegen das Zeitgefühl etwas ganz Notwendiges ist, diese Kompromisse zu suchen und nicht gleich beim ersten Widerstand zu sagen: Das ist nicht mehr genug meine Position, ich suche mir jetzt eine kleinere Kleinstgruppe, in der ich mich pudelwohl fühle.» Die stellvertretende Generalsekretärin der CDU, Christina Stumpp, betont bei einem Gespräch im Dezember 2021, sie sei sicher, dass die Union wieder deutlich über 30, vielleicht sogar 40 Prozent erreichen könne. Das müsse der Anspruch bleiben.

Jüngere Politikerinnen und Politiker bei FDP und Grünen hingegen – man kann es nicht anders sagen – sind regelrecht begeistert von den Entwicklungen. Kein Wunder, sind sie doch die Gewinner des Wandels. In einem Papier, das die Noch-nicht-ganz-Ampel-Koalitionäre am 15. Oktober 2021 zum Abschluss der Sondierungen veröffentlichen, steht: «Wir sehen keine kleinen und großen Parteien, sondern gleichberechtigte Partner auf Augenhöhe.» Dieser Satz beschreibt tatsächlich eine andere Welt als jene von Gerhard Schröder, der dröhnte, in seiner rot-grünen Regierung sei klar, wer «Koch» und wer «Kellner» ist. Heute sprechen jüngere Politiker von den «Volksparteien» mit hörbaren Anführungszeichen.

Marco Buschmann etwa sagt gleich dazu: «wenn man das noch so nennen kann». Das Stabilitätsargument lässt er nicht gelten. Ja, ältere Politiker nähmen die neue Welt als problematisch wahr, er kennt die Verweise auf die zersplitterte Parteienlandschaft der Weimarer Republik. Ältere sähen oft weiterhin das Zwei-Parteien-System der alten Demokratien in Großbritannien und den USA als Vorbild. Aber am Ende seien das doch genau die Systeme, in denen Populisten an die Macht kamen, während

Deutschland zwar eine AfD hat, die aber nicht regiert. Aus Buschmanns Sicht ist das Sechs-Parteien-System vielleicht sogar besser geeignet, die Probleme zu absorbieren, die durch die «ungebündelten» Konfliktlinien entstehen. «Vielleicht», meint er, «ist der notwendige, aber doch sehr große Kompromiss in den Volksparteien in einer individualisierten Gesellschaft gar nicht mehr geeignet, echte Beteiligung zu erzeugen.»

Ricarda Lang, Jahrgang 1997, Bundesvorsitzende der Grünen, argumentiert ähnlich: «Die Zeiten, in denen sich sehr viele Menschen hinter dem größtmöglichen Kompromiss versammeln lassen, sind vorbei.» Die Klimakrise oder die explodierenden Mieten erforderten klarere und radikalere Antworten, als sie Volksparteien zu geben bereit seien.

Kurz vor der Bundestagswahl ist eine neue Ausgabe des Lehrbuchs «Das politische System der Bundesrepublik Deutschland» erschienen, der Nachfolger des «Rudzio», mit dem Studierende der Generation X groß geworden sind. Darin unterteilen die Autoren Florian Grotz und Wolfgang Schroeder die Entwicklung des deutschen Parteiensystems in vier Phasen. Seit 2005 gebe es ein «dynamisches Vielparteiensystem mit Tendenz zur Großen Koalition», da zumindest auf Bundesebene die Schwäche der beiden ehemaligen Volksparteien bis 2021 immer noch dazu führte, dass letztlich diese Parteien paktierten. Möglich, dass in der nächsten Ausgabe dieses Lehrbuchs bereits eine weitere Phase des deutschen Parteiensystems festgestellt werden muss: ein «dynamisches Vielparteiensystem mit wechselnden Regierungen von mindestens drei Parteien».[18]

Dass Dreierbündnisse im Bund auch in den nächsten Jahren wahrscheinlich bleiben, liegt aber auch an der politischen Generation X. Sie ist wie keine zuvor für diese komplizierte Lage gemacht – und hat im Lebensraum Berlin schon vor der Bundestagswahl die Voraussetzungen für die überparteiliche Zusammenarbeit geschaffen. Es liegt an einer anderen Arbeitsweise, an einem anderen Blick auf Politik gerade unter Politikern der

Generation X, an der zunehmenden Durchlässigkeit und Gesprächsfähigkeit zwischen den Parteien. Um all das soll es in den folgenden Kapiteln gehen.

TEIL II

Die ungeschriebenen Gesetze
der Berliner Republik.
Eine Alltagssoziologie der
neuen politischen Klasse

8 Elite wider Willen. Vom Überleben in der Berliner «Bubble»

Am Abend des 9. September 2021 stellt der Pianist Igor Levit in Berlin sein neues Album vor. Levit hat Präludien und Fugen von Dmitri Schostakowitsch eingespielt. Das neue Album präsentiert er in der Ausstellung «Diversity United», die zeitgenössische Kunst aus ganz Europa zeigt, und zwar in den Hangars 1 und 2 des alten Flughafens Tempelhof, des Luftbrücke-Flughafens: weiße Stellwände auf rohem Beton, hier und da sind gelbe Markierungen aus der Zeit zu sehen, als hier noch Flugzeuge parkten. Der industrielle Charme von Stahlträgern und gekachelten Wänden ist geblieben, so ist Berlin, ein bisschen rau, ein bisschen zugig, verratzt und historisch bedeutungsschwanger zugleich. Der Flügel, auf dem Levit an diesem Abend spielt, so ist es auf Pressefotos zu sehen, ist vor Anselm Kiefers Installation «Winterreise» platziert, ein düsteres Werk, das Bilder von kahlen Bäumen im Schnee um ein Lazarettbett gruppiert. Der Pianist, teilt Sony Classic mit, spielt vor geladenem Publikum vier Stücke und spricht mit dem «Times»-Journalisten Neil Fisher über seine Beziehung zu Schostakowitsch.

Unter den Gästen ist an diesem Abend auch Wolfgang Schmidt, zu diesem Zeitpunkt, drei Wochen vor der Bundestagswahl, noch Staatssekretär im Bundesfinanzministerium, heute Chef des Bundeskanzleramts. Eine schöne Abwechslung sei das Konzert gewesen, sagt Schmidt bei einem Gespräch einige Wochen später, während er in dem Kalender auf seinem Handy noch mal zum 9. September 2021 zurückblättert und nachschaut, was er an diesem Tag alles gemacht hat. Eine Sitzung des Verwaltungsrats der Deutschen Welle, ein digitales Treffen der G7-Finanzminister. Ach, ja, und am Vormittag hat die Staatsanwaltschaft Osnabrück das Justiz- und das Finanzministerium durchsucht, im Zuge von Ermittlungen gegen eine Einheit zur Bekämpfung von Geldwäsche, die dem Finanzministerium unterstellt ist. Deswegen musste er ein, zwei weitere Termine absagen, um zu telefonieren. Nur zweieinhalb Wochen vor der Wahl und wenige Tage vor dem zweiten TV-Triell ist die Schlagzeile «Durchsuchung in Scholz' Finanzministerium» eigentlich eine Vollkatastrophe für den Kanzlerkandidaten, die SPD und seinen Vertrauten Schmidt. Schmidt sagt, es sei «ein Tag wie jeder andere» gewesen, halt eines von vielen Problemen, die er managen muss. Jedenfalls kein Grund, das Konzert am Abend abzusagen.

Schmidt und Levit haben sich in der Corona-Zeit angefreundet. Nach dem Konzert schnacken sie noch eine ganze Weile. Direkt im Anschluss, noch am Ort – der normale, werktätige Berliner geht da gerade ins Bett – hat Schmidt eine Schalte mit SPD-Generalsekretär Lars Klingbeil zum Wahlkampf. Danach fährt er vom Flughafen Tempelhof weiter nach Mitte. In Clärchens Ballhaus – noch so eine coole Berliner Event-Location – lädt die Zentralredaktion der Funke-Mediengruppe zu einem Empfang. Dort ist unter anderem der Chefredakteur des zur Gruppe gehörenden «Hamburger Abendblatts», der Journalist plant gerade ein Buch über Schmidts Freund und Chef Olaf Scholz.

Schmidt wiederum ist nicht der einzige Politiker, mit dem Igor Levit gut bekannt ist. Seit einigen Jahren ist der Star-Pianist eine wichtige Stimme im linksliberalen Teil des politischen Berlin. Er ist mit Claudia Roth eng befreundet, der grünen Staatsministerin für Kultur, er kennt Konstantin von Notz gut, den grünen Innenpolitik-Experten, er trifft sich auf Anraten seines Freundes

Michel Friedman mit dem jungen FDP-Politiker Johannes Vogel – der im Dezember 2021 dann stellvertretender Fraktionsvorsitzender wird –, weil Friedman den als interessanten und klugen Gesprächspartner kennengelernt hat. Levit ist sehr gut befreundet mit dem früheren «Spiegel»-Journalisten Georg Diez, jetzt Chefdenker eines Thinktanks, der die sozial-ökologische Wende voranbringen will. Und so weiter. Man kennt sich.

Berlin ist eine Frage der Perspektive. Vom Ausland aus betrachtet, ist die deutsche Hauptstadt ganz anders als Brüssel, Washington, Paris, London. Im Vergleich zu anderen Hauptstädten ist Berlin vergleichsweise deutsch-bodenständig und unhysterisch, weniger schrullig und auf andere, fleißigere Art eitel. Von Erfurt aus betrachtet aber – es war schon die Rede davon – oder auch von Gelsenkirchen oder Peine aus, ist Berlin weit weg. Oder besser: das politische Berlin, denn die Perspektive der Menschen im Stadtteil Lichtenrade ist eher die derer in Peine.

So unaufgeregt die politische Kultur in Deutschland im internationalen Vergleich sein mag, eine «Bubble», eine verkapselte Subgesellschaft, gibt es dennoch. Diese Welt gehorcht eigenen Codes und Regeln, die für Außenstehende manchmal nur schwer zu verstehen sind. Es ist letztlich eine kleine Welt, ein politisches Dorf, in dem fast jede jedem schon einmal begegnet ist. Man trifft sich auf Podien und trinkt danach gelegentlich noch ein Glas Wein. Man sieht sich im Plenum, aber auch bei einem halb privaten Abendessen, bei einem Verbandsempfang, bei einem der Feste, die Medienunternehmen veranstalten, oder beim Sommerfest eines der Ministerien oder einer der Landesvertretungen oder beim Bundespresseball. Man trifft sich im Café Einstein Unter den Linden oder im Restaurant Borchardt in der Französischen Straße oder auch gerade nicht dort, weil das abgelutscht ist und man nicht gesehen werden will oder nicht den Eindruck erwecken will, man wolle gesehen werden. Man begegnet sich in der Maske einer politischen Talkshow – wobei es gut sein kann, dass dieser CDU-Politiker, der einen immer schon wahnsinnig gemacht hat, beim Abpudern eine so dämliche Bemerkung macht, dass man schon ganz gereizt vor die Kamera geht und richtig vom Leder zieht, obwohl man sich doch vorgenommen hatte, ruhig zu bleiben, wie ein SPD-Politiker erzählt. Es ist eine hektische, von Tickermeldungen getaktete Welt, in der Menschen wie Wolfgang Schmidt zu Hause sind, die selbst an einem Tag wie dem 9. September 2021, als ein vielversprechender Wahlkampf plötzlich eine neue, unerwünschte Wendung nehmen könnte, am Abend noch Schostakowitsch hören und mit einem politischen Künstler plaudern – oder gerade deswegen. In ihrem Zentrum stehen die Politikerinnen und Politiker, zu ihren Sphären gehören aber auch die Journalisten, die Lobbyisten, die Denkfabrikanten. Es ist eine Welt, die so klein ist, dass der frühere Bundesgesundheitsminister Jens Spahn mal dem heutigen Bundesfinanzminister Christian Lindner eine Wohnung vermietet hat und dass derselbe Christian Lindner erst eine bekannte «Welt»-Journalistin und dann eine bekannte RTL-Journalistin heiratet.

Gleichzeitig ist das Klischee von der Bubble Berlin aber auch genau das – ein Klischee. Die Realität sieht oft anders aus, nicht zuletzt, weil viele Politikerinnen und Politiker der Generation X die persönlichen Gefahren, die in der Bubble lauern, durchaus sehen – und versuchen, sich abzugrenzen, nicht darin auf- und unterzugehen. Sie erkennen auch die politische Gefahr, die etwa darin liegt, dass Berlin von den Bürgerinnen und Bürgern als Bubble wahrgenommen werden könnte, und bemühen sich zumindest gegenzusteuern.

Wolfgang Schmidt und Igor Levit sind ein guter Ausgangspunkt, um die Bubble ein wenig zu erkunden. Der eine, Schmidt, ist der vielleicht bubbeligste Politiker von Berlin, er ist, oder war es zumindest in früheren Funktionen, einer der Gastgeber und Architekten der Netzwerke, die sich hier bilden. Der andere, Levit, ist ein eher untypischer Bewohner der Bubble, der von ihr regelrecht eingesogen wurde. Man hat den Eindruck, dass er manchmal immer noch nicht so recht weiß, was er davon halten soll.

Zum Gespräch, bittet Igor Levits PR-Managerin, möge man bitte nach Prenzlauer Berg kommen. Der Treffpunkt ist ein hübsch sanierter Berliner Altbau, im Erdgeschoss hat eine Produktionsfirma ihr Studio, da hat Levit gerade mit der Journalistin und Talkshow-Gastgeberin Sandra Maischberger einen Podcast aufgenommen. Der Pianist trägt einen schwarzen Kapuzenpullover, und bevor es losgeht, muss er noch mal zurück, Brille vergessen. Früher sah er mal aus, wie es für die Klassikszene typisch ist: adrett, gut gebügelt. Seit ein paar Jahren sieht er, nun ja, berlinerischer aus, unrasiert, mit Goldrandbrille. Er wirkt wie ein sehr sensibler, sehr begeisterungsfähiger Mensch, mit hochempfänglichen Drähten für alles, was um ihn herum geschieht, ein Anregungshungriger.

Mit dieser Sensibilität beginnt auch seine Politisierung, wobei ein Freund, der Journalist und Kulturkritiker Georg Diez, eine nicht ganz unwichtige Rolle gespielt hat. Zuvor drehte sich sein Leben vor allem um die Klassikszene. Mit Diez fängt er an, über Politik zu sprechen, er saugt auf, was der Freund sagt, er liest die Bücher, die er liest. Auch ihn prägen die politischen Schockerlebnisse der Merkel-Ära. Er verfolgt den Lehman-Crash, die Finanzkrise, die Occupy-Bewegung, es macht ihn wütend. Er findet, dass Teile der deutschen Politik in dieser Phase «ressentimentgeladen» agieren, dass sie einen Keil zwischen die europäischen Länder des Nordens und die des Südens treiben.

Bekannt wird Levit als politischer Künstler am Tag nach der Wahl Donald Trumps. Am Wahlabend hat er ein Konzert in London gespielt, die Nacht verbringt er mit einer Freundin vor dem Fernseher, bis Trumps Sieg in den frühen Morgenstunden des Folgetages europäischer Zeit feststeht. Wiederum einen Tag später soll er im Brüsseler Palais des Beaux-Arts Beethoven-Sonaten spielen. Bevor er beginnt, hält er eine Rede. Er sagt: «Die Zeit, in meiner Komfortzone zu bleiben, ist vorbei. Wir müssen uns zu

Wort melden und tun, was wir können, um unsere Gesellschaft menschlich zu halten.» Levit artikuliert, was viele bewegt, auch viele Politiker.

Auf Twitter hat er, Stand Ende 2021, 170 000 Follower. Levit gilt als Twitter-König, in den vergangenen Jahren hat er dort an vielen politischen Debatten teilgenommen, viel kommentiert, sich vor allem gegen Antisemitismus und Rechtsextremismus positioniert. Nach den Schockmomenten des Brexits, der Trump-Wahl und des Einzugs der AfD in den Bundestag sind viele auf der Suche nach Helden und Stimmen, die für ein multikulturelles, offenes Deutschland stehen. Levit ist die ideale Identifikations-figur und – aus politischer Sicht – auch ein perfektes Aushän-geschild für ein Deutschland, auf das man im Ausland nach dem Erstarken der AfD wieder mit Sorge schaut. Er ist international bekannt. Außerdem steht er selbst für die Vielfalt der deutschen Gesellschaft. 1995, mit acht Jahren, ist er mit seiner Familie von Russland nach Deutschland gezogen, als jüdische Kontingent-flüchtlinge. Die erste Station ist Dortmund, er wächst dann in Hannover auf.

2019 erhält Levit eine Morddrohung. In einer E-Mail an sein Management wird er als «Judensau» beschimpft, ein bis heute nicht ermittelter Absender droht, ihn «von der Bühne zu schie-ßen», es wird ein konkretes Konzert genannt. Ein paar Monate lang sind bei Auftritten stets Personenschützer anwesend. Es folgen weitere E-Mails an sein Management. Levit macht den Vorgang in einem Gastbeitrag im «Tagesspiegel» öffentlich. Po-litiker wie Wolfgang Schäuble solidarisieren sich. Die spätere grüne Kulturstaatsministerin Claudia Roth und der grüne Ex-tremismus-Experte Konstantin von Notz kontaktieren ihn auch privat und bieten Hilfe an. Es entstehen persönliche Bindungen, erzählt Levit. Mal lädt er zu einem Abendessen ein, mal trifft er politische Freunde zum Spazieren.

Im März 2020, als in der ersten Welle der Pandemie das öf-fentliche Leben von einem Tag auf den anderen abbricht, spielt

Levit Konzerte auf Twitter, beim ersten schauen 360 000 Menschen zu. In der Pandemie geraten viele in Levits Branche in extreme ökonomische Schwierigkeiten, «Menschen, die ihren Lebensunterhalt auch durch mein Spiel bestreiten». Levit verkauft Notenblätter, um Unterstützung zu leisten, aber er setzt sich auch im politischen Raum für die Kulturbranche ein – so trifft er zum Beispiel den Berliner Kultursenator Klaus Lederer und eben Wolfgang Schmidt, damals Staatssekretär im Finanzministerium, das zuständig ist für die Corona-Hilfen, auch für Künstler und Freiberufler. Die beiden freunden sich an.

Später wird ihn der Bundespräsident ins Schloss Bellevue einladen, um dort zu spielen. 2020 verleiht Frank-Walter Steinmeier ihm das Bundesverdienstkreuz. Im Oktober 2021 weiht Levit in Kalifornien im Thomas-Mann-Haus, das der Bundesregierung gehört, den Flügel des Schriftstellers ein, den dessen Enkel dem Haus überlässt. Die SPD-Politikerin Michelle Müntefering, da noch Staatsministerin für Internationale Kulturpolitik im Auswärtigen Amt, ist ebenfalls dabei, sie postet mehrere Bilder der Reise auf Instagram, eines zeigt sie mit Levit vor dem berühmten Hollywood-Schriftzug.

Politikerinnen und Politiker zeigen sich gern mit ihm. Levit steht für das Gute, das Richtige und, seit den Pandemie-Konzerten, das Schöne im Schrecklichen. Er ist Teil der politischen Welt geworden, die immer auf der Suche nach Symbolen, Kontakten, Anregungen ist – und nach Aufmerksamkeit giert. Die Gefahr ist dabei immer, dass es am Ende bei der Aufmerksamkeit derer bleibt, die ohnehin selbst schon auf der Seite des Guten stehen, dass sich die Energie der Bubble im «virtue signalling», dem Zurschaustellen moralischer Werte, erschöpft.

Der Gefahren ist Levit sich durchaus bewusst. «Ja, es ist eine Bubble», sagt er. Die politische Verbundenheit und auch die Freundschaften seien echt. Er wisse aber um die Gefahr, als Elite wahrgenommen zu werden, die sich in einem engen Raum immer wieder selbst in ihren Einstellungen bestärkt, und auch, dass das tatsächlich schal und selbstbezüglich sein kann. Letzteres ist ihm schon mehrfach vorgeworfen worden, nicht zuletzt vom klassischen Feuilleton, das seinen Grenzgang zwischen der Klassik- und der Politik-Bubble mit einigem Argwohn betrachtet. Er lasse sich wie kein anderer auf die Regeln der «Aufmerksamkeitsökonomie» ein, schrieb ein Kritiker[1] Ein anderer, Helmut Mauró, warf Levit in einem Artikel in der «Süddeutschen Zeitung» vor, er twittere nur deshalb so viel, weil er tatsächlich ein mittelmäßiger Pianist sei. Mauró geißelte auch eine, wie er schrieb, «Opferanspruchsideologie» auf Twitter, was ihm selbst wiederum einen Antisemitismus-Vorwurf einbrachte. Schließlich entschuldigte sich die Chefredaktion der SZ bei Levit.[2]

Levit hadert selbst ständig mit dem Medium Twitter, dem digitalen Abbild der Bubble. Zum Zeitpunkt unseres Gesprächs macht er gerade wieder einmal eine Twitter-Pause. Der große Aufreger dort war wenige Tage zuvor der Auftakt des Kölner Karnevals mitten in der beginnenden vierten Welle der Coronapandemie. Auf Twitter gibt es ein großes Trara, in Berlin finden viele den Karneval sowieso blöd und provinziell, so was von Bonn, nun liefert er einen Anlass für Witze, Sarkasmus und Empörung. Auch einige seiner Freunde beteiligen sich daran, Levit ist genervt. «Was verändert ihr?», fragt er.

Am Morgen jenes 9. September 2021, an dem Igor Levit abends sein Schostakowitsch-Album vorstellt, melden sich Beamte der Osnabrücker Staatsanwaltschaft an der Pforte des Finanzministeriums mit einem Durchsuchungsbeschluss. Der Kanzlerkandidat befindet sich auf einer Tagung des «Handelsblatts». Der Zeitpunkt ist für das Team Scholz denkbar ungünstig. Wolfgang Schmidts erster Impuls ist, ins Ministerium zu fahren, dann überlegt er es sich anders. Er scannt die Medien nach ersten Meldungen. Er lässt sich den Durchsuchungsbeschluss schicken. Er telefoniert. Schmidt ist Staatssekretär im Finanzministerium, aber seine Rolle an der Seite von Olaf Scholz geht weit über das

Koordinieren zwischen Ministerien, in der Koalition, zwischen Bund und Ländern, in den G7 und G20 hinaus. Er twittert, was sein Chef nicht twittern kann. Er kennt jeden, und jeder kennt ihn. Nicht zuletzt viele Berliner Journalisten. Schmidt ist auch Scholz' Verbindung in die Bubble. Das lief jahrelang gut. Im Fall der Durchsuchung im Ministerium aber werden Schmidts weite Auslegung seiner Rolle und seine gute Vernetzung für ihn selbst zur Gefahr.

An einem Oktobertag kurz nach der Bundestagswahl sitzt Schmidt in einem wenig schicken chinesischen Restaurant im Erdgeschoss eines alten Plattenbaus unweit des Bundesfinanzministeriums. Er wirkt ein wenig außer Atem, fröhlich an der Grenze zu aufgekratzt, er hat nur wenige Stunden geschlafen. Also Normalzustand. Bis drei Uhr morgens hat er noch ein Papier für die Sondierungen der Ampel-Koalition geschrieben, die zu diesem Zeitpunkt gerade begonnen haben. Ein paar Kilometer weiter westlich, auf dem Gelände der Messe Berlin, treffen sich gerade Olaf Scholz, Annalena Baerbock, Robert Habeck, Christian Lindner und ihre kleinen Teams zu Vorgesprächen. Schmidt redet ohne Punkt und Komma und schaufelt dabei aus einem Tiegel auf dem Tisch so viel scharfe rote Paste auf sein Essen, dass man sich fragt, ob das nicht gesundheitsgefährdend ist.

Manche Menschen, die Olaf Scholz zum ersten Mal begegnen, haben das Gefühl, er möge sie nicht – während Scholz den Menschen, die ihn kennen, als Menschenfreund gilt, aber eben als ein sehr wortkarger. Schmidt hingegen ist immer nett und guter Dinge, und ehe man sich's versieht, duzt er einen. Ein großer, bäriger Typ, fast immer im Anzug, aber fast immer ohne Krawatte, der fast ein bisschen tapsig wirkt – doch man sollte ihn nicht unterschätzen, er ist detailversessen und ein Stratege.

Scholz und Schmidt kennen sich seit Jahrzehnten. Beide sind politisch in Hamburg groß geworden, beide engagieren sich zuerst bei den Jusos und positionieren sich weit links von der Mutterpartei. Schmidt ist seit 1989 Mitglied der SPD. Für

Scholz hat er schon in allen möglichen Funktionen gearbeitet. In den Agenda-Jahren, als Scholz Generalsekretär der SPD war, war Schmidt erst sein Referent, dann sein Büroleiter im Willy-Brandt-Haus. Er folgt Scholz auch in die Bundestagsfraktion und dann ins Arbeitsministerium. Als Scholz 2011 Bürgermeister von Hamburg wird, beschließt Schmidt, in Berlin zu bleiben. Bis 2018 leitet er die Hamburger Vertretung in der Hauptstadt. Als Scholz 2018 Finanzminister in der Großen Koalition wird, folgt er Scholz erneut, jetzt ins Ministerium. Die SPD changiert in dieser Zeit zwischen Krise und Aufbruch, die Jusos begehren auf, Saskia Esken und Norbert Walter-Borjans werden statt Olaf Scholz und Klara Geywitz zu Vorsitzenden gewählt, es gibt also auch innerhalb der SPD viele Probleme für einen Kümmerer und Hyper-Kommunikator. Scholz hat da sicher schon den Plan, Kanzler zu werden. Alle entscheidenden Schritte innerhalb und außerhalb begleitet Schmidt.

Wer ganz nach oben will, schafft das nie allein. Man muss sich praktisch multiplizieren, bereit sein, einen Teil der Verantwortung, auch einen Teil der Entscheidungen, an Vertraute abzugeben, sonst geht man unter im Wust der Anforderungen und Aufgaben. Und man braucht Menschen, die eigene Ideen und genug Selbstbewusstsein haben, um zu widersprechen, Entscheidungen infrage zu stellen, auch mal einen Streit zu riskieren. Politiker wie Scholz brauchen Büroleiterinnen, Beraterinnen, Wegbegleiter, die filtern, sortieren, vorbereiten, beraten, managen. Und andere Politiker wie Schmidt, Menschen, die genau wissen, wie man tickt, die deshalb auch autonom handeln können. Das Verhältnis zwischen Scholz und Schmidt ist aber auch deshalb so symbiotisch, weil sie sich so gut ergänzen. Schmidt redet sehr viel. Scholz sehr wenig. In der Summe passt es.

Schmidt ist international sehr gut vernetzt, natürlich durch seine Reisen mit Scholz zu den Finanzministertreffen der G7 und G20, aber auch aufgrund seiner eigenen Biografie. Er engagierte sich früh auch bei der International Union of Socialist Youth. In der Hamburger Senatskanzlei war er für die Außenbeziehungen der Stadt zuständig. In Berlin hat er Kontakte in viele Botschaften, nicht zuletzt – zumindest bis zur Wahl von Donald Trump – zur amerikanischen. Mit dem früheren amerikanischen Botschafter John B. Emerson und seiner Frau ist er gut bekannt.

Wolfgang Schmidt ist als «Spin-Doctor» beschrieben worden, weil er immer eine positive Auslegung zu diesem oder jenem, was Scholz gesagt oder getan hat, parat hat und das auch gern Journalisten erzählt. Er selbst würde sich vermutlich nicht so beschreiben. Schmidt bietet Informationen und Erklärungen an, wie die Journalisten die dann einordnen, bleibt ihnen selbst überlassen – so sieht er das. Auf jeden Fall übernimmt er in der Bubble viel Erklär- und Kommunikationsarbeit, für die der Kandidat keine Zeit und nicht das Temperament hat. Berichten zufolge ging es schon in seiner Zeit als Chef der Hamburger Landesvertretung gesellig zu. Diejenigen, die ihn eher als Spin-Doctor sehen, würden wohl sagen: Er hat an einem Netzwerk gebastelt. In der Landesvertretung soll er mit Journalisten Fußballabende im Keller veranstaltet haben, man schaute Champions-League-Spiele und spielte Tischkicker, schreibt die Newsseite «The Pioneer».[3] Andere berichten von Konzerten von Bands der «Hamburger Schule» wie Tocotronic oder Die Sterne – das ist natürlich Teil der Kulturarbeit einer Landesvertretung, aber eben auch ein guter Anlass, Leute einzuladen und zu treffen.[4] Dass Schmidt die «Hamburger Schule» mochte, kann man sich gut vorstellen. Ein Rest jungsozialistisch-anarchische Rockigkeit steckt noch in ihm.

Vielleicht ist es dieser Rest Juso-Anarchie, der Schmidt dazu bringt, im Zweifel mit allen erdenklichen Mitteln für das Gute zu kämpfen – aus seiner Sicht also für Olaf Scholz, der ihn in seiner Zeit im Finanzministerium ab 2018 immer wieder in die Grauzone dessen schickt, was ein Staatssekretär tun sollte und zuletzt auch was er tun darf. Um Schmidts Tweets gab es schon häufig Aufregung. Während des innerparteilichen Wahlkampfs um den SPD-Vorsitz 2019 machte er auf Twitter zweimal recht offen Stimmung gegen Saskia Esken. Als Beamter darf er sich im Dienst eigentlich nicht politisch äußern. Als Privatmann sehr wohl. Und dies sei ja auch sein Privat-Account und seine Vierzig-Stunden-Woche ohnehin immer schon mittwochs rum, sagte er damals auf Nachfrage des «Spiegel».[5] Auch in unserem Gespräch sagt er: «Ich habe Twitter immer als privates Tool genutzt. Das ist auch mit dem beamtenrechtlichen Mäßigungsgebot vollständig vereinbar.» Außerdem sei Twitter doch ein «hochdemokratisches Medium», alles, was er da machte, sei öffentlich nachvollziehbar gewesen.

Ein paar Tage nach der Durchsuchung im Finanzministerium, am 12. September, twittert Schmidt Auszüge aus dem Durchsuchungsbeschluss. Die Veröffentlichung von Dokumenten aus laufenden Gerichtsverfahren ist verboten. Die Staatsanwaltschaft Berlin nimmt daraufhin Ermittlungen gegen Schmidt auf. Das Verfahren wird kurz vor seinem Amtsantritt gegen eine Geldauflage von fünftausend Euro eingestellt.[6] Die Frage, warum Schmidt die Auszüge veröffentlicht hat, führt wiederum mitten hinein in die Berliner Bubble. Um den Fall zu erklären, braucht es einen kleinen Exkurs über ein Dilemma der Geldwäschebekämpfung in Deutschland – auch weil das in einem späteren Kapitel dieses Buchs noch nützlich sein wird.

Die Durchsuchungen im Finanzministerium und im Justizministerium, die Schmidt in Bedrängnis bringen, wurden von der Staatsanwaltschaft Osnabrück angeordnet. Die Beamten ermitteln gegen die sogenannte Financial Intelligence Unit (FIU), eine Einheit von mehreren Hundert Ermittlern, die dem Zoll unterstellt sind und über die das Finanzministerium die Rechtsaufsicht hat. Die Ermittler sollen Verdachtsfälle von Geldwäsche vorprüfen und gegebenenfalls an andere zuständige Behörden weitergeben – sie haben eine Art Filterfunktion. Im Kampf gegen die Geldwäsche haben die gesetzlichen Meldepflichten für Banken und Unternehmen seit 2017 stark zugenommen, 2019 gingen 115 000 Meldungen ein – entsprechend mehr Arbeit haben die

Mitarbeiter. Das Personal ist unter Olaf Scholz zwar aufgestockt worden, aber die FIU kommt trotzdem nicht hinterher, weshalb im Sommer 2019 ein «risikobasierter Ansatz» eingeführt wurde, eine Software, die automatisch die elektronischen Meldungen von Banken, Juwelieren, Maklern an die Behörde vorsortiert.[7] Die Zahl der Meldungen, die die FIU weiterleitet, geht danach stark zurück. Das fällt anderen Behörden natürlich auf und führt zu Streit über die Arbeitsweise der FIU. Die juristische Auseinandersetzung zwischen den Behörden dreht sich darum, ob diese automatische Vorsortierung rechtlich in Ordnung ist oder gegen den Grundsatz verstößt, dass Behörden jedem Hinweis auf eine Straftat nachgehen müssen – die aussortierten Meldungen werden zwar gespeichert und zum Abgleich mit weiteren Daten verwendet, aber nicht unmittelbar weiterverfolgt. Die Osnabrücker Staatsanwälte haben sogar den Verdacht, das könne «Strafvereitelung im Amt» sein. Sie ermitteln von Amts wegen, weil eine Bank, deren Verdachtsmeldungen aus den Jahren 2018 bis 2020 nicht verfolgt wurden, in ihrem Zuständigkeitsbereich liegt.

In der Pressemitteilung der Staatsanwaltschaft heißt es, man wolle bei der Durchsuchung auch herausfinden, inwieweit «die Leitung der Ministerien» in Entscheidungen der FIU eingebunden war. Das konnte man so lesen, als werde gegen Scholz ermittelt. Das Finanzministerium, und damit dessen oberster Chef Olaf Scholz, hat wie erwähnt die Rechtsaufsicht über die FIU, muss also sicherstellen, dass diese Behörde ihre Aufgabe im Einklang mit dem Gesetz erfüllt. Die Ermittler wollen die Korrespondenz zwischen Finanz- und Justizministerium sowie der FIU einsehen, sie wollen wissen, ob und, wenn ja, wie die Ministerien untereinander und mit der Leitung der FIU die Rechtmäßigkeit des «risikobasierten Ansatzes» erörtert haben. Das könnte schon allein den Zweck haben, Mitarbeiter der FIU zu entlasten. Es mag ja sein, dass die FIU und die Ministerien zu dem Schluss gekommen sind, dass der Einsatz der Software rechtens ist – der Straftatbestand könnte dann immer noch objektiv gegeben sein, weil ein Gericht am Ende des Verfahrens zu anderen Schlüssen kommt. Subjektiv, aus Sicht der Verantwortlichen, aber nicht mehr.

Rechtlich gesehen ein ziemlich trockener Vorgang also, politisch aber hochbrisant. Der Zeitpunkt ist für Scholz denkbar ungünstig. Auch weil etwa die Grünen den Kampf gegen Geldwäsche als Wahlkampfthema entdeckt haben (irgendwo soll ja das Geld für den Kampf gegen die Klimakrise herkommen) und nun der Eindruck entstehen könnte, Scholz habe eine ihm rechtlich unterstellte Behörde schlecht gemanagt.

Unter Juristen wird in den Tagen danach öffentlich debattiert, ob die Durchsuchung tatsächlich «verhältnismäßig», «geeignet» und «erforderlich» war.[8] Unter Journalisten wird darüber debattiert, ob es Zufall ist, dass die Staatsanwaltschaft Osnabrück so kurz vor der Wahl und vor dem zweiten Triell eine Durchsuchung im Finanzministerium durchführt. Ist die Wahl des Zeitpunkts politisch motiviert? Sollte mit der Pressemitteilung gezielt der Eindruck erweckt werden, es werde gegen Scholz ermittelt? Journalisten weisen darauf hin, dass im Durchsuchungsbeschluss selbst, anders als in der Pressemitteilung, nichts von Ermittlungen gegen die «Leitung» der Ministerien steht, dass der Osnabrücker Staatsanwalt ein CDU-Politiker ist und dass auch das Justizministerium in Niedersachsen der CDU untersteht.

Drei Tage nach der Durchsuchung postet Wolfgang Schmidt dann Auszüge aus dem Durchsuchungsbeschluss. Er begründet das später – ebenfalls auf Twitter – damit, dass es eine Mediendebatte um die Abweichungen im Wortlaut zwischen Pressemitteilung und Durchsuchungsbeschluss gegeben habe. Aber wie weit hat der «Spin-Doctor» Schmidt selbst schon hinter den Kulissen dazu beigetragen, dass diese Debatte entstanden ist? Wie weit hat er sein Netzwerk unter den Journalisten in der Berliner Bubble genutzt, um genau diese Erzählung nahezulegen?, fragt ein Journalist des «Tagesspiegel».[9]

Als ich dieses Buch fertigschreibe, im Dezember 2021, läuft

das Verfahren gegen die FIU noch. Erhärtet hat sich der in der Bubble diskutierte Verdacht gegen die Osnabrücker Staatsanwaltschaft bis dahin nicht. In jedem Fall hat Wolfgang Schmidt sich einmal mehr mit allem, was er hat, vor Olaf Scholz geworfen.

Seit dem Erstarken des Populismus in Deutschland hat das Bewusstsein dafür zugenommen, dass die Verkapselung der Politik ein Problem sein kann. Donald Trump und andere Politiker seines Schlags haben ein Zerrbild der «liberalen Eliten» gezeichnet, die «das Volk» nicht mehr repräsentieren, aber kulturelle Hegemonie ausüben und bestimmen, was das Gute und Richtige ist. Der Populismusforscher Jan-Werner Müller hat herausgearbeitet, was den Kern des Populismus bildet: die Idee, dass ein «wahres Volk» von einer übergriffigen Elite entmachtet worden sei und sich seine Macht zurückholen müsse. In Deutschland hat die AfD den Ruf der DDR-Bürgerrechtler aufgegriffen und sich anverwandelt: Während es bei diesen «Wir sind *ein* Volk» hieß, heißt es bei der AfD nun «Wir sind *das* Volk», was für ein Aufbegehren der Bürger gegen diese Elite stehen soll. Es wird suggeriert, die Gewählten übten illegitim Macht aus – und das System der Demokratie sei damit unterminiert. Im schlimmsten Fall kann die Idee vom «wahren Volk» der Legitimation eines Putschversuchs dienen. Als Donald Trump am 6. Januar 2020 vor dem Sturm auf das Kapitol in der Nähe des Weißen Hauses zu Anhängern spricht, sagt er: «You are the real people, you are the people who built this nation – ihr seid das wahre Volk, ihr seid das Volk, das diese Nation aufgebaut hat.»

Je stärker der Eindruck entsteht, Berlin sei eine Blase, in der jeder jeden kennt und versteht, in der aber gleichzeitig der Rest des Landes nicht ausreichend repräsentiert wird, desto größer die Gefahr, dass diese Erzählung auch in Deutschland verfängt. Das Bewusstsein für diese Gefahr ist, wie schon angedeutet, durchaus da. Bei seinem Besuch auf einem Milchbauernhof in Schleswig-Holstein sagt Robert Habeck: «Berlin sieht die Länder nicht. Ich bin jetzt vier Jahre da – und ich merke das bei mir auch.» Andere haben versucht, mit dem Bild von der Berliner Bubble Stimmung zu machen. Als Jens Spahn 2017 eine Zeit lang mit rechtskonservativen Botschaften kokettierte, klagte er unter anderem in einem Gastbeitrag in der «Zeit» über die «Berliner Hipster», die sich für besonders kosmopolitisch hielten, weil sie ihren Kaffee immer auf Englisch bestellen. In Berlin werde kaum noch Deutsch gesprochen, monierte Spahn, und Menschen aus dem übrigen Deutschland, die in ihre Hauptstadt kämen, würden sich «merkwürdig und auch fremd im eigenen Land» fühlen.[10] Um den Ausdruck «fremd im eigenen Land» hatte es nur ein Jahr zuvor eine mittelgroße Debatte gegeben, weil der AfD-Politiker Alexander Gauland ihn verwendet hatte. Ohnehin handelt es sich um einen Slogan aus der rechtsextremen Szene.

Tatsächlich ist Berlin weniger verkapselt und weniger elitär, als es manchmal erscheinen mag. Das liegt auch am deutschen Wahlsystem mit seinen Direktmandaten. Wahlkreise direkt zu gewinnen gilt unter Abgeordneten weiterhin als Königsdisziplin und verleiht Unabhängigkeit und Macht innerhalb der eigenen Partei. Das bedeutet aber auch, dass die Kandidaten in ihren Wahlkreisen verwurzelt bleiben müssen, denn nur so wissen sie, wo dort der Schuh drückt, und haben eine Chance, das Direktmandat zu erhalten. Auch sind viele Politiker, von denen man es vielleicht gar nicht annehmen würde, selbst keineswegs immer «Elite» gewesen. Gleichzeitig aber ist der politische Alltag so herausfordernd, dass der «Verkapselungseffekt» fast automatisch eintritt, auch wenn viele es sich anders wünschen.

Noch einmal zurück zum Anfang dieses Buches, zu Hubertus Heil und nach Peine, der Provinzstadt in Niedersachsen, aus der er kommt, am Tag vor der Bundestagswahl 2021.

Hubertus Heil, seine Familie und seine Freunde laufen eine Reihenhaussiedlung aus den siebziger Jahren ab, verteilen Rosen und bitten die Bewohner, am nächsten Tag zur Wahl zu gehen.

Schmale, einstöckige Häuser mit schmiedeeisernen Türen sind zu Blöcken gruppiert, davor mal mehr, mal weniger gepflegte Vorgärten. Ein paar Straßenzüge weiter gibt es größere Doppelhaushälften. Verschlafenes Mittelschichtsglück. Heil wird seinen Wahlkreis erneut direkt gewinnen, aber dafür muss er eben auch da sein.

Es ist warm, Heils Stimmung seltsam entspannt für einen Vollblutpolitiker inmitten seiner Mitstreiter am Tag vor der Wahl. Vielleicht ist es die Ruhe vor dem Sturm. Oder die samstägliche Kleinstadtstimmung, die abfärbt. Heil klingelt an der ersten Tür, niemand macht auf. «Tak», sagt der Arbeitsminister gut gelaunt und wirft einen Flyer in den Briefkasten. So geht es eine Weile. Bei einem Reihenhaus, das sich hinter Rhododendren versteckt, öffnet ein älterer Herr, er trägt eine beige Hose, Hemd und Hosenträger.

«Hallo, mein Name ist Hubertus Heil von der SPD», sagt Heil. «Wir wollten Ihnen einen kleinen Rosengruß vorbeibringen, mit der Bitte, morgen zur Wahl zu gehen.» Der Mann freut sich: «Och, Mensch, kommse rein!» Heil übergeht das Angebot galant, überreicht seinen «Rosengruß». «Das ist aber schön!» Der Mann beugt sich vor, als wolle er Heil ein Geheimnis verraten. «Und viel Erfolg, ja?»

Auf dem Giebel eines Hauses, das aussieht wie ein Reihenhaus gewordenes Märchenschloss oder ein Märchenschloss gewordenes Reihenhaus, sitzt eine steinerne Eule. «Das ist die Peiner Eule», erklärt Heil. «Von der Legende, wie die mit Peine verbunden ist, gibt es so viele Versionen ... Kann ich jetzt in der Kürze gar nicht alle erzählen.» Die Eule kommt unter anderem in einer Spottgeschichte über die vermeintlich besonders ängstlichen Bewohner des «Ulennestes» Peine vor, in einer anderen, ebenfalls mittelalterlichen Variante warnt das Tier die belagerten Peiner während der Hildesheimer Stiftsfehde im 16. Jahrhundert vor Angreifern.

Hubertus Heil stammt aus einem kleinen Dorf in der Nähe

von Peine. Seine Mutter war berufstätig, und weil es keine ausreichende Kinderbetreuung gab, passte eine ältere Frau aus dem Dorf auf ihn auf, die er «Oma» nannte und die ihn auch weiter betreute, als seine Eltern sich trennten und er mit der Mutter nach Peine «in die Platte» zog, wie er erzählt. Später, als er Zivildienstleistender in Hannover war, wurde die «Oma» gebrechlich, und er bat um seine Versetzung von Hannover nach Peine, um sich ein wenig um sie kümmern zu können.

Das «Ulennest» Peine ist heute eine Kleinstadt von 50 000 Einwohnern. Ab Mitte des 19. Jahrhunderts wurde Peine eine Stahlarbeiterstadt, 23 000 Menschen arbeiteten zu Hochzeiten in der Ilseder Hütte und in angeschlossenen Betrieben. Heute sind es nur noch 800. Viele, die hier wohnen, pendeln ins VW-Werk nach Wolfsburg oder arbeiten in mittelständischen Zulieferbetrieben in der Region. Noch gibt es hier viele Industriearbeitsplätze. Ein paar der jüngeren Lokalpolitiker, die an diesem Tag mit Heil zusammen Rosen verteilen, haben selbst schon im VW-Werk gejobbt. Die Arbeit am Fließband kann ziemlich monoton sein. Einen Sommer lang habe er alle paar Minuten immer wieder die gleichen fünf Schrauben über Kopf in eine Karosserie geschraubt, erzählt ein junger Bürgermeister aus dem Kreis. Aber die Arbeit ist ordentlich bezahlt, der Betriebsrat stark, das Unternehmen renommiert. Für die dort Beschäftigten reicht es allemal, um ein gutes Leben hier in der Heimat zu haben, ein hübsches Haus mit Garten und Familienurlaub. Den nächsten Strukturwandel sehen sie hier allerdings schon anrollen. Im Koalitionsvertrag, den Heil mitverhandelt hat, nimmt sich die Ampel vor, bis 2030 fünfzehn Millionen Elektroautos auf deutsche Straßen zu bringen. Heil weiß, was die «Antriebswende» auch für seinen Heimatwahlkreis bedeuten kann. Mit der Elektrifizierung werden viele der bisherigen Arbeitsplätze wegfallen. Die Batterien werden woanders hergestellt. Ein Patentrezept, wie man dem begegnen kann, hat hier niemand.

Zwei ältere Damen, eine mit adrett frisierter Ältere-Damen-

Dauerwelle, eine mit Kurzhaarschnitt, haben sich beim «Heil-Mobil» postiert und lauern dem Minister auf, als er am späten Nachmittag seine Runde beendet. Das Auto ist unschwer zu erkennen, ein Van, beklebt mit Heils Konterfei. Dahinter parkt die schwarze Limousine der Bundespolizisten, die ihn begleiten. «Wir wollten Ihnen nur alles Gute für morgen wünschen!», ruft die adrett Frisierte Heil entgegen, als sie ihn kommen sieht. Heil lächelt und bleibt bei den beiden stehen. «Sind Sie geimpft?», verlangt die Dame streng Auskunft, und als Heil bejaht, umarmt sie ihn, ohne weiter zu fragen. Danach stehen sie sich kurz etwas ratlos gegenüber, unschlüssig, wie es jetzt noch weitergehen kann. Die andere Dame durchbricht die Stille gerade noch rechtzeitig, bevor es sich peinlich anfühlt: «Aber eine Rüge», schnarrt sie. «Man parkt hier andersherum.» Der Wahlkampf-Van, ebenso wie die dunkle Limousine des BKA, stehen verkehrt herum in der Einbahnstraße.

Als Olaf Scholz am 6. Dezember 2021 in der SPD-Zentrale sein Kabinett vorstellt, beschreibt er Hubertus Heil als «fast schon ein Schlachtross, ein Niedersachsenross». Heil ist der einzige Minister, der auf seinem Posten bleibt. Scholz zählt Heils Verdienste auf, die Grundrente, seinen Kampf gegen «schlimme Verhältnisse» bei den Paketboten und in der Fleischindustrie. Heil sei «hartnäckig und klug, jemand, der sein Wort macht und der sich einsetzt». Jetzt soll er die Rente sichern und den Mindestlohn umsetzen – «zwei ganz große Herzensprojekte von mir», so Scholz.

Heil nimmt das Lob scheinbar ungerührt entgegen. Er sei sich der großen Verantwortung bewusst, sagt er, und wie wichtig ein starker und verlässlicher Sozialstaat sei und dass die Koalition deswegen das Bürgergeld einführen werde. Er selbst werde sich für eine «Gleichstellungsrepublik» und eine «Weiterbildungsrepublik» einsetzen – «mit allem, was ich kann und vermag». Während er das sagt, hält er mit zwei Fingern der linken Hand den Zeigefinger der rechten. Es ist das, was für Merkel die Raute war, eine dieser Gesten, die Politiker sich antrainieren, damit die Hände bei Auftritten ruhig bleiben, damit sie souverän und kontrolliert wirken; bloß keine abrupten Bewegungen oder zu schnell sprechen. Es ist dieselbe Handhaltung, die auch Scholz praktiziert. Das Schwierigste ist es, das Schwierige selbstverständlich aussehen zu lassen.

Heil sieht jetzt, als Minister, so aus, als wäre er da immer schon gewesen. Aber das ist natürlich nicht so. Das erste Jahr ist extrem anstrengend. Er pendelt, kümmert sich zwischenzeitlich um seine gebrechliche Zieh-Oma und seine Mutter, die an Krebs erkrankt. Er heiratet, auch seine Frau, eine Anwältin, ist berufstätig. Die beiden bekommen zwei Kinder, die muss sie überwiegend allein versorgen, besonders in Wahlkampfzeiten. «Wahlkampfwitwe» nennen das manche in der Politik. Als Generalsekretär findet er sich manchmal selbst zu schrill, er arbeitet an sich. Es ist eine ständige Suche nach der Mitte, irgendeiner Mitte, auch nach der Mitte zwischen Wahlkreispräsenz und den Anforderungen in Berlin. Nach der Finger-Raute sozusagen.

Zu den häufigen Klagen über die «Bubbeligkeit» der Berliner Politik gehört diejenige, dass Bundestag und Bundesregierung Akademikervereine seien, in denen einige Berufsgruppen überproportional und andere gar nicht vertreten sind. Und das stimmt natürlich einerseits. Unternehmer, Beamte, Juristen sind überrepräsentiert, ebenso wie allgemein Männer; Industriearbeiter, Angestellte in Pflegeberufen oder Menschen aus Familien mit Migrationsgeschichte dagegen sind unterrepräsentiert – auch wenn der zwanzigste Bundestag vielfältiger geworden ist. Andererseits sind doch irgendwie alle – darunter einige der mittelalten weißen Generation-X-Akademiker-Männer im Parlament – erst einmal in diese Bubble hineingewachsen, und manche können sich durchaus noch sehr gut daran erinnern, dass das auch mit Selbstzweifeln verbunden war.

Marco Buschmann zum Beispiel stammt aus einer Stadt, die

mit großen sozialen Problemen, hoher Arbeitslosigkeit und einer hohen Verschuldung zu kämpfen hat. Ende 2021 lag die Arbeitslosenquote in Gelsenkirchen bei rund 15 Prozent, mehr als doppelt so hoch wie der Bundesdurchschnitt. Die SPD war und ist hier stärkste Kraft. Bei der Bundestagswahl holte sie hier 37 Prozent, der Direktkandidat sogar 40 Prozent. Gelsenkirchen gehört aber auch zu jenen westdeutschen Städten mit dem höchsten Anteil an AfD-Wählern. Bei der Bundestagswahl wählten 12,8 Prozent die AfD, 2017 kam die Partei sogar auf 17,1 Prozent.

Kein klassisches Umfeld, um sich bei den Jungen Liberalen zu engagieren. Durch sein Elternhaus sei das nicht gekommen, erzählt Marco Buschmann bei unserem Gespräch im Mai 2021. «Ich komme aus dem Zechenhaus. Mein Großvater war unter Tage.» Bis er sieben ist, lebt die Familie zu viert, teilweise zu fünft auf siebzig Quadratmetern, weil die Eltern die kranke Oma zu Hause pflegen. Das Haus liegt an einer Bundesstraße, auf der auch eine Straßenbahn fährt. Es ist immer laut. «Ich war eigentlich Zielgruppe für alle sozialpolitischen Programme von SPD, CDU oder wem auch immer.» Dass er bei den Julis eintrat, schreibt Buschmann rückblickend einem «pubertären Prozess» zu. «Mit fünfzehn, sechzehn, siebzehn fängt man ja an, über sich und seine Rolle in der Welt sehr intensiv nachzudenken», sagt er mit leicht ironischem Unterton. Sein Protest richtete sich gegen eine «sozialdemokratische Haltung», die er vor allem in der Schule erlebte und die er als bevormundend empfindet.

«Ich tue mich schwer mit dem Wort ‹Diskriminierungserfahrungen›. Aber es war eine Art kulturelle Diskriminierungserfahrung, die ich gemacht habe.» Buschmann wird, so erlebt er es, als Kind weniger zugetraut, weil er nicht aus einer Akademikerfamilie stammt. Als es um die Empfehlung für das Gymnasium geht, sagt ein Lehrer seiner Mutter, von den Noten her ginge das ja, aber was, wenn sie dem Kind dann auf dem Gymnasium nicht helfen könne, als Nicht-Akademikerin? «Die haben meinen Eltern Angst gemacht. Das war eine Urerfahrung. Ich dachte: Was machen die da? Ich mache die Schule doch selber, ist doch meine Sache.» Er sagt seiner Mutter, sie solle sich keine Sorgen machen, das mit den Hausaufgaben schaffe er schon. Doch auch auf dem Gymnasium erlebt Buschmann immer wieder, dass ihm Dinge nicht zugetraut werden. Ein Erdkundelehrer sagt zu ihm, er könne zwar rechnen, werde aber wohl «nie ein Text-Lese-Verständnis erreichen, wie man es in der Oberstufe braucht». Bei Buschmann setzt das Motivation frei. «Denen zeige ich es jetzt mal.»

Bei den Julis hingegen sei die Stimmung eine ganz andere gewesen. Der Kreisvorsitzende heißt Martin Smith, hat schon sein erstes juristisches Staatsexamen und korrigiert Klausuren an der Uni Bochum. Den fragt Marco Buschmann, ob er es wagen solle, selbst Jura zu studieren – er lese immer wieder, das sei eigentlich nur erfolgversprechend, wenn die Eltern schon etwas sind, weil es da auch auf Milieukenntnisse ankomme, auf die Codes, auf das kulturelle und symbolische Kapital, wie das bei Bourdieu heißt, «und das habe ich ja alles nicht». Martin Smith habe gesagt: «Alles dummes Zeug. Wenn du das studieren willst, dann machst du das, und das wird dann schon.»

Als Anwalt gelingt es ihm, parallel zu seiner politischen Karriere in einer Großkanzlei einzusteigen, bei White & Case in Düsseldorf, einer amerikanischen Wirtschaftskanzlei mit Standorten in einunddreißig Ländern. Buschmann sagt heute immer noch, dazu brauche es eigentlich «die Distinktionsmerkmale der oberen Mittelschicht». Als er dort aber erst einmal angekommen sei, habe er viele nette Kollegen getroffen, darunter einige, die einen «ähnlichen Hintergrund» hatten, also auch nicht unbedingt der dritten Akademikergeneration entstammten.

Auch die SPD-Parteivorsitzende Saskia Esken kommt nicht aus einer Akademikerfamilie und hat es eher auf Umwegen nach Berlin und in die erste Reihe der Politik geschafft. Esken ist 1961 geboren und wächst in einem Dorf nahe dem Ort Weil der Stadt in Baden-Württemberg auf. Die Gegend ist tiefschwarz, ihre Eltern aber sind engagierte Sozialdemokraten. Als Rainer Barzel 1972 ein Misstrauensvotum gegen Willy Brandt anstrengt, ist Esken elf. Es ist – neben vielen Vorstandssitzungen in der elterlichen Küche und sonntäglichen Kreisdelegiertenkonferenzen – ihre erste konkrete politische Erinnerung, und Esken ist, wie ihre Eltern, tief getroffen, empfindet das als «Verrat». Sie engagiert sich in einem Jugendhaus in Weil der Stadt, das wird ihr erstes politisches Zuhause, ein egalitärer Ort, so erinnert sie sich, an dem Jugendliche mitbestimmen und sich ausprobieren können. In die SPD tritt sie erst mit dreißig ein, als Jugendliche habe sie die Partei als «nicht progressiv genug» empfunden.

Esken studiert nach dem Abitur Germanistik und Politikwissenschaft in Stuttgart, sagt aber, die Universität sei ihr «als Ort fremd gewesen, als Nicht-Akademikerkind». Beide Eltern haben in der Nachkriegszeit die Chance zu höherer Bildung verpasst, waren politisch und kulturell sehr interessiert. Eskens Mutter war eine Buchhalterin, die ihrer Arbeit als «Broterwerb» nachging, «aber mit großer Verantwortung», wie Esken sagt. Der Vater geht mit siebzehn noch in den Krieg, arbeitet sich danach als Bauzeichner hoch, bleibt aber ohne formale Anerkennung. «Zwei in den Kriegswirren gebrochene Biografien, aber sie haben sich ihr selbstständiges Leben erkämpft und eingerichtet», sagt Esken.

Die Fremdheitsgefühle an der Universität bleiben, und es gibt niemanden, der Esken hätte beraten oder bestärken können, sie bricht das Studium ab und schlägt sich ein paar Jahre mit Gelegenheitsjobs durch. Ein Jahr lang ist sie Paketbotin, sie arbeitet als Chauffeurin für einen Professor, sie jobbt länger in der Kneipe, arbeitet als Schreibkraft. Schließlich schreibt sie sich an der Böblinger Akademie für Datenverarbeitung ein, die eng mit IBM kooperiert, und wird staatlich geprüfte Informatikerin. Esken lernt Computersprachen, TL1, eine heute nicht mehr gebräuchliche «Nischensprache von IBM», wie sie selbst sagt, und C++. Als Digitalpolitikerin hilft es ihr später, dass sie versteht, wie Algorithmen aufgebaut sind, wie man Module programmiert, wie die verschiedenen «Layer» einer Software aufeinanderfolgen.

Heute genießt sie es ein bisschen, Schülern davon zu erzählen, deren Blicke, wenn sie sagt, dass es damals außerhalb wissenschaftlicher und militärischer Kreise noch kein Internet gab.

Als Informatikerin weiterentwickeln kann sie sich nicht. Sie bekommt mit ihrem Mann drei Kinder zu einer Zeit, in der es faktisch kaum Betreuungsangebote gibt. Auch ihr Mann ist Informatiker, und weil er schon ein paar Karriereschritte weiter ist, ist sie es, die viele Jahre zu Hause bleibt und sich um die Familie kümmert. Erst als die Kinder älter sind, steigt sie in die Politik ein. Sie wird Kommunalpolitikerin, engagiert sich in der Landespolitik und kandidiert 2009 zum ersten Mal für den Bundestag. 2013 zieht sie ins Parlament ein. Die Arbeit, sagt sie, macht ihr großen Spaß. «Nach fünfzehn Jahren zu Hause begann noch einmal eine ganz neue Lebensphase, wenn man so will.» Gleichzeitig ist es die Phase, in der es mit der SPD bergab geht. Für sie, die sie sich schon mit Brandt so stark identifiziert hatte, sei das sehr schmerzhaft gewesen, «der ewige Stachel». Sie kommentiert die Misere ihrer Partei öffentlich auf Twitter, ein Grund, warum sie 2019, als die SPD nach Andrea Nahles' Rücktritt eine neue Parteispitze sucht, aufgefordert wird zu kandidieren.

Auch Esken hat eine Innen-Außen-Perspektive auf die Politik – und die Bubble hat eine Innen-Außen-Perspektive auf sie. Unbestritten sind ihre Fachkenntnisse in der Digitalpolitik, sonst eher eine Domäne der Jüngeren und vor allem der Männer, oft aber wird sie auch belächelt. Sie gilt manchen als ungelenk, sie lässt in einem «Spiegel»-Interview wie aus dem Nichts das Reizwort «demokratischer Sozialismus» fallen, sie setzt bei der Vorstellung des Koalitionsvertrags im November 2021 zu früh ein und muss sich von Robert Habeck erklären lassen, jetzt sei erst mal die Annalena dran. Als sie für den Parteivorsitz kandidiert, führt sie ihre Tätigkeit als Vorsitzende des Landeselternbeirats Baden-Württemberg als Erfahrung an, der Scholz-Vertraute Wolfgang Schmidt twittert diesen Ausschnitt unkommentiert, aber eine hämische Absicht darf man unterstellen. Wie passt das zu der immer wieder erklärten Absicht der Parteien, sich für Quereinsteiger zu öffnen, nicht nur Menschen in Ämter zu hieven, die nie etwas anderes gesehen haben als die Politik und seit ihrer Zeit in einer Parteijugend auf die perfekte politische Kommunikation dressiert wurden?

Wie immer, wenn Politiker auf ihren Werdegang zurückblicken, ist das natürlich auch Teil einer politischen Erzählung. Für Marco Buschmann ist seine Biografie der Beleg dafür, wie wichtig Eigeninitiative ist und dass staatliches Fürsorgedenken auch paternalistisch und entmündigend wirken kann. Für Saskia Esken ist die eigene Bildungsbiografie und auch die ihrer Eltern ein Beleg dafür, wie schwer es Kinder aus Nicht-Akademikerfamilien weiterhin in Deutschland haben. Beide Lebensgeschichten zeigen aber eben auch, wie die Bubble immer wieder zwischen Offenheit und Geschlossenheit changiert. Dabei sind Esken und Buschmann bei Weitem nicht die Einzigen aus Nicht-Akademikerfamilien, die es an die Spitze der Berliner Politik geschafft haben. Lars Klingbeil zum Beispiel ist der Sohn einer Verkäuferin und eines Unteroffiziers. Als er zur Welt kam, hatten beiden Eltern einen Nebenjob als Taxifahrer, um über die Runden zu kommen. Karl Lauterbach berichtet in seinem Buch «Bevor es zu spät ist» von seiner Herkunft aus einer Arbeiterfamilie, der Vater arbeitete in einer Molkerei.[11] Annalena Baerbocks Mutter war Erzieherin und studierte erst später im Leben Sozialarbeit.

Auch in der Bubble gibt es also durchaus Aufsteigerbiografien, Verbindungen ins Land, starke Heimatgefühle für andere Orte als die drei Quadratkilometer großen Untiefen von Macht, Show und Eitelkeit rund um den Reichstag. Allerdings besitzt die Bubble auch eine eigenwillige Sogkraft – schon durch die täglichen Anforderungen, die sie an ihre Bewohner stellt.

An einem Freitagnachmittag, zwei Tage vor der Bundestagswahl, auf dem Alten Markt in Potsdam, tritt Annalena Baerbock zum letzten Mal im Wahlkampf 2021 auf. Die Bühne, auf der sie steht, ist in den vergangenen Wochen teils mitgereist wie bei der Tour einer Band, dazu Kameragestänge, Lautsprecher, Bildschirme, damit man die Kanzlerkandidatin der Grünen auf den Marktplätzen auch von Weitem gut sehen kann. Das runde Podest ist mit grünem Kunstrasen ausgelegt, der schon ein bisschen abgewetzt aussieht.

Vom 9. August bis zu diesem 24. September 2021 ist Annalena Baerbock in einem Doppelstockbus quer durch Deutschland getourt, von Hildesheim bis nach Oldenburg, von Dachau bis nach Hamburg. Fast jeden Tag ein Auftritt, manchmal auch drei an einem Tag. Sie hat praktisch in diesem Bus gelebt, es gab darin ein Bett und Arbeitsplätze für die Social-Media-Redakteure, eine Visagistin war auch immer dabei.

Der Wahlkampf verlief ganz anders, als die Grünen es sich vorgestellt hatten. In dem Buch, mit dem Baerbock sich profilieren wollte, wurden zahlreiche Plagiate entdeckt, wochenlang kamen immer neue Details hinzu. Auch ihr Lebenslauf enthielt Fehler und Ungenauigkeiten – es entstand das Bild einer Kandidatin, die mehr vorgibt zu sein, als sie ist. Ständig musste sie etwas erklären, sich rechtfertigen, entschuldigen, es war ein Wahlkampf aus der Defensive.

Jetzt steht sie breitbeinig auf der Bühne, sie hat hochtrainiert, ihre Stimme ist rau von den vielen Marktplätzen, ihre Gesichtsmuskulatur angespannt, zu spüren ist ein fast grimmiger Wille, das Ding zu Ende zu bringen. Zwischen zwei Sätzen, in den Applaus hinein, holt sie tief Luft. Sie sieht aus wie eine Apnoetaucherin, die weit, weit hinuntergetaucht ist und nun wieder an die Oberfläche schießt, die Lungen füllt, endlich.

Das Leben als Spitzenpolitiker bedeutet vor allem eines: das Ende der persönlichen Freiheit. Es zwingt in ein Korsett aus Terminen und in eine gnadenlose Daueröffentlichkeit.

Im Wahlkampf werden alle Spitzenkandidatinnen und -kandidaten von Beamten des Bundeskriminalamts begleitet. Bereits vor ihrer Nominierung zur Kanzlerkandidatin verständigen sich

Annalena Baerbock und das BKA über die Gefährdungslage. Kurz nach ihrer Nominierung spricht sie noch einmal mit den Beamten über mögliche Bedrohungen. Mit der Nominierung haben die Vergewaltigungsdrohungen zugenommen. Für die Beamten, die auch Baerbocks Twitter-Account beobachten, ist das ein neues Phänomen – noch nie hat eine so junge Frau für ein so hohes Amt kandidiert. Die Sicherheitsmaßnahmen werden entsprechend angepasst. Selbst wenn sie wollte oder Zeit hätte, Baerbock kann sich nicht mehr spontan frei bewegen, einfach mal unauffällig Bus fahren, mal allein zu einem Termin laufen, um etwas Bewegung zu haben. Das entfremdet vom Alltag – die Bubble schließt sich.

In einer der persönlichen Passagen in ihrem Buch schreibt Baerbock: «Als Politikerin habe ich in den vergangenen Jahren erlebt, wie schnell einem der Blick für den konkreten Alltag, die unterschiedlichen Lebenswirklichkeiten abhandenkommen kann. Oftmals gar nicht bewusst, eher schleichend.»[12] Um 7:30 Uhr gehe es oft mit dem ersten parlamentarischen Frühstück los, oder im Wahlkampf kurz darauf mit einer «Morgenlage». Der Tag ist eng getaktet mit Sitzungen im Bundestag oder in der eigenen Fraktion, Presseterminen, Abstimmungen, Gesprächen mit Verbandsvertretern, Podiumsdiskussionen. Für Spitzenpolitiker kommen die wöchentlichen Gremiensitzungen der Partei dazu, für Abgeordnete in den Nicht-Sitzungswochen Termine im Wahlkreis. Kontakt mit Menschen außerhalb des Politikbetriebs oder der Medien gibt es wenig. Man fährt mit dem Fahrdienst, nutzt die Zeit im Auto zum Telefonieren oder am Laptop. Im Wahlkampf musste Olaf Scholz einmal auf die Frage eines «Bild»-Journalisten zugeben, dass er nicht weiß, wie teuer Benzin gerade ist. Er halte sich an die Sicherheitsempfehlung, seinen Wagen nicht selbst zu fahren, der sei ja auch besonders schwer (das Fahrzeug ist gepanzert), den könne er gar nicht selbst bewegen. «Und ich habe ja auch ein ganz ordentliches Einkommen», sagte Scholz. «Deshalb gehöre ich nicht zu den Leuten, die ganz genau bei jedem Preis hingucken.»

Die Sogkräfte der Bubble ziehen Politiker in sich hinein – und so haben «echte» Menschen manchmal nicht ohne Grund den Eindruck, dass nicht mehr von ihnen die Rede ist, wenn Politiker von «der alleinerziehenden Mutter» sprechen, die mehr Unterstützung brauche, oder von «der Zahnarztgattin», die die Mütterrente nicht verdient habe, oder von «dem Dachdecker», der es im Rücken habe und nicht bis siebenundsechzig arbeiten könne. Sondern von Menschenschablonen, in die echte Menschen mal mehr, mal weniger gut hineinpassen.

Durch die politischen Schocks der Jahre ab 2015 ist bei vielen Politikern der Generation X ein Bewusstsein dafür gewachsen, dass die Bubble sich verändern muss, dass sie durchlässig bleiben muss für das «Außen», dass es gilt, den Eindruck zu vermeiden, man sei tatsächlich Trumps «liberale Elite» oder gegen das «wahre Volk». Viele, die jetzt in der Ampel-Regierung sind, haben sich vorgenommen, die Arbeitsweise der Politik zu verändern, auch darum soll es in den folgenden Abschnitten gehen.

Zunächst aber kann man feststellen, dass die Bubble vor allem in sich durchlässiger geworden ist. Kontakte zwischen Politikern verschiedener Parteien sind normaler und vielleicht auch häufiger geworden – eine der Voraussetzungen für das Funktionieren des Sechs-Parteien-Systems und eine wichtige Bedingung für das Gelingen der Ampel-Regierung.

9 Digital authentisch? Politik im Zeitalter der Hyperpersonalisierung

Ist Ihr Haus durchsucht worden oder nicht?» Armin Laschet ist etwas zurückgetreten hinter dem beigefarbenen Stehpult im Fernsehstudio. Er steht leicht professoral ins Hohlkreuz gelehnt, die eine Hand in der Hosentasche, mit dem Zeigefinger der anderen unterstreicht er seine Frage. Es ist halb neun am Abend des 12. September 2021, zwei Wochen vor der Bundestagswahl. Die Berliner Bubble und mit ihr knapp elf Millionen Deutsche kleben vor den Bildschirmen. Seit einer Viertelstunde läuft in ARD und ZDF das zweite Fernsehtriell zwischen den drei Spitzenkandidaten Armin Laschet, Olaf Scholz und Annalena Baerbock – und dies ist der für Olaf Scholz heikelste Moment in diesem Wahlkampf.

Vier Tage zuvor hat sich die Staatsanwaltschaft Osnabrück mit einem Durchsuchungsbeschluss an der Pforte des Finanzministeriums gemeldet. Sie hat im Zuge einer Ermittlung gegen Mitarbeiter der Geldwäschebekämpfungseinheit FIU, über die Scholz' Ministerium die Rechtsaufsicht hat, Einsicht in E-Mails genommen – im vorangegangenen Kapitel war schon ausführlich die Rede davon. Der Vorfall ist in den Tagen vor dem Triell breit berichtet und diskutiert worden. Jetzt versucht Armin Laschet den SPD-Kandidaten mit dem Thema in Bedrängnis zu bringen, vor einem Millionenpublikum, darunter zahlreiche unentschlossene Wähler. Er verknüpft die Durchsuchung mit Vorwürfen, die auf die Jahre 2016 und 2017 zurückgehen, als Scholz Bürgermeister von Hamburg war und die dortige Finanzbehörde auf eine Millionenrückzahlung der Warburg-Bank verzichtete, die Steuerbetrug begangen hatte. Schließlich erwähnt er die kriminellen Machenschaften bei dem Dax-Finanzdienstleister Wirecard, die der Bankenaufsicht Bafin trotz verschiedener Hinweise lange nicht aufgefallen waren, einer Behörde, die Scholz als Finanzminister unterstellt ist. Es ist eine Art politisches Maschinengewehrfeuer, das Laschet da eröffnet – jeden dieser Vorgänge im Detail zu erklären und dazu alles, was für oder gegen Scholz' Mitverantwortung spricht, würde ein ganzes Kapitel füllen. Um die Vorwürfe in den drei Minuten abzuwehren, die in so einem Triell für eine Antwort bleiben, müsste man schon Wonder Womans Armschienen haben. Die hat Scholz aber nicht, und deshalb passiert jetzt etwas Ungewöhnliches: Ihm geht der Puls hoch, zum ersten Mal in diesem Wahlkampf.

«An Ihrer Frage sieht man, wie unehrlich Sie sind», gibt er zurück und weicht damit von seinem Grundsatz ab, nie persönlich zu werden. «In meinem Hause war die Staatsanwaltschaft. Und die Staatsanwaltschaft hat eine Untersuchung in Köln. Und für diese Untersuchung, die sie dort macht, braucht sie Auskünfte. Sie erwecken einen falschen Eindruck.» Scholz spricht für seine Verhältnisse schnell und energisch. Die Kühlanlage, die sonst für einen niedrigen Ruhepuls und eine sonore Tonalität sorgt, ist am Limit. Man sehe hier, dass Laschet die Dinge «bewusst» verdrehe, «Herr Laschet, das müssen Sie sich vorwerfen lassen, sehr klar». Das lässt wiederum Laschet nicht auf sich sitzen: «Indem Sie sagen, das ist irgendeine Behörde in Köln, erwecken Sie den Eindruck, dass Sie damit nichts zu tun haben. Sie haben die Fachaufsicht.»

Beide haben recht und unrecht. Es stimmt, die Staatsanwaltschaft ermittelt nicht gegen Scholz oder das Finanzministerium direkt, sondern zuerst gegen Mitarbeiter der FIU – die, wie

Scholz andeutet, in Köln sitzt. Aber die Ermittler kommen ins Finanzministerium, weil sie eben schon wissen wollen, ob und wie das Finanzministerium die Lage bei der FIU bewertet hat, die im Verdacht steht, nicht rechtskonform zu arbeiten. Scholz hat nicht die «Fachaufsicht», wie Laschet sagt, er kann keine inhaltlichen Weisungen geben – was das Finanzministerium jedoch nicht der rechtlichen Zuständigkeit enthebt. Eigentlich aber steht hier etwas ganz anderes auf dem Spiel. Es geht um Scholz' kostbarstes Kapital im Rennen um das Kanzleramt: das Vertrauen in seine Person.

Im Bundestagswahlkampf 2021 standen die Persönlichkeiten der Kandidaten im Fokus. Aber wie erwirbt man das Vertrauen der Wähler? Wie profiliert man sich? Und woher rührt diese starke Personalisierung? Warum hat sie ausgerechnet für Olaf Scholz funktioniert – und warum wurde sie Annalena Baerbock zum Verhängnis?

Eines der immer wieder aufgegriffenen Zitate Angela Merkels ist der Ausspruch, mit dem sie 2013 den Wahlkampf für sich entschied: «Sie kennen mich.» Und auch Olaf Scholz hatte bei der Bundestagswahl 2021 besonders gegenüber Annalena Baerbock, aber auch gegenüber anderen Vertretern der Generation X den überragenden Vorteil, dass viele Wählerinnen und Wähler das Gefühl hatten, ihn gut zu kennen. Er gilt als «auserzählt». Scholz ist in Osnabrück geboren und in Hamburg-Rahlstedt aufgewachsen, in einem bescheidenen Reihenhaus in der Nachbarschaft einer westdeutschen Plattenbausiedlung,[1] sein Vater war Handelsvertreter, die Eltern trennten sich, die Mutter blieb mit Scholz im Haus. So leben Millionen Deutsche, nicht luxuriös, aber auch nicht schlecht. Es fällt nicht schwer, sich dieses Leben vorzustellen. Zählt man die frühen Jahre als Juso hinzu, ist Scholz bald fünfzig Jahre in der Politik – mit einer längeren Pause als Anwalt für Arbeitsrecht mit einer eigenen Kanzlei ab Mitte der achtziger Jahre bis zu seinem ersten Bundestagsmandat 1998. Gerade ältere

Bürger haben ihn in allen möglichen Rollen erlebt: als Abgeordneter, Generalsekretär, Bürgermeister, Minister, Kanzlerkandidat; als Nachwuchshoffnung, Frontmann, Geschlagener, Landesvater und Sieger. Sein Leben findet seit Jahrzehnten in der Öffentlichkeit statt, und nie hatte man das Gefühl, dass es daneben noch ein wesentliches, unbekanntes Leben gibt, jedenfalls kein sonderlich interessantes. Auch seine Frau Britta Ernst ist Politikerin, 2021 ist sie Bildungsministerin in Brandenburg, sie macht skandalfrei und – das berichten Kollegen – kompetent Politik. Das Paar hat keine Kinder und unternimmt in seiner Freizeit so völlig unexzentrische Dinge wie lange Spaziergänge am Hamburger Stadtrand oder in Brandenburg, die beiden teilen die Leidenschaft fürs Joggen, Scholz rudert außerdem. Über die Jahre haben Journalisten mit jedem Hamburger WG-Mitbewohner, jeder Juso-Mitstreiterin und jedem Wegbegleiter gesprochen, bis hin zu dem Hamburger Rudertrainer Christian Dahlke, mit dem er zumindest bis zu seiner Kanzlerschaft regelmäßig auf der Alster trainiert hat. Das Ergebnis ist immer dasselbe. Um es mit Dahlke zu sagen: Scholz ist «sehr kontrolliert» und «normal».[2] Eine Facette, die dabei vielleicht zu kurz kommt, soll Markus Söder in einer Bund-Länder-Runde zur Corona-Politik im März 2021 artikuliert haben. In einem hitzigen Moment fuhr er Scholz an mit den Worten: «Da brauchen Sie gar nicht so schlumpfig herumzugrinsen!» Mit dieser ergänzenden Beobachtung des verschmitzten, in sich hineinlächelnden Scholz ist der Mann dann auch vollständig umrissen.

Es ist eine Karriere nicht ohne Makel, aber auch diese Makel sind bekannt: Der G20-Gipfel in Hamburg 2017, den Scholz unbedingt in der Stadt haben wollte, mündete im Chaos. Noch nicht vollständig aufgeklärt sind allein die Vorwürfe gegen Scholz in Zusammenhang mit dem Steuerbetrug der Hamburger Warburg-Bank, die Laschet im zweiten TV-Triell erwähnte. Die Bank hatte mit sogenannten Cum-ex-Geschäften betrogen – bei diesen Trickgeschäften mit Aktien lassen sich Händler Kapitalertragssteuern erstatten, die sie gar nicht gezahlt haben. 2016 wies die Kölner Staatsanwaltschaft, die gegen diese und andere Banken ermittelte, die Hamburger Finanzbehörde darauf hin, dass auch sie betrogen worden war. Für die Rückforderung eines Teils, siebenundvierzig Millionen Euro aus dem Jahr 2009, blieb der Hamburger Finanzbehörde nicht viel Zeit, die Ansprüche der Behörde drohten 2017 zu verjähren. Eine Finanzbeamtin entschied zunächst, das Geld zurückzufordern. Im Oktober 2016 traf sich Scholz dann mit einem der Gesellschafter der Bank, Christian Olearius. Im November machte die Hamburger Finanzbehörde eine Kehrtwende und verzichtete auf die Rückforderung. Einen weiteren Verzicht im Jahr 2017 verhinderte das Bundesfinanzministerium. Im März 2020 wurde die Bank rechtskräftig verurteilt und zahlte insgesamt 155 Millionen Euro an das Hamburger Finanzamt zurück. Olaf Scholz sagte zunächst aus, er könne sich nicht an Treffen mit Olearius erinnern. Als Medien in den Tagebüchern des Bankiers Belege für das Treffen im Oktober und für weitere fanden, räumte er sie ein – gab nun aber an, er könne sich nicht an die Inhalte der Gespräche erinnern. Ob Scholz, wie er sagt, tatsächlich keinen Einfluss auf die Entscheidung der Finanzbehörde genommen hat, versucht ein Untersuchungsausschuss der Hamburger Bürgerschaft zu klären, der 2022 zu einem Abschluss kommen will.

Im Wahlkampf geschadet hat Scholz all das nicht. Der Sachverhalt ist kompliziert, und es kam nichts Neues zutage, zumindest nicht Scholz betreffend. Das Bild von dem «normalen», «kontrollierten» und vielleicht ein bisschen «schlumpfigen» Politiker ist offenbar so etabliert, dass es durch diese Vorwürfe nicht zu erschüttern war. Scholz kann auf jahrzehntelang aufgebautes Vertrauenskapital setzen.

Am 17. Juni 2021 stellt Annalena Baerbock in Berlin ihr Buch vor, «Jetzt» heißt es. Es ist ein schöner, sehr heißer Sommertag, Baerbock hat die Terrasse des Hauses der Kulturen der Welt am

Berliner Tiergarten für die Präsentation ausgesucht, denn wer sie hier auf der Bühne fotografiert, hat das Kanzleramt im Hintergrund. Da will ich hin, soll das heißen. Zwar musste Baerbock einige Wochen zuvor eingestehen, dass sie eine Jahresendzahlung und eine Corona-Prämie ihrer Partei nicht versteuert hatte, noch aber ist sie der Star in diesem Rennen. Gerade weil Scholz und Laschet so bekannt sind, ist sie für Medien interessant. Das Leserinteresse ist ebenfalls riesig. Annalena Baerbock «klickt», wie es im journalistischen Jargon heißt. Texte über sie – und seien es nur kleine Meldungen – finden reißenden Absatz. Bei der Buchpräsentation lassen sich sogar Fotografen und Kameraleute ihr Buch signieren, die Moderatorin möchte ein Autogramm für ihren Sohn. «Das ist ein ganz toller Rock, den Sie da anhaben!», lobt eine Frau, als Baerbock mit ihren Sicherheitsleuten zum Ausgang strebt, der Plisseestoff wippt über hohen Absätzen.

In den darauffolgenden Wochen wird das Buch von Wissenschaftlern und Journalisten zerpflückt. Bis kurz vor der Wahl summieren sich die Plagiatsstellen auf über hundert. Auch Baerbocks Lebenslauf weist Ungenauigkeiten auf. So schnell, wie die Grünen nach ihrer Nominierung in den Umfragen aufgestiegen waren, so schnell geht es jetzt wieder nach unten. Ihr Team findet keine einheitliche Linie im Umgang mit den Vorwürfen. Erst räumt Baerbock Fehler ein, dann geht ihr Team in die Offensive, schließlich sammelt sie den Gegenangriff wieder ein und entschuldigt sich, in den «Schützengraben geraten» zu sein. In den TV-Triellen wirkt sie zwar souverän, gut vorbereitet und angriffslustig. Aber da ist es zu spät.

Die starke Personalisierung des Wahlkampfs 2021 hatte zum einen konkrete mediale, zum anderen politische Gründe. Annalena Baerbock war als vierzigjährige Frau für dieses Amt eine Kandidatin, wie sie Deutschland noch nicht gesehen hatte. Armin Laschet hatte sich im Frühjahr 2021 gegen Markus Söder durchgesetzt, in einem harten Kampf, der sich ebenfalls stark um die Eignung und Beliebtheit der beiden Politiker drehte. Die SPD wiederum baute in ihrem Wahlkampf ganz auf Olaf Scholz, weil der in den Umfragen zur Beliebtheit der Kandidaten das Rennen stets anführte – anders als seine Partei. Dass Person und Glaubwürdigkeit der Kandidaten allgemein an Bedeutung gewinnen, hat aber auch tiefere Ursachen.

Eine davon liegt in der beschriebenen Ausdifferenzierung des Parteiensystems und in der inhaltlichen Annäherung der Parteien im «demokratischen Zentrum», wie Christian Lindner es nennt. Die Bindung der Wähler an eine bestimmte Partei nimmt ab, die Zahl der Wechselwähler nimmt zu. Gleichzeitig haben sich CDU, SPD, FDP und Grüne leicht aufeinander zubewegt, der ideologische Weg von einer Partei zur anderen ist etwas kürzer geworden, könnte man sagen. Bei einem Gespräch kurz nach der Bundestagswahl 2021 beschreibt die Schweizer Politikwissenschaftlerin Silja Häusermann diesen Wandel mit den Worten, die deutsche Parteienlandschaft stehe «im Sturm». «Es herrscht ein großes Durcheinander», so Häusermann, «in dem sowohl die Parteien als auch die Wähler auf der Suche nach Orientierung und einer politischen Heimat sind.» Das könne ein Grund dafür sein, dass das persönliche Vertrauen in die Kandidaten eine so große Rolle spielt. Wenn weniger klar ist, wo die inhaltlichen Grenzen verlaufen, wenn zum Beispiel alle vier Zentrumsparteien versprechen, Deutschland werde bis 2045 klimaneutral, dann fragen sich Wähler eher, welcher Person sie am ehesten zutrauen, das auch tatsächlich zu erreichen.

Auch der Politikwissenschaftler Michael Koß beschreibt, wie bedeutend Personen in sich wandelnden Parteiensystemen werden können. Er unterscheidet zwischen «Lichtgestalten» und «Renegaten». Erstere können ihre Partei einen und hinter Koalitionen versammeln, sie können ihre Parteien attraktiv machen für Mehrheiten jenseits der Kernklientel, was bei großer Wechselwählerschaft wichtiger wird. Merkel war eine solche Figur, Olaf Scholz ist es auch. «Renegaten» hingegen bauen ihre Partei nach eigenen Vorstellungen um, wie Sebastian Kurz in Österreich, die

Partei verschwindet dann hinter der Person. In der CDU etwa wurde das bei einer Kandidatur Markus Söders durchaus befürchtet – ein Grund, warum sie sich so heftig gegen ihn sträubte, obwohl Söder im Vergleich zu Laschet in den Umfragen führte.[3] Die Parteien haben sich auf all das eingestellt. Schon die Analyse, die im Zuge der Aufarbeitung der SPD-Wahlniederlage von 2017 entstand, betont, wie stark die Orientierung auf den Kandidaten Martin Schulz war, wobei für einen langfristigen Aufbau des nächsten Kandidaten plädiert wird, damit er nicht wie Schulz schnell wieder verglüht. Der Politikwissenschaftler und Strategieberater Elmar Wiesendahl beobachtete im Bundestagswahlkampf die Herausbildung von «Umfragepolitiker:innen». Sowohl in der Debatte darüber, wer Kanzlerkandidat der Union werden sollte, als auch bei der Kanzlerkandidatur der Grünen spielte die persönliche Beliebtheit eine große Rolle. Das «Geschäftsmodell» dieses Politikertyps, so Wiesendahl, setze auf die «gezielte Erregung medial hergestellter Aufmerksamkeit», «die sich in fortdauernder Medienpräsenz und, daraus folgend, öffentlicher Bekanntheit und Prominenz niederschlägt». Wiesendahl beschreibt eine Art selbstverstärkenden Prozess, in dem Parteien und Politiker sich an Umfragen orientieren, bestimmte Personen als Umfrageköniginnen inszenieren, worüber wiederum Medien berichten, woraufhin wiederum die Umfragen steigen.[4] Dem liegt auch ein zunehmendes Misstrauen in innerparteiliche Auswahlprozesse zugrunde. Die Parteien wissen, dass ihre Mitglieder und Funktionäre die Breite der Gesellschaft nicht repräsentieren. Die Beliebtheit, die sich in Umfragen zeigt, verschafft einer Person zusätzliche Legitimation, es ist eine Art permanentes Umfrageplebiszit.

Diese Trends werden durch eine Medienlandschaft verstärkt, in der TV-Trielle zwar noch irgendwie wichtig, aber längst nicht mehr allein entscheidend sind. Eine zentrale Anforderung an die politische Generation X (und alle Älteren, die, wie Scholz, politisch noch etwas vorhaben) ist es, sich nicht nur in Fernsehdebatten zu bewähren, sondern vor allem auch in den neuen Medien, in der Welt von Instagram, Tiktok und Telegram. Mit dem Bundestagswahlkampf 2021 ist die deutsche Politik in dieser Welt angekommen. Für das Politische ist das eine kleine Revolution. Instagram und Tiktok steigern die Fokussierung auf den einzelnen Politiker, die einzelne Politikerin in die Hyperpersonalisierung – die wiederum auf die Parteien und ihre Strategien zurückwirkt. Sie verpassen der Politik eine neue Ästhetik. Und sie setzen Politiker, vor allem aber Politikerinnen der Generation X völlig neuen Anforderungen und auch Anfeindungen aus.

An einem warmen Tag Anfang Oktober 2021, wenige Wochen nach der Bundestagswahl, sitzt Carline Mohr vor einem Café unweit des Willy-Brandt-Hauses, trinkt Kaffee, raucht und erzählt, wie sie Olaf Scholz digital an die Leute gebracht hat. Ihre roten Haare leuchten vielleicht ein bisschen weniger als auf ihren Instagram-Bildern, da ist wohl häufiger mal ein Filter drüber, aber auch gemessen an den Maßstäben der schnöden, ungefilterten Analogwelt sind es tatsächlich immer noch sehr rote Haare. Ihren Fuchshund, der zweite Star ihres Accounts mit mehr als viertausend Abonnenten, hat sie nicht dabei. Mohr hilft mit, aus Politikern in der Onlinewelt eine Marke zu machen. Es gilt, Wiedererkennbarkeit zu schaffen und Vertrautheit.

Dabei ist Carline Mohr, Jahrgang 1986, zunächst mal selbst eine Marke. Als Studentin hat sie in einem Bordell als Bardame gearbeitet, aus dieser Erfahrung heraus schrieb sie einen Roman. Nach dem Studium leitete sie das Social-Media-Team von «Bild», danach war sie Chefin vom Dienst bei «Spiegel Online» und dann ein paar Jahre bei einer Werbeagentur. Seit 2019 leitet sie den «Newsroom» der SPD. Die Partei hat diesen Bereich nach der verlorenen Wahl 2017 unter der Leitung von Lars Klingbeil massiv ausgebaut. In der Hochphase des Wahlkampfs 2021 arbeiteten in Mohrs Team sechzehn Personen. Sie ist für das digitale Bild der Partei mitverantwortlich – auch für das von Olaf Scholz.

Zum ersten Mal hat sie mit ihm gedreht, erinnert sie sich, als die SPD 2019 ein Mitgliedervotum über den Parteivorsitz abhält. Carline Mohr ist bei einer der dreiundzwanzig öffentlichen Debatten der Kandidatenteams vor Ort. Sie will mit jedem der Kandidaten einen Videoclip drehen. Vorher lässt sie verschiedene Emojis ausdrucken und klebt die an Holzstäbchen, um das Ganze «ein bisschen aufzulockern». Die Kandidatinnen und Kandidaten sollen sich ein Emoji aussuchen, es hochhalten und in die Kamera sagen, warum sie genau dieses mit der SPD verbinden. «Das hat Olaf schon alles mitgemacht», erzählt sie, der spätere Kanzler hat ein Anker-Emoji ausgewählt. «Die SPD ist der Anker der Demokratie», sagt er und hält den Anker hoch. Sie macht eine Pause und überlegt, wie sie das, was sie jetzt sagen will, respektvoll ausdrücken kann. «Aber ich habe dann schon gesagt, mmhh, gut, könntest du vielleicht, ähm, schöne Dinge mal mit einem Lächeln sagen. Freundlich gucken. Weniger Nebensätze?»

Eineinhalb Jahre später, im Wahlkampf, hat Olaf Scholz immer ein Social-Media-Team dabei, wenn er irgendwo auftritt. So wie die Kampagne insgesamt ist auch der digitale Wahlkampf auf ihn zugeschnitten. Mohr und ihr Team haben sich mittlerweile auf den etwas trockenen Scholz eingestellt und eigene «Formate» für ihn entwickelt. Sie habe schnell gemerkt, erzählt sie, dass es nichts bringt, Scholz lustige Sprüche in die Kamera sagen zu lassen, in Interaktionen mit Menschen aber funktioniere er gut. Mohr schickt zum Beispiel Leute aus ihrem Team los in die Stadt. Sie bitten Menschen, die in U-Bahn-Stationen warten oder in einem Nagelstudio arbeiten, Olaf Scholz eine Frage zu stellen. Viele fragen nach Hartz IV. Scholz schaut sich die Videos an und antwortet selbst mit einem Video, beides wird in seinen sozialen Kanälen geteilt. Auf Facebook geht Olaf Scholz auch in geschlossene Gruppen, zum Beispiel in die Gruppe «Wir sind die Pflege». Sie habe befürchtet, dass es schiefgehen könnte, erzählt Carline Mohr, denn moderieren wollten die Gruppenmitglieder selbst, im Vergleich zu anderen Wahlkampfformaten ein Kontrollverlust, dem sich Olaf Scholz aber aussetzt. Die Formate sollen Scholz auf «Augenhöhe» mit den Bürgern zeigen und so den Eindruck von Nähe und Vertrautheit erzeugen. Die Authentizität der echten Menschen soll auf Scholz abfärben.

Verstärkt wird das Nähe- und Authentizitätsgefühl dadurch, dass Social-Media-Inhalte vor allem auf dem Smartphone konsumiert werden – also im privatesten Bereich der Bürger. Genau da, sagt Carline Mohr, wolle die Partei hin. In der Timeline der Bürgerinnen erscheinen Scholz, Lindner, Baerbock und Habeck zwischen Bildern vom Sardinien-Urlaub der besten Freundin, den niedlichen Babyfotos des Bruders, dem stolz fotografierten Sonntagskäsekuchen der Großmutter. Hier werden Politiker quasi Teil des Privatlebens der Bürger. Ach, guck, der Lindner hat dieselben Turnschuhe wie der Micha. Politische Strategen hoffen darauf, dass das Vertrauen, das man in die anderen Personen in der Timeline hat, sich irgendwie auf den Politiker überträgt.

Diese Möglichkeit, Authentizität und Nähe zu generieren, verstärkt den Trend zur Personalisierung. «Offizielle Accounts», etwa die Twitter- oder Instagram-Accounts einer Partei, sind weniger beliebt, die Inhalte werden weniger häufig geteilt. Die Institutionenlogik des politischen Systems passt nicht zur Logik sozialer Medien, in denen Personen als Absender vorgesehen sind. Die Algorithmen, die bestimmen, was in der Timeline eines Rezipienten priorisiert wird, wirken als Katalysator. Sie zeigen zuerst, was ohnehin gefällt – Personen, nicht Parteien –, und machen diese Inhalte «sichtbarer», gruppieren sie zum Beispiel weiter oben in der Timeline. «Persönliche Profile funktionieren besser», sagt Carline Mohr. «Sie erzielen auch mit einer kleineren Abonnent:innenzahl höhere Reichweiten.» (Sie spricht den Gender-Glottisschlag.) «Menschen vertrauen Menschen, und wenn echte Menschen im Internet sind, folge ich denen.» Unternehmen setzen deshalb auf «Influencer», Parteien auf ihr Personal.

Die Personalisierung in den sozialen Medien löst zumindest scheinbar gleich mehrere Probleme von Politikerinnen und Politikern auf einen Schlag. Erstens personifizieren die sozialen Medien Politik in einer Welt, in der politische Konfliktlinien diffus geworden sind, in der die Parteien im demokratischen Zentrum weniger unterscheidbar sind, in der Wähler sich weniger häufig an eine bestimmte Partei binden und deshalb ständig neu herausfinden müssen, wem sie vertrauen. Zweitens sind sie ein Weg, aus der «Bubble» auszubrechen. Wie im vorangegangenen Kapitel beschrieben gibt es durchaus ein Bewusstsein dafür, dass die Berliner Politikwelt als verkapselte Blase wahrgenommen wird, und den Wunsch, näher an den Wählern zu sein, was im Alltag schwierig ist. Soziale Medien verbreiten die Illusion, die «Bubble» sei transparent, alles sichtbar, alles nah, alles ein bisschen privat. Teilweise stellen sie diese Nähe ja auch wirklich her, etwa wenn Scholz in einer geschlossenen Facebook-Gruppe mit Pflegern diskutiert: nichts anderes als ein Bürgergespräch, ein digitaler Besuch vor Ort, bei dem es einen echten Austausch gibt. Die Pflegekräfte können ihre Sorgen und Probleme schildern, der Politiker verlässt den digitalen Ort informierter. Andererseits ist die Versuchung groß, Nähe nur zu inszenieren, Dinge nur zu tun, damit «Material» für die sozialen Medien entsteht.

Als die Union im Sommer 2021 ihren Wahlkampfauftakt zelebriert, treffen sich die Parteispitzen zuerst im Tempodrom, einer Konzerthalle in Berlin. Alles, was Rang und Namen hat, redet dort, Armin Laschet natürlich, Markus Söder und die Kanzlerin. Danach schwärmen die Parteispitzen aus und klingeln an Haustüren. Paul Ziemiak, damals Generalsekretär der CDU, fährt in eine Reihenhaussiedlung in Berlin-Köpenick. Für den Besuch bleiben nur ungefähr zwanzig Minuten, Söder hat zu lange geredet, das Zeitfenster ist geschrumpft. Der Wahlkreiskandidat empfängt Ziemiak mit den Worten, er habe «hier mal was vorbereitet». Er lotst Ziemiak zu der Tür, an der er zuerst klingeln soll. «Oh, so eine Überraschung», sagt der mittelalte Mann, der öffnet, und er ist ganz offensichtlich überhaupt nicht überrascht, «wir sind ja hier etwas abseits des Zentrums.» «Ja», sagt Paul Ziemiak, «weil wir Politik machen nicht nur für die Menschen, die in Mitte wohnen, sondern für die ganze Stadt.» Darauf der Mann: «Bei der Gelegenheit, mein Sohn behauptet immer, die CDU sei eine Partei, die keine Lösung für den Klimawandel hat, ist dem so?» Der Satz klingt so schülertheatermäßig einstudiert, da muss sogar Paul Ziemiak ein bisschen lachen. Er fasst sich wieder. «Nein, dem ist nicht so», sagt er dann. Die Szene wird natürlich gefilmt, ein Social-Media-Redakteur der CDU steht direkt neben ihm.

Seit dem Wahlkampf 2017 haben auch einige der anderen Parteien ihre Social-Media-Teams massiv aufgerüstet. Christian Lindner fing relativ früh an, sich selbst zum Inhalt der politischen Kommunikation seiner Partei zu machen, seinen Instagram-Account gibt es seit Anfang 2016. Dabei ist das Ganze, so könnte man sagen, aus der Not geboren. In ihrer APO-Zeit wird die FDP in den klassischen Medien kaum mehr wahrgenommen. Seine Büroleiterin Katrin Grothe, erzählt Lindner in dem Buch «Schattenjahre», habe dann von einer Delegationsreise in die USA die Idee mitgebracht, einfach mit eigenen Videos im Netz präsent zu sein, wenn schon die Öffentlich-Rechtlichen nicht anrufen. Lindner schreibt, Instagram sei sein «Lieblingsmedium» – schon allein wegen der vielen schönen Bilder von alten Autos, ein «Lebensgefühlmedium». 2017, im Wahlkampf, sendet er regelmäßig Videos aus seinem Dienstwagen unter dem Hashtag «#CLimAuto». Bis heute ist Lindner für die FDP, was der Fuchshund für Carline Mohr ist: der Star der Accounts, der Garant für die Likes.[5]

Stand Ende 2021 hat Lindner 359 000 Follower auf Instagram, mehr als Robert Habeck (189 000) und Olaf Scholz (149 000). Nur Annalena Baerbock haben mit 363 000 mehr Menschen «abonniert». Wie gut ein Politiker oder eine Politikerin auf Instagram «funktioniert», hängt natürlich von vielen Faktoren ab: von der Intensität und Professionalität, mit der Social-Media-Teams ihn oder sie begleiten, von der Kreativität, die dabei zum Einsatz kommt, und davon, wie präsent die Zielgruppe einer Partei auf diesem tendenziell jüngeren Medium ist. Nicht ganz unwichtig ist aber auch die «Instagrammability» der Kandidatin oder des Kandidaten. Instagram und Tiktok zwingen nicht nur privaten Usern eine eigene Ästhetik auf, sondern auch Politikern. Und der entsprechen manche eben eher als andere. Instagram ist der ultimative Eskapismus, eine Wohlfühlwelt aus leckerem Essen, schönen Landschaften und schönen Menschen. Ob Politiker es wollen oder nicht, Attraktivität spielt in dieser Welt eine große Rolle. Das ist keine völlig neue Anforderung an Menschen, die in der Öffentlichkeit stehen, und attraktiv zu sein war noch nie von Nachteil. Aber im Zuge der digitalen Personifizierung der Politik ist die Bedeutung gewachsen. Politikerinnen und Politiker der Generation X wie Lindner oder Baerbock spielen damit – und es ist ein schmaler Grat zwischen Inszenierung und Seriosität, wie zum Beispiel Robert Habeck schon feststellen musste.

Im Sommer 2020 geht Robert Habeck mit dem Ministerpräsidenten von Schleswig-Holstein, Daniel Günther, im Naturschutzgebiet Schäferhaus spazieren. Das Treffen ist in mehrfacher Hinsicht eine Inszenierung. In Schleswig-Holstein regiert da gerade eine Jamaika-Koalition, die Habeck sich auch im Bund vorstellen könnte. Er will seine Partei im bürgerlichen Spektrum platzieren, der Spaziergang mit dem liberalen CDU-Politiker soll Vertrautheit und Nähe zu dessen Partei zeigen. Es ist aber auch eine gute Gelegenheit, das eigene Image zu pflegen. Auf seinem Instagram-Account zeigt Habeck sich oft in der Natur, er pflegt – zumindest, bis er Minister wird – eine gewisse erdverbundene Zotteligkeit, die ebenfalls Nahbarkeit und Lässigkeit vermitteln soll. Nicht alles daran ist gespielt, aber es verbirgt doch den Strategen, den Machtpolitiker, den Fachpolitiker, der er auch ist. Auf Instagram postet Habeck am Tag des Spaziergangs mit Günther ein Foto, auf dem er in Nahaufnahme mit zwei Wildpferden zu sehen ist, die in dem Park leben. Er schreibt dazu, wenn man sich auf den Boden lege, «kommen sie manchmal und schnuppern an einem. Das ist so dicht an Magie, wie man kommen kann.»

Die mediale Rezeption ist nicht die, die Habeck sich wohl gewünscht hat. Dass die Szene gestellt ist, wird bekannt, weil die Fotografin, die die Politiker begleitet, eine Art Making-of veröffentlicht, in dem man Habeck sieht, wie er sich auf dem Boden liegend selbst mit dem Handy fotografiert. Szene und Inszenierung stehen nebeneinander, der «Blick hinter die Kulissen» wird wirklich zum Blick hinter die Kulissen, das Gestänge, die Beleuchtung, die Maschinerie werden sichtbar, die Illusion und damit auch ein Teil der «Magie» werden zerstört.

Die Logik und die Ästhetik von Instagram setzen aber nicht nur auf Nähe, sondern auch auf Körperlichkeit. Die negativen Folgen für Jugendliche sind häufig beschrieben worden, und im Wettstreit um Aufmerksamkeit beziehen auch Politiker (oder ihre Social-Media-Ingenieurinnen) ihren Körper immer stärker mit ein. Erneut ist es Habeck, der unter den Kabinettsmitgliedern am weitesten geht. Eine Bilderserie auf Habecks Instagram-Account, aufgenommen im Wahlkampfsommer 2021 von dem Fotografen Dominik Butzmann, der später als Einziger auch die Koalitionsverhandlungen «von innen» dokumentieren durfte, zeigt Habeck bei einem Wahlkampfauftritt unter freiem Himmel im Regen. Er hat die Ärmel hochgekrempelt, die Haare sind nass, das schwarze Hemd klebt am Körper. Die Kamera geht nah ran, zeigt Falten, Tropfen, Konturen. In den sozialen Medien löst das Bild Assoziationen an «Wet-T-Shirt»-Wettbewerbe aus, andere Nutzer fotografierten sich ebenfalls mit nassem Shirt.

Dass auch nur eines der Mitglieder des letzten Kabinetts Merkel sich so hätte fotografieren lassen, ist praktisch undenkbar (mit Ausnahme vielleicht von Heiko Maas, der mal ein Bild von sich beim Joggen im Central Park veröffentlichte). Das Politische erhält dadurch eine andere Tonalität – und eben auch eine völlig andere Physiognomie. Angela Merkel kleidete sich quasi amtlich, es war regelrecht ihr Ziel, als Person in ihrem Jackett zu verschwinden und damit hinter der Kanzlerin. In der alten Medienwelt, der Fernsehwelt, postiert vor einem in amtlichem

Blau gehaltenen Hintergrundaufsteller, in konturversteckende Anzüge oder Kostüme gekleidet, wird der Körper des Politikers oder der Politikerin zu einem neutralen Platzhalter für den Inhalt. Die Person ist dann nur ein Medium, das eine politische Botschaft überträgt, der individuelle Körper und mit ihm der individuelle Mensch werden unsichtbar gemacht. Die CDU setzte zwar auch stark auf die Kandidatin Angela Merkel. Merkel aber blieb stets die Kanzlerin, die Amtsperson. Insofern war die Ära Merkel geprägt von Entpersonalisierung, während die Ära der Generation X geprägt ist von Hyperpersonalisierung. Der naturverbundene Robert Habeck, der asketische Olaf Scholz, der jugendliche Anzugträger Christian Lindner, die toughe, aber auch traditionell-feminin gekleidete Annalena Baerbock – sie alle verkörpern im wahrsten Sinne des Wortes ihre Botschaft und ihre Marke.

In der Medien- und Politikwelt gibt es einen englischen Ausdruck, der im Prinzip all das bezeichnet, was Sekunde für Sekunde über die diversen «Kanäle» flimmert, was Twitter, Instagram, Tiktok, Telegram, aber eben auch die «Tagesschau» füllt. Der Ausdruck lautet «Content» – Inhalte. Content können Bilder mit Zitaten von Politikerinnen sein («Kacheln»), Fotos, ein Video, ein Interview oder Texte. Mit der Personalisierung wird auch die Person des Politikers zum Content, und dieser Content wird nicht nur gesendet, er wird rezipiert, verändert, neu kontextualisiert und vor allem: kommentiert. In der neuen Medienwelt werden die Bürger im besten Fall als «Influencer» einbezogen. Sie sind aber eben auch selbst Absender von Botschaften. Nicht wenige lassen ihrem Frust und Hass freien Lauf, und das trifft dann nicht «die Politik» oder einen Amtsträger oder eine Partei. Auch der Hass ist personalisiert.

Früher hat Annalena Baerbock viel und gern selbst getwittert und Tweets mitgelesen, erzählt sie im Gespräch zu diesem Buch. Im Wahlkampf gibt es allerdings Phasen, in denen das nicht mehr geht. Hass und Hetze waren nicht mehr zu ertragen. Ihr Umfeld rät Baerbock, zu ihrem eigenen Schutz die sozialen Netzwerke zu meiden, oder zumindest die Kommentare.

Im Mai 2021 zum Beispiel verbreitet jemand Fotos eines russischen Nacktmodels im Internet und behauptet, darauf sei Baerbock zu sehen. Die Frau sieht Baerbock vage ähnlich. Im Juni weisen Journalisten auf tatsächliche Fehler in ihrem offiziellen Lebenslauf hin – gleichzeitig verbreiten sich im Netz aber auch rasch Falschnachrichten, etwa, dass sie gar keinen Universitätsabschluss habe (Baerbock hat einen «Master of Law» an der London School of Economics erworben). Es kursieren Fotos, die suggerieren, bei der Kandidatenkür von Annalena Baerbock habe niemand eine Maske getragen. Baerbock wolle Haustiere verbieten, heißt es auf Telegram – wiederum eine Falschnachricht. Die Hassbotschaften werden von Privatleuten verbreitet, aber auch von Fake-Accounts. Die Grünen und Annalena Baerbock sind überproportional stark betroffen, wie eine Datenanalyse des «Spiegel» von über einer Million Posts aus extrem rechten Netzwerken zeigt.[6]

In den Kommentarspalten der sozialen Netzwerke, aber auch in E-Mails werden Morddrohungen gegen die Kanzlerkandidatin geäußert. Auf Telegram etwa kommentiert ein Nutzer laut «Spiegel» die falschen Berichte über ein Haustierverbot mit: «Sofort einschläfern», ein anderer schreibt: «Diese Etwas gehört sofort erschossen.» Dazu kommen Vergewaltigungsdrohungen. Bei Politikerinnen nimmt der Hass im Netz nicht selten diese Form an – und auch Baerbock ist davon betroffen. Nicht alles ist sexualisiert, aber viele bewerten ihren Körper. «Jetzt hat die wieder zugenommen, diese dicke Fotze» – Kommentare dieser Art häufen sich im Frühsommer 2021. Der Politikerkörper ist Teil der politischen Botschaft und wird nun auch zum Objekt des Hasses. «Auch Männer sind von Gewaltandrohungen im Netz betroffen», sagt Baerbock. «Aber bei Frauen gibt es eine zusätzliche Angriffsebene.»

Es ist schwierig, im personalisierten Umfeld der sozialen Medien von diesem Hass, der sich gegen die Person richtet, zu abstrahieren. Saskia Esken sagt, sie empfinde die sozialen Medien weiterhin als großen Schatz. Sie hat sich jahrelang mit Digitalpolitik befasst, gerade in diesem Bereich ist Twitter eine sehr gute Informationsquelle, eine «Gemeinschaft», die sie nicht missen will, erzählt Esken. «Ich habe auf Twitter immer noch eine starke Community, Experten, die sich zum Beispiel mit Datenschutz und digitaler Bildung beschäftigen. Ich kann dort in die Runde fragen und bekomme umgehend sehr informierte Antworten und Einschätzungen.» Auf Twitter hat Esken fast 100 000 Follower. Auch sie ist eine Marke, und sie gehört zu jenen Politikern, die besonders viel Spott und Anfeindung ausgesetzt sind. Sie erzählt, dass sie immer versucht, damit möglichst humorvoll umzugehen. Lange Zeit hatte sie eine Simpsons-Version ihrer selbst als Profilbild. «Da hat ein junger Liberaler mal in die Runde gefragt: ‹Wen soll ich parodieren?›, und die Leute haben gesagt, das solle ich sein.» So entstand das Simpsons-Bild. «Er rechnete damit, dass ich beleidigt bin, aber ich schrieb ihm, cool, kann ich es kaufen?» Hier siegte die Selbstironie über den Spott.

Aber auch Saskia Esken wird gerade als Frau hart angegangen. Ihre «Drukos» – die «Drunterkommentare» unter einem Beitrag – beziehen sich häufig auf ihr Aussehen. «Dass Saskia #Esken eine Frau ist, müsste auch erst noch bewiesen werden», twittert ein Nutzer.[7] Das ist, Esken spricht es aus, «misogyne Scheiße» – und wie soll man es anders sagen. So etwas zur Anzeige zu bringen habe keinen Sinn. Seit sie Parteivorsitzende ist, hat Esken noch weniger Zeit als früher, all das überhaupt wahrzunehmen, und das tut gut. «Ich habe mir angewöhnt, mir zu sagen, dass das nicht mir als Person gilt, sondern dem Amt, dass es nichts damit zu tun hat, was ich für ein Mensch bin, was ich für eine Frau bin, sondern vor allem damit, dass ich eine linke Parteivorsitzende bin.» Eine Bewältigungsstrategie besteht für Politikerinnen und Politiker also darin, genau das innerlich wieder rückgängig zu machen, was sie selbst erzeugen: die Verschmelzung von Funktion und Person in einer hyperpersonalisierten politischen Medienwelt.

Die Personalisierung hat aber nicht nur Folgen für einzelne Politikerinnen und Politiker, sie ist auch ein Problem für das politische System in Deutschland, das sie eigentlich nicht vorsieht. Die deutsche Verfassung, entstanden aus der historischen Erfahrung des Nationalsozialismus, ist geradezu ein Anti-Instagram: Sie versucht, eine zu starke Personalisierung der Politik zu verhindern. Die Macht wird auf viele Köpfe und Institutionen verteilt, auf sechzehn Ministerpräsidentinnen und Landesparlamente, zwangsläufig müssen Koalitionsregierungen gebildet werden. Das Mehrheitsprinzip (anders als etwa das amerikanische «Winner takes all»-Prinzip) relativiert die Bedeutung des einzelnen Politikers. Ein Charismatiker mag leichter einen Wahlkreis gewinnen – seine Mitbewerber ziehen oft trotzdem ein, über die Liste. Deutschland ist außerdem eine Parteiendemokratie. Nicht einzelne Spitzenkandidaten bestimmen, was der politische «Content» ist, die «Parteien wirken bei der politischen Willensbildung des Volkes mit», heißt es im Grundgesetz, ihre innere Verfasstheit muss demokratisch sein. Insofern steht die faktische mediale Personalisierung im Widerspruch zur tradierten und gewollten politischen Kultur – was gerade in Parteien, die das traditionell sehr ernst nehmen, zu Konflikten führt, die von Politikern der Generation X umsichtig moderiert werden müssen.

Ein Anruf im Dezember 2021 bei Karl-Wilhelm Koch in der Vulkaneifel. Koch war Berufsschullehrer, seit eineinhalb Jahren ist er in Pension. 1993 ist er bei den Grünen eingetreten, zunächst war er Kommunalpolitiker in Krefeld. 1996 zog er um nach Rheinland-Pfalz, seither ist er hauptsächlich auf Bundesebene aktiv, wie er sagt. Koch ist häufig Delegierter auf Bundesparteitagen und bringt sich in der Programmarbeit ein, vor allem in der Bundesarbeitsgemeinschaft Frieden. Er war auch mal kurz Mitglied der SPD und hat gute Kontakte zur Linken, zog aber die

Grünen vor, «weil dort das einfache Mitglied am meisten Einfluss hat». Als er in die Partei eintrat, habe er sich eher zum Realo-Flügel der Grünen gezählt, sagt er. «Damals dachte ich, mit diesen Fundis habe ich ja gar nichts gemeinsam, die haben ja einen an der Klatsche. Aber seither ist meine Partei elegant an mir vorbeigewandert – jetzt bin ich der Linksaußen.»

Parteiintern hat Koch, das sagt er auch über sich selbst, einen «gewissen Ruf». Er ist Teil der Gruppierung «Unabhängige Grüne Linke» und so eine Art linke Basislegende, stellt häufig Anträge auf Parteitagen, redet dazu. Als Annalena Baerbock sich 2018 um den Vorsitz der Partei bewirbt, erwähnt sie ihn in ihrer Rede. Sie sagt, sie wolle flügelübergreifend agieren und wie sehr sie die Programmarbeit mit all den Arbeitsgemeinschaften und Gremien in der Partei liebe. «Und ich weiß auch, Karl-Wilhelm Koch kann das bestätigen, es ist am besten, zu denen die Standleitung zu haben, die am weitesten von einem entfernt sind.»[8]

Als Annalena Baerbock im April 2021 zur Kanzlerkandidatin der Grünen ausgerufen wird, schreiben Koch und andere einen offenen Brief an den Parteivorstand. Es sei unklug, heißt es darin, eine einzelne Person derart in den Fokus zu stellen, besser wäre man bei einem Spitzenduo geblieben. Dieser «Personenkult» passe nicht zu den Grünen. Baerbock selbst oder ihre Vertrauten hätten nicht darauf reagiert, erzählt Koch, aber es kamen einige erboste Mails, nicht aus dem Vorstand oder Baerbocks Umfeld, aber «aus der mittleren Etage». Ihm sei vorgeworfen worden, er «beschädige unsere Spitzenkandidatin», «auf diesem Niveau». Durch den Verlauf des Wahlkampfs fühlt er sich bestätigt.

Dabei hat Koch Baerbocks Kandidatur als Parteichefin ausdrücklich unterstützt, auch wenn er sozusagen «vom anderen Flügel» ist. Mit Baerbock selbst hatte er über Jahre immer wieder Kontakt. Bei Parteitagen trafen die beiden häufig in der Antragskommission zusammen. Die Kommission wird oft wenig beachtet, ist in Parteien aber ein wichtiges Gremium, das die inhaltliche Ausrichtung wesentlich steuern kann, indem es Änderungsanträge annimmt, Kompromissvorschläge macht und Texte zusammenführt. Hier wirken die Parteimitglieder «bei der Willensbildung des Volkes» mit. Es ist für sie aber auch ein gutes Gremium, um sich zu vernetzen. Koch erzählt am Telefon, er habe Baerbock dort immer als «sehr offen, sehr fair, sehr sachkundig, sehr gut informiert» erlebt. «Ich habe diesbezüglich auch heute noch eine sehr hohe Meinung von ihr.» Manchmal haben sie auch telefoniert, zum Beispiel zu Fragen der Abrüstungspolitik. Koch lebt in der Nähe von Büschel, wo amerikanische Atomwaffen lagern. Dass diese abgezogen werden müssen, davon ist Koch immer noch überzeugt. Baerbock dagegen hat sich mit dem Koalitionsvertrag zur nuklearen Teilhabe bekannt. Ein atomwaffenfreies Deutschland ist eher zum Fernziel geworden – da gab es viel Gesprächsbedarf.

Aber es sind eigentlich weniger konkrete politische Entscheidungen, die Koch stören, sondern dass die Grünen, wie er meint, «immer stärker eine Partei wie jede andere werden, auch strukturell immer stärker auf die Spitze zugeschnitten». Als wir im Dezember 2021 telefonieren, hat der Bundesvorstand gerade vorgeschlagen, auf dem nächsten Parteitag die Zahl der Personen hochzusetzen, die nötig sind, um einen Antrag zu stellen, auf 0,1 Prozent der Mitglieder. Das wären 2021 etwa 125, bislang lag die Grenze fest bei 20. «Es wird von oben durchregiert», findet Koch. Auch das ist für ihn eine Folge der zunehmenden Ausrichtung auf Einzelne an der Spitze der Partei. Auf dem Parteitag im Januar 2022 wird dann eine feste Grenze von 50 Mitgliedern vereinbart. «Ich verstehe, dass die Notwendigkeit zur Personalisierung gesehen wird, weil es Wählerstimmen bringt.» Es sei ja durchaus erfolgversprechend, charismatische Persönlichkeiten aufzustellen – siehe das System Kurz in Österreich. «Da ist ja der smarte, junge, brillante Kurz gewählt worden, nicht die ÖVP», sagt er. «Im Zeitalter von Tiktok und Facebook braucht man Leute, die verkörpern, was die Partei darstellt.» Es ist aus seiner Sicht aber auch «eine finstere Entwicklung». Koch verweist auf Populisten wie Trump, Bolsonaro und Orbán. «Das ist die Schiene, auf der wir uns befinden», sagt er. Personen versprechen den Parteien Erfolg – die Parteien können aber dadurch auch abhängig von einzelnen Personen werden, die dann kaum noch zu kontrollieren sind. «Und der Einfluss sowie die Mitwirkungsmöglichkeiten für die Mitglieder der Parteibasis werden immer mehr beschnitten. Ein unguter Trend, auch bei den Grünen», so Koch.

Mit dieser Position gehört Karl-Wilhelm Koch heute schon einer Minderheit an, wie ihm selbst bewusst ist. Er weiß, dass ein guter Teil der «Neu-Grünen» die Personalisierung unterstützt. Ricarda Lang, Bundesvorsitzende der Partei, findet, dass die Grünen gar nicht darum herumkommen, ihre Strukturen zu verändern und anzupassen. «Basisbeteiligung ist die DNA unserer Partei», sagt sie im Dezember 2021. «Aber eine Partei entwickelt sich. Wir hatten lange die gleichen Quoren, die wir in den achtziger Jahren hatten, dabei hat sich die Mitgliederzahl allein in den letzten vier Jahren verdoppelt.» Auch in der Regierungszeit sei Basisbeteiligung wichtig. Lang zweifelt aber, ob die unbedingt gegeben ist, wenn «Delegierte, die vielleicht noch einen Job haben und sich um Kinder kümmern müssen, vor einem Parteitag dreitausend Änderungsanträge durchlesen müssen.»

Für Lang und ihren Ko-Vorsitzenden Omid Nouripour ist der heikle Parteitag im Januar 2022, auf dem die Änderungen beschlossen wurden, ganz gut gelaufen. Die Transformation der basisdemokratischen Partei dürfte aber weitergehen – zu stark ist der Drang zur Personalisierung, befördert durch die Fragmentierung des Parteiensystems und die digitale Medienkultur. Diese Transformation zu managen, ist eine der großen Aufgaben für die Parteivorsitzenden der Generation X.

10 Whiteboards, Key-Performance-Indicators, Moderatorenkoffer. Wie aus Politikern Politikmanager werden

Im Januar 2020 lädt Lars Klingbeil, damals Generalsekretär der SPD, mit den neuen Parteivorsitzenden Saskia Esken und Norbert Walter-Borjans eine kleine Runde von rund zehn Personen in einen Co-Working-Space in Berlin zu einem Klausurwochenende ein: die Führungsmannschaft der SPD. Es ist ein heikler Moment für die Partei. Mit Saskia Esken und Norbert Walter-Borjans sind zwei Außenseiter Parteivorsitzende geworden, der Finanzminister und Vizekanzler Olaf Scholz wurde mit seiner Ko-Kandidatin Klara Geywitz auf Platz zwei verwiesen. Es ist viel Misstrauen entstanden und viel Unsicherheit. Die Partei braucht eine neue Richtung.

«Uns war klar, wir müssen jetzt hier ein Team formen», erzählt Lars Klingbeil rückblickend bei einem Gespräch im Bundestag im Oktober 2021. Es sei nicht so gewesen, dass sich an diesem Wochenende irgendjemand von einer Box habe fallen lassen, damit die anderen ihn auffingen, sagt er scherzhaft in Anspielung auf Vertrauensspiele, mit denen Mitarbeiter von Unternehmen bei Teambuilding-Seminaren zusammengeführt werden sollen. «Aber ich arbeite generell gern mit Coaching-Methoden.» Klingbeil erreicht mit dieser Bemerkung natürlich nur, dass man sich *sofort* vorstellt, wie Olaf Scholz, Kanzler der Bundesrepublik

Deutschland, in einem hippen Co-Working-Ambiente zwischen Gummibaum und Tischkicker rücklings in die Arme von Saskia Esken kippt.

Was genau an diesem Wochenende besprochen und getan wurde, welche «Coaching-Methoden» zum Einsatz kamen, verrät Klingbeil nicht. Aber nach dem zu urteilen, was er und andere berichten, kam die Klausur einem klassischen Teambuilding-Wochenende doch ziemlich nahe. Alle müssen sich viel Zeit nehmen, man trifft sich zwar nicht einsam und abgelegen in Brandenburg, aber doch in einer anderen Umgebung als üblich, auf neutralem Boden sozusagen. Kevin Kühnert erwähnt einen Moderatorenkoffer, der auch dabei gewesen sei[1] – in so einem Koffer finden sich üblicherweise verschieden geformte, bunte Papierzettel und dicke Filzstifte, wie sie in Unternehmen, Kollegien oder Kirchenkreisen zum Einsatz kommen, wenn ein geschulter Moderator eine Gruppe anleitet, Ideen zu entwickeln. Ideen und Begriffe werden dann auf die verschiedenen Zettel geschrieben und an einer Wand oder auf einem Whiteboard geordnet. Das Ziel sei es gewesen, «eine Art ‹Mission Statement›» zu erarbeiten, erzählt Lars Klingbeil.

Der Begriff «Mission Statement» stammt ebenfalls aus der Welt der Unternehmen. Gemeint ist damit ein Satz, der das Ziel eines Unternehmens in wenigen Worten beschreibt. Auf Coaching-Seiten im Internet ist zu lesen, er solle das «Wer, Was und Wie» enthalten, neben einer Reihe weiterer Berater-Banalitäten wie «Mach es nicht zu kompliziert» und «Euer Ziel sollte erreichbar sein». Das «Mission Statement» von Google ist zum Beispiel: «To organize the world's information and make it universally accessible and useful.» Letztlich soll die Frage beantwortet werden: Wer sind wir, und wo wollen wir hin? Für die SPD ist das im Januar 2020 eine Existenzfrage. Aber kann man politische Zielsetzungen mithilfe eines Moderatorenkoffers entwerfen? Kann man die tiefe Kränkung eines innerparteilichen Wahlkampfs mit einem gemeinsamen Wochenende in einem Co-Working-Space überwinden – ob nun mit Von-der-Box-fallen-Lassen oder ohne?

Dem politischen Wettstreit um Ideen und Personen haftet noch immer etwas Archaisches an, und auch ein guter Schuss magisches Denken. Der große, charismatische Führer mit der großen, genialen Idee ist auch in den zwanziger Jahren des 21. Jahrhunderts noch ein Leitbild, sowohl in den Medien als auch in den Parteien selbst. Man verehrt seine Ikonen: die SPD ihren Willy Brandt und ihren Helmut Schmidt, in der Union sind Konrad Adenauer, Ludwig Erhard und Helmut Kohl die Heroen. Große Männer, große Egos, große Anführer, die mit ihrer «Vision» Partei und Land hinter zunächst stark polarisierenden Ideen versammeln konnten, sei es die Westbindung, die soziale Marktwirtschaft, die Entspannungspolitik oder die Wiedervereinigung. Selbst Angela Merkel wurde gegen Ende ihrer Kanzlerschaft als Stabilitätsgarantin mit geradezu metaphysischen Kräften verehrt. Gerade in der CDU ist die Vorstellung verbreitet, es brauche nur die richtige «Führungspersönlichkeit», um das Land und die Partei aus einer Misere zu führen. Das zeigte sich auch im Machtkampf zwischen Armin Laschet und Markus Söder 2021, der geradezu ein politischer High Noon war. Die Idee vom genialischen Anführer steckt tief auch in der sonst eher nüchternen deutschen Demokratie und flammt periodisch wieder auf – sei es in der Obama-Verehrung und Macron-Schwärmerei mancher Linksliberaler oder der Sebastian-Kurz-Sehnsucht in der Jungen Union.

Doch hinter den Kulissen vollzieht sich mit dem Aufstieg der Generation X ein Wandel. Nach außen, im Marketing der Parteien, verstärkt sich der Trend hin zur Personalisierung, wie im vorangegangenen Kapitel beschrieben. Im Maschinenraum der Politik aber zieht vielfach ein kühleres, moderneres Team-Denken ein. Lars Klingbeil ist nicht der Einzige, der versucht, Elemente der neueren Unternehmenskultur in der Politik und in Parteizentralen zu etablieren. Es ist ein Anliegen der Generation X, die Politik zu professionalisieren und archaische Vorstellungen und übermenschliche Ansprüche zurückzudrängen. «Die jüngere Generation steht für einen neuen Führungsstil», sagt Lars Klingbeil. Und Marco Buschmann sagt, in den sechzehn Jahren Merkel sei ein Netzwerk entstanden, das «generationell methodisch geprägt» sei, das sich in der Arbeitsweise abheben wolle vom Politikstil der Vorgängergeneration. Statt genialischen Visionen werden also «Mission Statements» formuliert, evaluierbare Schritte zu deren Erreichung definiert. Das zumindest ist der Anspruch. Aus Politikern werden Politikmanager – und sie haben Erfolg.

Das «Mission Statement», auf das sich die SPD-Spitze im Januar 2020 verständigt, habe er nicht mehr genau im Kopf, sagt Lars Klingbeil. Aber man habe sich auf das Kernziel geeinigt, bei der Bundestagswahl 2021 erfolgreich zu sein – und diesem Ziel alle anderen Interessen unterzuordnen. Das klingt zunächst selbstverständlich und banal, ist es aber nicht. Parteizentralen beschäftigen ihre Apparate jeden Tag damit, alle möglichen Veranstaltungen abzuhalten, ohne dass klar wäre, wie diese überhaupt zu den konkreten politischen und strategischen Zielen passen. Empfänge, Konferenzen, Würdigungen, Publikationen werden organisiert, man verbringt teilweise viel Zeit damit, sich gegenseitig zu bekämpfen, und verliert darüber leicht das übergeordnete Ziel, den Wahlsieg, aus dem Blick.

Im Willy-Brandt-Haus zum Beispiel hatten sich durch die zahlreichen Wechsel an der Spitze seit 2017 Clans von zurückgelassenen Mitarbeitern und Parteigängern so unterschiedlicher Vorsitzender wie Sigmar Gabriel, Martin Schulz und Andrea Nahles gebildet. Auch Lars Klingbeil sagt: «Ich habe ein Haus vorgefunden, das völlig zersplittert war.» Es habe keine klaren Hierarchien gegeben, Arbeitsaufträge seien erteilt worden, ohne dass die formal zuständigen Abteilungsleiter davon gewusst hätten. Klingbeil baut das Haus um, zunächst, ab Frühjahr 2018, mit Andrea Nahles, dann mit Esken und Walter-Borjans. Er holt dazu die dänische Management-Beratungsfirma Ramboll ins Haus, die das Umbauprojekt begleitet. Man habe klare, aber flache Hierarchien und Freiraum für Projektarbeit geschaffen. Mitarbeiter bestätigen das. Die wesentlichen Änderungen seien zum Wahlkampf abgeschlossen gewesen, so Klingbeil, beendet sei die Neuorganisation aber noch nicht.

Klingbeil hat sich intensiv mit dem Wandel der Unternehmenskultur innerhalb der letzten fünfzehn Jahre befasst. Dabei interessiert ihn, nach welchen Mechanismen Führung funktioniert, er liest viel darüber in Wirtschaftsmagazinen, tauscht sich mit Unternehmern aus und mit Freunden, die selbst Führungspositionen in der Privatwirtschaft innehaben. Am Tag unseres Gesprächs im Oktober 2021 hat er gerade einen Bekannten getroffen, der eine Leitungsrolle in der Versicherungsbranche hat. «Wir haben eineinhalb Stunden darüber geredet, wie er sein Team aufstellt und wie ich meines, was moderne Führungskultur bedeutet.» Die Politik, meint Klingbeil, habe die Modernisierung der Arbeitskultur, wie sie in Unternehmen stattgefunden hat, teilweise nicht mitgemacht. Aber auch in der Politik gelte es, Mitarbeiter und Unterstützer zu inspirieren, sie zu «empowern», wie er sagt, also ihnen das Rüstzeug an die Hand zu geben, selbst aktiv zu werden und etwas zu bewirken. «Die Leute, die mit dir an einem Ziel arbeiten, sollten überzeugt davon sein – und es nicht nur tun, weil du irgendeine Form von Macht über sie hast.»

Was auch immer Lars Klingbeil, Saskia Esken, Norbert Walter-Borjans, Olaf Scholz und Kevin Kühnert im Januar 2020 beim Teambuilding gemacht haben, es hat jedenfalls gewirkt. Die SPD ist im Wahlkampf erstaunlich einig, die Kampagne professionell und gut, wie auch politische Gegner einräumen. Einen Monat vor der Wahl habe er die Unterlagen zu diesem Wochenende noch einmal herausgeholt, erzählt Klingbeil – und er habe festgestellt, dass ziemlich genau das erreicht wurde, was die Gruppe damals erarbeitet hat.

Die FDP hat unter Christian Lindner und Marco Buschmann eine ganz ähnliche Entwicklung durchlaufen, auch die Liberalen orientierten sich in Methodik und Struktur an neuen Arbeitsweisen in Unternehmen. Davon, wie Buschmann und Lindner 2013 über die strategische Platzierung der Marke FDP im politischen Spektrum nachdachten, war schon die Rede. Doch das war nur der Anfang eines längeren Prozesses, der – ebenso wie bei der SPD nach 2017 – von einer Unternehmensberatung begleitet wurde. Eine wichtige Rolle übernehmen bei der FDP Benjamin Grosch und Victoria Peill. Grosch ist FDP-Mitglied und bietet 2014 an, die Partei beim Wiederaufbau zu unterstützen. Er ist Partner bei der Boston Consulting Group und leitet deren Center for Digital Government, das Regierungsbehörden bei der Digitalisierung berät. Die Unternehmensberater analysieren die Probleme der Partei zunächst in einem «Schadensbericht».

Im Sommer 2014 trifft sich das Bundespräsidium der FDP dann zu einer Klausurtagung. Das Geld reicht nur noch für ein Backpacker-Hostel in Berlin-Friedrichshain. Das Tagungsgetränk sei eine Kokoslimonade namens «Fountain of Youth» gewesen, schreibt Christian Lindner in seinem Buch «Schattenjahre».[2] Lindner präsentiert per Powerpoint, was er mit der Boston Consulting Group entwickelt hat. Marco Buschmann referiert die Ergebnisse der Marktforschung, Nicola Beer die Ergebnisse einer Mitgliederbefragung. Schließlich formulieren der Vorstand und die versammelten Mitglieder, ähnlich wie die SPD im Januar 2020, ein Leitbild, das der «Kern der Marke FDP» sein soll.[3] Das «Mission Statement» lautet: «Die Freien Demokraten helfen mir, Chancen zu schaffen und zu nutzen, damit ich selbstbestimmt und eigenverantwortlich leben kann in einem liberalen Rechtsstaat mit sozialer Marktwirtschaft.»

Die FDP wird in dieser Zeit wie ein Produkt «re-branded», die politische Marke wird auch optisch neu gestaltet. Einen neuen Namen will Christian Lindner nicht, aber aus der FDP werden die «Freien Demokraten». Auch neue Farben bekommt die Partei,

Magenta und Gelb statt Blau und Gelb. Gemeinsam mit der Berliner Agentur «Heimat» wird ein neues Logo entwickelt. Lindner schreibt: «Durch eine moderne Ästhetik wollten wir uns von den anderen Parteien absetzen und intuitiv erfahrbar machen, dass wir in der Jetzt-Zeit angekommen sind.» Damit auch alle mitziehen, damit die neuen «Freien Demokraten» ein einheitliches Produktbild abgeben, setzt die Parteispitze auf «Message-Control». Die neuen Farben, die neue Marke muss jeder, der etwas in der Partei zu sagen hat, verstehen, also wird das «Branding» in die Partei hineingetragen. Die Parteispitze bildet achtzig Mitglieder zu «parteiinternen Botschaftern» aus. «Auch die Bundesvorstandsmitglieder mussten sich schulen lassen», schreibt Lindner. Es folgen dreihundertfünfzig Veranstaltungen, auf denen immer dieselben Powerpoint-Folien gezeigt werden. Die Mitglieder dürfen das «Branding» kommentieren und diskutieren.[4] Das läuft natürlich nicht ohne Konflikte ab, die inneren Widerstände sind groß. «Ein- bis zweimal habe ich darüber nachgedacht, dem Vorsitzenden zu empfehlen: Vielleicht suchst du dir doch jemand anderen», sagt Marco Buschmann. «Es gibt immer viel Skepsis, wenn man Innovationen ins System bringt – das ist nicht nur in Parteien so, das ist in allen Organisationen so.» Doch die Partei gewinnt Wahlen in Bremen und Hamburg – das nimmt Gegnern der Reformen den Wind aus den Segeln.

Was Lindner und Buschmann hier tun, entspricht ihren beruflichen Erfahrungen. Lindner hat sich, wenn auch in kleinem Maßstab, mit Marketing beschäftigt. Buschmann war bei der Wirtschaftskanzlei White & Case Experte für strukturierte Finanzierung, also für komplexe Kreditvergaben mit mehr als zwei Beteiligten, meist für Großprojekte. Das letzte große Mandat, das er hatte, bevor er in den Bundestag wechselte, war der BER, der Flughafen Berlin-Brandenburg. Sein zweites Feld waren Restrukturierungen, also die Neuaufstellung und Reform von Unternehmen in Krisen. «Das hat mir bei der Neuaufstellung der FDP durchaus geholfen», sagt er. Als Anwalt konnte er aus der Nähe beobachten, wie Private-Equity-Unternehmen, Unternehmen, die auf die private Geldanlage spezialisiert sind, kaputte Firmen kaufen, im Eiltempo sanieren, wiederverkaufen und den Gewinn einstreichen.

Auch Klingbeil, Buschmann und Co. wissen, dass Politik nicht ein Beruf ist wie jeder andere, dass sie keine Manager bei Private-Equity-Firmen sind. In der Verantwortung für das Gemeinwohl liegt eine Besonderheit, die den Politiker vom Manager unterscheidet, der in erster Linie für das Wohl seines Unternehmens Verantwortung trägt. Aber es gibt eine Angleichung, aus beiden Richtungen. Von Unternehmen wird immer stärker erwartet, dass sie berücksichtigen, welche Folgen ihr Wirtschaften für die Gesamtgesellschaft hat. Von der Politik wird immer stärker erwartet, dass sie effizient und professionell arbeitet – und Staat und Verwaltung mit ihr. Auch Politikmanager sind einem immer höheren Konkurrenzdruck ausgesetzt, der für ein größeres Effizienzbewusstsein sorgt.

Das liegt einerseits an der «Systemkonkurrenz» – dem Anspruch autoritärer Staaten wie China, Dinge schneller und besser managen zu können als die «langsamere» Demokratie. Die Corona-Politik hat aber auch zu einer neuen medialen Komparatistik geführt. Natürlich ließ sich schon vor der Pandemie der «Erfolg» von Regierungen an global erhobenen Gesundheitsdaten, am BIP oder am Glücksindex messen – nur war das selten ein größeres Thema. In der Pandemie aber fragten Medien ständig, warum andere entwickelte Länder wie Israel oder die USA zunächst schneller mehr Bürger impften, sie verglichen die Sterblichkeitsrate, die Zahl der Intensivbetten, die Inzidenzen, die Effizienz der Corona-Maßnahmen. Automatisch aktualisierte Grafiken machten für jede Bürgerin zu jeder Zeit transparent, wie gut die Corona-Politik in ihrem Land gerade im Vergleich zu anderen Ländern funktionierte. Es entstand eine Art globaler Corona-Dax, in dem Deutschland zwar meist gelistet wurde, aber oft nicht so gut «performte» wie andere. In der Klimapolitik wird es ähnlich sein – auch hier wird in den nächsten Jahren immer wieder verglichen werden, inwieweit verschiedene Staaten ihre CO_2-Reduktionsziele erreichen.

Das zunehmende Effizienzbewusstsein junger Politiker hat aber auch mit einer Entideologisierung der Politik zu tun. Sowohl in der Corona-Politik als auch in der Klimapolitik geht es – zumindest oberflächlich betrachtet – nicht um einen Wettstreit der Utopien. Es geht um Probleme, deren Faktizität von einem breiten wissenschaftlichen Konsens unterstrichen wird. Diese Politikfelder lassen sich daher leicht als reines Managementproblem betrachten. Auf Grundlage wissenschaftlicher Erkenntnisse werden Schritte zur Zielerreichung formuliert, sei es eine Impfkampagne, die Reduktion von Treibhausgasen, ein Ausbauziel für erneuerbare Energien. Schließlich werden Strukturen geschaffen, Zwischenziele definiert, Investitionen geplant. Natürlich spielen Ideologien unterschwellig eine Rolle, im Kern aber gleicht die Herangehensweise stärker als früher der eines Unternehmens, das sich Wachstumsziele setzt oder andere sogenannte KPIs erreichen will, Key-Performance-Indicators, also Leistungskennzahlen. Die bereits beschriebene «Stichtag-Logik» in der Klima- und Corona-Politik trägt zu dieser Neuausrichtung des politischen Handelns bei.

Das Bedürfnis nach einer anderen, «unternehmerischen» Arbeitsweise, die sich stärker an messbaren Ergebnissen orientiert, geht zum Teil auf eine große Veränderungslust nach sechzehn Jahren Angela Merkel zurück. Marco Buschmann formuliert es so: Er sei Teil einer Politikergeneration, die groß geworden ist in Zeiten «inkrementeller Innovation, sehr linearer Prozesse». «Inkrementell» ist ein Modewort in progressiven Berliner Kreisen, ein Ausdruck, der aus der Softwareentwicklung stammt. Er beschreibt kleinteilige Optimierungen an bestehenden Produkten – oder eben in politischen Feldern. Als Gegenbegriff wird häufig «disruptive Innovation» verwendet, wiederum ein Begriff, der mit der Digitalisierung Verbreitung gefunden hat und die Umwälzungen beschreibt, die vom Silicon Valley ausgegangen sind. Gemeint ist damit eine Veränderung oder eben Innovation, die ein ganzes System vom Kopf auf die Füße stellt und in alle Lebensbereiche hineinwirkt. «Was die Leute in meiner Alterskohorte verbindet, ist das Erleben disruptiver Innovation», sagt Marco Buschmann. Das klinge «nach Berater-Bullshit-Bingo», räumt er ein. «Aber es beschreibt trotzdem ganz richtig das Geschehen.» Seine Generation, so Buschmann, sei stark geprägt durch die Anfangszeit der Digitalisierung, die er und seine Altersgenossen als ältere Teenager oder junge Erwachsene erlebten. Wie aus dem Nichts tauchten Unternehmen wie Amazon, Google und Co. auf. «Amazon war gestern noch so eine komische Start-up-Bude, und im nächsten Moment ist es das mächtigste Unternehmen der Welt», sagt Buschmann. «Das Grundvertrauen, dass wir uns auf gesicherten Bahnen bewegen und dann schön inkrementell einen Schritt nach dem anderen gehen können, ist verloren. Wir wissen, dass es zu schweren Krisen kommen kann. Wenn da jetzt eine Führungsfigur wie Angela Merkel abtritt und mit ihr Leute wie Peter Altmaier, öffnet das auch den Weg für neue Methoden.»

Das Think-big-Credo des Silicon Valley haben Politiker wie Buschmann ins Politische übernommen. Ihre Methode ist nicht die ideologische, die Revolution, sondern eben die Disruption, eine mit unternehmerischen Mitteln herbeigeführte Umwälzung. Das «Mission Statement» von Klingbeil, Buschmann und anderen, so könnte man sagen, ist: «Groß denken, strukturiert arbeiten.»

In ihrem Umfang und in ihren Folgen sind die Aufgaben etwa in der Klimapolitik durchaus vergleichbar mit der digitalen Disruption. Schrittweise Verbesserungen reichen nicht mehr aus, benötigt wird eine Transformation fast aller Lebensbereiche, von der Ernährung über die Energieversorgung bis hin zur Mobilität, wie sie zuletzt unter digitalen Vorzeichen stattgefunden hat. Das erfordert noch stärker als früher ressortübergreifendes Handeln. Durch die «Stichtag-Logik» (das Erreichen von CO_2-Reduktionszielen, das Nicht-Überschreiten einer bestimmten Inzidenz) wird gleichzeitig die Idee einer ständigen Evaluation des eigenen Regierungshandelns, die Orientierung an messbaren Erfolgen verstärkt. Parteiübergreifend äußern Politiker der Generation X, dass sie der «Politik des großen Geldes» müde sind, bei der Milliardenbeträge ohne klare Ziele zur Verfügung gestellt wurden – und oft auch ohne Kontrolle, ob das Geld tatsächlich «abfließen» kann.

Diese Logiken schlagen sich im Koalitionsvertrag nieder. Dort wird das methodische «Mission Statement» der Generation X wie folgt formuliert: «Mit unseren politischen Maßnahmen wollen wir unsere politischen Ziele wirksam und nachweisbar erreichen.» Der Bundeshaushalt soll auf eine «ziel- und wirkungsorientierte Haushaltsführung» umgestellt werden, «in deren Rahmen die politisch-inhaltlichen Zielsetzungen aller Förder- und Ausgabeprogramme bereits bei der politischen Beschlussfassung in klar definierte, messbare und auf die beabsichtigte Wirkung ausgerichtete Indikatoren (...) übersetzt und mit festgelegten Evaluationsfristen versehen werden». Es soll ein regelmäßiges und einheitliches «Controlling» geben, ob politische Maßnahmen (und das ausgegebene Geld) tatsächlich die gewünschte Wirkung haben.

Ganz neu ist all das natürlich nicht, aber es fällt doch auf, dass die Methodik stärker in den Fokus rückt. Unter der Ampel-Regierung, so zumindest der Anspruch, sollen die Ministerien stärker vernetzt, ihre Ziele abgeglichen und vereinheitlicht werden. Gerade auch jene, die schon in der Großen Koalition gearbeitet haben, wünschen sich eine Neuorientierung. «Bereits in der neunzehnten Legislaturperiode gab es ein Digitalkabinett, ein Klimakabinett, ein Corona-Kabinett, die ‹konzertierte Aktion Mobilität›», sagt der Kanzleramtsminister Wolfgang Schmidt bei unserem Gespräch im Oktober 2021. «Das war aber auch gelegentlich Volkshochschule für die Regierung. Man fühlte sich informiert und lernte etwas – aber es gab keine festen Verabredungen, was bis zum nächsten Treffen zu erledigen sei, keine konkrete Zielsetzung. Das sollten wir anders machen.»

Inwieweit diese «Philosophie» im Regierungsalltag der Ampel tatsächlich umgesetzt wird, ist bei Fertigstellung dieses Buchs noch nicht absehbar. Die dahinterstehende Haltung – ein effizienzorientiertes, von einer modernen Unternehmenskultur und einem Hauch Silicon Valley geprägtes Denken – ist jedenfalls eine generationelle Gemeinsamkeit, die Schlüsselfiguren der Ampel-Regierung verbindet. Wie sehr sie sich tatsächlich von der «Regierungsphilosophie» der Vorgängergeneration unterscheidet, zeigt ein Buch von Thomas de Maizière, das «Regieren» heißt und 2019 erschienen ist.

Thomas de Maizière war unter Angela Merkel ab 2005 Kanzleramtsminister, später Verteidigungs- und Innenminister. In seinem Buch beschreibt er den Regierungsalltag als ein strukturiertes Verwalten, effizient ausgerichtet auf das Abarbeiten des Koalitionsvertrags in Form von Gesetzesvorlagen, die aus den Ministerien in das Kabinett getragen, verhandelt und verabschiedet werden und damit im Wesentlichen als erledigt gelten. Evaluationen, ob ein Gesetz letztlich den gewünschten Effekt hat, also eine Kontrolle, ob die «Leistungszielwerte» einer Regierung erreicht werden, erwähnt er nicht.[5] Raum für «Initiativen» der Minister gibt es im eng getakteten und stark strukturierten Regierungsalltag kaum, wie de Maizière selbst kritisch vermerkt.[6] Er problematisiert auch eine Tendenz, nur reaktiv zu handeln. Oft bleibe es bei Ankündigungen, die zwar mediale Resonanz erzeugen, aber nichts verändern. Einmal, schreibt de Maizière, habe er seinen Kalender analysieren lassen und festgestellt, dass er zu «80 oder 90 Prozent» aus Terminen bestand, die an ihn herangetragen wurden – die er also gar nicht aktiv gewollt hatte.[7] Er stellt außerdem fest, dass die grundlegendsten politischen Änderungen erst in Zusammenhang mit Krisen erreicht wurden.[8]

Nach dem Ende der Ära Merkel liest sich das Buch beinahe wie eine Problemanalyse. Es entsteht das Bild einer im politi-

schen Alltag und im Vierundzwanzig-Stunden-Nachrichten-
kreislauf verhafteten Politik. Dass es eine grundsätzlich andere
Arbeitsweise der Politik bräuchte, schließt de Maizière daraus
nicht. Er formuliert zwar «Prinzipien» guten Regierens, aber es
sind eher klassische Tugenden einer Führungspersönlichkeit, darunter Disziplin, Loyalität, Verhandlungsgeschick. Marco Buschmann oder Lars Klingbeil würden vermutlich entgegnen: «Was ist
das ‹Mission Statement›, was ist das übergeordnete Ziel?»

Die Orientierung an Effizienz und an den Idealen einer modernen Unternehmenskultur betrifft nicht nur das Management der
eigenen Partei oder des Regierungshandelns, sondern auch das
Selbstmanagement, die Arbeitsweise, den Stil und das Rollenbild
der Generation-X-Politiker. Zur neuen Führungskultur gehört ein
anderer Umgang mit dem eigenen Zeitbudget, der Work-Life-Ba-
lance, der eigenen Kraft und dem eigenen Körper. «Es muss nicht
immer das Wochenende sein – nicht, um Arbeitszeit zu sparen,
man arbeitet in der Politik sowieso immer genug», sagt zum Beispiel Annalena Baerbock, «aber weil es die Arbeit besser macht,
wenn man einmal zwischendurch den Kopf freibekommt. Man
hat dann auch einmal einen Gedanken mehr. Mit einem Fuß im
Leben zu stehen und im Alltag, kann Politik besser machen.»
     Unter Angela Merkel waren Nachtsitzungen eher die Regel als
die Ausnahme. Merkel saß sie alle aus. Sie blieb wach während
der Nachtsitzungen des Europäischen Rates zur Eurorettung.
Sie blieb wach während der Verhandlungen mit Wladimir Putin,
Petro Poroschenko und François Hollande in der Ukraine-Krise
ab 2014. Sie blieb wach in den nächtlichen Verhandlungen über
die Große Koalition 2018 und den zahlreichen zähen Koalitions-
ausschüssen, die folgten, und sie blieb wach in den Bund-Län-
der-Runden zur Corona-Politik. Ein so grundlegendes mensch-
liches Bedürfnis wie den Schlaf zu überwinden wird als Zeichen
besonderer Ausdauer, ja beinahe übermenschlicher Willenskraft
interpretiert. Politiker demonstrieren so physische Härte – im

Rahmen dessen, was die zivilisatorischen Regeln des 21. Jahrhunderts zulassen. Nachtsitzungen sind oft auch symbolische Gesten an die Adresse der eigenen Klientel und der eigenen Partei, ein Mittel, um Kompromisse zu rechtfertigen. Will heißen: Ich habe alles versucht, bin bis an meine physischen Grenzen gegangen, aber mehr ging nicht.

Tatsächlich klingt auch im 21. Jahrhundert ein beinahe sakrales Verständnis der Einheit von Amt und Person nach. Mit dem Amtsantritt geben der Politiker oder die Politikerin ihre Individualität und ihr Recht auf Privatheit auf und verschmelzen mit der Aufgabe, der sie sich voll und ganz zu widmen, ja zu ergeben haben – immer erreichbar, immer verfügbar. Es ist, als schwinge noch immer die mittelalterliche Vorstellung von den «zwei Körpern des Königs» (Ernst Kantorowicz) mit – die Idee der Vereinigung des physischen und des politischen Körpers in einer Person, wobei der politische Körper die Zeit und den Tod überdauern und sich einen neuen menschlichen Körper suchen wird. Es gibt in dieser Vorstellung keine separate, private Person, kein zweites, eigenes Leben jenseits der Politik. In diesem Sinne ist Politik kein «Job», sondern eine Aufgabe, die die Person vollkommen vereinnahmt.

Angela Merkel hat dieses Verständnis der Einheit von Amt und Person in ein neues Extrem geführt, indem sie fast vollständig im Amt aufging und sich nur ein Mindestmaß an Individualität gönnte. Es gab seltene und wohldefinierte Zeitfenster für persönliche Neigungen: der kurze Sommerurlaub in Tirol, der jährliche Besuch in Bayreuth, ein gelegentlicher Aufenthalt auf der Datsche. Auch ihren Körper stellte sie zu einhundert Prozent in den Dienst dieser Aufgabe, bis zur totalen Erschöpfung. Im Sommer 2019 erlitt sie mehrfach kurze Zitteranfälle, einmal, im Juni, bei einem Staatsbesuch des ukrainischen Präsidenten Wolodymyr Selenskyj. Bei einer Pressekonferenz im Anschluss erklärte sie, sie habe nun drei Gläser Wasser getrunken, das habe wohl gefehlt.

In demokratischen Gesellschaften gibt es gute Gründe für den hohen Anspruch auch an die «Privatperson», den «physischen Körper» des Politikers. Die besondere Verantwortung, die in der Repräsentation liegt, begründet den Anspruch auf Verfügbarkeit, zum Beispiel in Krisensituationen. Der berechtigte Anspruch an politische Redlichkeit, nämlich so zu leben, wie man es politisch vorgibt, das Verhindern von Korruption, all das begründet ein Recht der Öffentlichkeit auf Transparenz.

Bei vielen Politikerinnen und Politikern der Generation X aber ist ein professionelleres, weniger metaphysisches Selbstverständnis des Politikerberufs spürbar. Politik wird als Managementaufgabe betrachtet, und damit einher geht der Wunsch, Arbeit und Privatleben stärker zu trennen, einen Rest Individualität zu erhalten. Natürlich kamen auch die Ampel-Koalitionäre am Ende nicht ganz ohne Nachtsitzungen aus, allerdings gab es auch zahlreiche vergleichsweise routinierte Verhandlungstage, die zumindest für die Verhandler der Arbeitsgruppen in den Abendstunden endeten. «Ob man nun von acht bis achtzehn Uhr oder von sechzehn Uhr bis zwei Uhr morgens verhandelt – es sind so oder so zehn Stunden», sagt Annalena Baerbock. «Dass die Qualität der Verhandlungen besser wird, wenn die zehn Stunden am Abend und in der Nacht liegen, wage ich zu bezweifeln.» Außerdem habe sich das Ritual «auch abgenutzt, dadurch, dass es dauernd gemacht wurde». Annalena Baerbock sieht in den physischen Strapazen mancher Nachtverhandlungen «eine Schein-Machtdemonstration».

Die jüngere Generation hat ein anderes Gesundheits- und Körperbewusstsein. Viele lehnen die kalkulierte Abnutzung des eigenen Körpers im Amt ab oder versuchen, sie in Grenzen zu halten. Die meisten treiben Sport. Lars Klingbeil hat aufgehört zu rauchen, er hat sich beim Crossfit viele Kilos abtrainiert und fährt am Wochenende mit seiner Frau Fahrrad, Cross-Country. Christian Lindner joggt und fährt Rad. Annalena Baerbock war, wie während ihres Wahlkampfs immer wieder berichtet wurde,

Leistungssportlerin im Trampolinspringen. Carsten Linnemann ist Langstreckenläufer. Carsten Schneider fährt Rennrad und Cross-Country, außerdem spielt er Fußball. Die öfter zeitdiagnostisch festgestellte Tendenz zur Selbstoptimierung findet man auch unter Politikern. Viele bekennen sich zu einer anderen, «amerikanischen» Fehlerkultur, in der Fehler als Möglichkeit gesehen werden, etwas zu lernen. Carsten Linnemann ist so jemand, der sich selbst stark zu beobachten scheint, um besser zu werden. Sicher, sagt er, Politiker zu sein könne man nicht lernen, man habe das in der DNA oder nicht. Aber man könne an sich arbeiten. Er trainiert seine Resilienz – seine mentale Widerstands- und Problembewältigungsfähigkeit. Über seine Fußballleidenschaft und das Engagement für seinen Verein Paderborn hat er Martin Daxl kennengelernt, einen früheren Zeitsoldaten, der sich als Mentalcoach selbstständig gemacht hat. Daxl arbeitet für verschiedene Bundesligavereine. Mit ihm telefoniert Linnemann gelegentlich.

Alkohol, erzählen ältere Journalisten gern, spielte früher, gerade in Bonner Zeiten, eine wesentlich größere Rolle, sowohl im Journalismus als auch in der Politik. Natürlich wird auch heute noch getrunken. Aber vieles geht eben – mit gutem Grund – nicht mehr. Der FDP-Politiker Rainer Brüderle sagte 2012 bei einem weinseligen Abendempfang im Rahmen des traditionellen Dreikönigstreffens der FDP an einer Hotelbar zu der «Stern»-Journalistin Laura Himmelreich, sie könne «auch ein Dirndl ausfüllen» und dass er hoffe, sie werde seine «Tanzkarte annehmen». Himmelreich schrieb die Begebenheit in einem Porträt über Rainer Brüderle auf – es folgte eine breite Debatte über Alltagssexismus unter dem Hashtag #aufschrei. Der Idealtyp des modernen Politikers ist der Anti-Brüderle, physisch ein Asket, korrekt im Verhalten. Er lässt sich nicht gehen, trinkt nicht zu viel und behandelt Frauen, wie es sich gehört, nämlich so respektvoll wie alle anderen Menschen auch.

Olaf Scholz hat im Wahlkampf das Asketen-Image kultiviert.

Er trinke jetzt meist nur noch alkoholfreies Bier, betonte er immer wieder in Interviews. Nur ganz selten sah man ihn mit einem «echten», zum Beispiel hinter den Kulissen des ersten TV-Triells, als der Kämpfer aus der Arena trat und in der Menge seiner Vertrauten badete, wie Pressebilder zeigten. Asketisch, professionell und emotionslos soll auch sein Politikstil sein: Er rächt sich nicht an innerparteilichen und politischen Konkurrenten, er äußert sich öffentlich oder auch nur halb-öffentlich nicht abfällig über andere Personen. Er halte auch sein Team und alle in seiner Umgebung zu der Devise «Florett statt Keule» an, sich in der Sache auseinanderzusetzen, nicht mit der Person, sagt Wolfgang Schmidt.

Diese neue, professionellere und im Wortsinn nüchternere Variante des Politikers hat auch viel mit dem Wandel idealtypischer Männerbilder zu tun. Jüngere männliche Politiker lehnen es ab, sich in die Rolle des virilen Kämpfers drängen zu lassen. Das Modell «Haut drauf, hält sich für perfekt, rennt breitbeinig durch Berlin, ist der King» gebe es immer noch, sagt Lars Klingbeil. «Aber das hat vor fünfzehn Jahren aufgehört, cool zu sein, und jetzt gerade dringt das Neue richtig durch.»

Noch jüngere Politiker gehen sogar weiter. Der 1997 geborene grüne Neu-Abgeordnete Max Lucks sagt bei einem Gespräch im Oktober 2021, er sei angetreten, um das Männlichkeitsbild in der Politik zu verändern. «Es gibt weiterhin ein Politikerbild von einem Mann, der hart in Konflikte geht, der sich durchsetzt, der auch sehr kalt ist, auch bei uns Grünen.» Von Männern erwarte man viel mehr Konfliktbereitschaft als von Frauen, sagt Lucks. «Das ist nicht hilfreich für die Gesellschaft. Ich beobachte, dass es einerseits wieder viele junge Männer gibt, die typisch toxisch maskulin sind. Und andererseits auch viele, die sehr verunsichert sind, weil sie eigentlich gern gut sein wollen, aber nicht wissen, wie das geht. Darauf müssen sie eine Antwort kriegen.»

Lucks selbst zum Beispiel musste sich einer Kampfabstimmung um seinen Listenplatz stellen. Er hatte eigentlich versucht, das zu vermeiden. Er hatte sich bewusst nicht um einen der noch höheren Listenplätze beworben, obwohl ihm dazu geraten wurde. Er habe sich gedrängt gefühlt, Konflikte zu suchen, sagt er und fragt: «Einer Frau hätte man diesen Druck nicht gemacht, oder? Ich hatte das Gefühl, dass das viel mit einer bestimmten Erwartungshaltung an männliche Politiker zu tun hatte.»

Ein Ende des Machtkampfes in der Politik wird es sicherlich dennoch nicht geben. Auch wenn Annalena Baerbock, Lars Klingbeil oder Christian Lindner zivilisierter auftreten als manche der Älteren und nichts vom breitbeinigen Polit-King (Klingbeil) oder von Pseudo-Machtdemonstrationen in Nachtsitzungen (Baerbock) halten, wissen sie doch, sich durchzusetzen. In Stil und Arbeitsweise aber unterscheidet sich diese Generation von der ihrer Vorgänger. Dass sie sich einen «professionelleren», vielleicht kühleren politischen Alltag wünschen, hängt stark mit dem Wandel geschlechtlicher Rollenbilder zusammen. Und nicht nur damit, wie diese Generation wahrgenommen werden möchte, sondern auch damit, wie sie lebt. Bereits in der älteren Generation lebten viele Politiker in Beziehungen, in denen beide Partner arbeiteten – unter Politikerinnen und Politikern der Generation X aber hat das noch einmal zugenommen. Die doppelte Berufstätigkeit und eine (Teil-)Verantwortung beider Partner für gemeinsame Kinder ist das neue Normal. Wie das auf die Politik zurückwirkt, darum soll es im nächsten Kapitel gehen.

11 Versuch einer Familie.
Was die doppelte Berufstätigkeit
für die Politik bedeutet

C hristina Stumpp hat einen Besprechungsraum der CDU-Fraktion im Bundestag für unser Interview reserviert. Das Büro der Abgeordneten und kommissarischen stellvertretenden CDU-Generalsekretärin ist belegt, dort schläft nämlich Maximilian, fünfzehn Monate alt. Für beide, für Stumpp und ihren kleinen Sohn, war es ein ziemlich langer Tag. Es ist fünf Uhr an einem Nachmittag im November 2021, draußen dämmert der Himmel über Berlin, und Christina Stumpp ist jetzt seit vierzehn Stunden auf den Beinen. Die CDU-Politikerin ist um drei Uhr morgens aufgestanden, zu Hause in Baden-Württemberg. Sie hat sich fertig gemacht und das Auto gepackt. Um vier Uhr hat sie den kleinen Maximilian geweckt. «Er hat mich ein bisschen kritisch angeschaut, sich aber anziehen lassen», erzählt sie. Im Auto ist er sofort wieder eingeschlafen. Maximilian schläft, während sie zum Stuttgarter Flughafen fährt und während des 6.10-Uhr-Flugs Stuttgart–Berlin auch. Erst bei der Landung um 7:30 Uhr wacht er wieder auf. «Das lief gar nicht so schlecht, habe ich gedacht», sagt Stumpp und lacht. Sie wirkt nicht müde, eher ein bisschen aufgekratzt. Eigentlich kein Wunder. Im vergangenen Jahr haben sich die Ereignisse in ihrem Leben regelrecht überschlagen.

Christina Stumpp ist vierunddreißig Jahre alt. Noch vor einem

245

Jahr war die Steuerrechtlerin persönliche Referentin des Landwirtschaftsministers von Baden-Württemberg und sehr aktiv in der Kommunalpolitik in Waiblingen. Sie ist Regionalrätin im Verband Region Stuttgart, stellvertretende Vorsitzende der CDU Region Stuttgart, stellvertretende Vorsitzende der örtlichen Frauenunion und Mitglied im Obst- und Gartenbauverein. Stumpp ist in Backnang auf dem Hof ihrer Eltern aufgewachsen, ihr Bruder führt den landwirtschaftlichen Betrieb noch heute im Nebenerwerb. Heute lebt sie mit ihrem Mann in Waiblingen, einem Anwalt mit eigener Kanzlei, er ist ebenfalls in der CDU und in der Kommunalpolitik aktiv. Sie hatte eigentlich keine Ambitionen auf ein Bundestagsmandat, doch dann verzichtete im Frühjahr überraschend der langjährige CDU-Abgeordnete in ihrem Wahlkreis auf eine erneute Kandidatur. Medienrecherchen hatten offengelegt, dass Joachim Pfeiffer geschäftliche Tätigkeiten nicht klar von seinen Tätigkeiten als Abgeordneter getrennt hatte. Ob sie sich nicht um das Mandat bewerben wolle, fragten Parteifreunde. Christina Stumpp und ihr Mann überlegten. Beide sind Vollzeit berufstätig, ihr Sohn erst wenige Monate alt. Doch sie beschließen gemeinsam, dass sie es probieren wird.

Frisch im Bundestag lernt sie Friedrich Merz kennen, bei einem Treffen von Abgeordneten, die neu in das Parlament gewählt wurden. Merz ist natürlich eigentlich nicht neu, war aber zwölf Jahre draußen. Die beiden, erzählt Stumpp, verstanden sich auf Anhieb gut. Sie hatte Merz bereits bei seinen ersten beiden Kandidaturen für den Parteivorsitz unterstützt. Ein paar Wochen später ruft Merz sie dann an und fragt, ob sie sich vorstellen könne, in sein «Team» zu kommen. Merz kandidiert im Herbst 2021 erneut für den CDU-Parteivorsitz, und er braucht junge Gesichter um sich, möglichst auch Frauen.

Gemeinsam mit dem CDU-Generalsekretär Mario Czaja habe man über die Rollenverteilung im Team gesprochen, erzählt Christina Stumpp. Auch Czaja hat eine kleine Tochter, auch er bittet sich Zeit für die Familie aus. Es ist für ihn das erste Mal, wird Merz einmal erzählen, dass in so einem Gespräch beide, eine Frau und ein Mann, Zeit für ihre Familie einfordern. Merz sagt, er finde das gut, für ihn ist das ein Ausweis der Modernisierung innerhalb der Partei. Man einigt sich, dass Stumpp neben Czaja stellvertretende Generalsekretärin werden soll. Bislang gab es dieses Amt nicht, der Stellvertreterposten soll im September 2022, nach Fertigstellung dieses Buches, für sie neu geschaffen werden. Warum wollte sie nicht selbst Generalsekretärin werden? «Für mich ist das perfekt», sagt Stumpp. Czaja, der ebenfalls Abgeordneter ist und seinen Berliner Wahlkreis Marzahn-Hellersdorf direkt gewonnen hat, sei ja ohnehin in Berlin. Sie hingegen brauche die Zeit außerhalb der Sitzungswochen im Wahlkreis. Zum einen, um sich dort politisch zu engagieren. Zum anderen, um Zeit mit der Familie verbringen zu können.

In den ersten Monaten will sie Maximilian in den Sitzungswochen mit nach Berlin nehmen, ab Januar hat sie einen Platz für ihn in der Bundestagskita. Wenn ihr Sohn drei ist, soll er in Waiblingen bleiben, während sie in Berlin ist. Dann holen Oma, Opa oder der Vater ihn von der Kita ab. Dass sie schon kurz nach der Geburt beruflich wieder einsteigen würde, war für die selbstverständlich. Sie kennt es von zu Hause nicht anders. Ihre Eltern konnten sich auf dem Milchhof keine langen Babypausen leisten. Schon als Kleinkind ist Stumpp einfach mit dabei, wenn Vater und Mutter die Tiere versorgen. Als stellvertretende Generalsekretärin will Stumpp nun auch die CDU und die Parteizentrale familienfreundlicher machen. «Wenn man sich anschaut, was Arbeitgeber heute anbieten, müssen wir im politischen Bereich noch nachlegen», sagt sie.

Die Politik gilt nach wie vor als einer der am wenigsten familienfreundlichen Berufe überhaupt. Von Politikerinnen und Politikern wird dauerhafte Verfügbarkeit und Präsenz erwartet. Von der Kommunal- bis zur Bundesebene finden viele Treffen an Abenden oder Wochenenden statt. Lange war das ein wichtiger Grund dafür, dass Frauen in politischen Ämtern unterrepräsentiert sind. Noch 1983, als die Grünen zum ersten Mal in den Bundestag einzogen, lag der Frauenanteil unter den Abgeordneten bei gerade einmal 9,8 Prozent. Der bisherige Höchstwert lag in der Legislatur von 2013 bis 2017 bei etwas über einem Drittel, danach war er sogar wieder um ein paar Prozentpunkte rückläufig. Viele der Frauen, die in Spitzenpositionen aufrückten, hatten keine Kinder; viele Spitzenpolitiker hatten zwar welche, überließen die Sorge für die Familie aber weitestgehend ihren Partnerinnen. Mit der politischen Generation X beschleunigt sich der Wandel. Zum einen scheinen mehr weibliche Spitzenpolitiker Kinder zu haben (Statistiken finden sich dazu nicht). Zum anderen gibt es in dieser Generation mehr männliche Spitzenpolitiker, die sich um ihre Kinder kümmern.

Ein Treffen mit der grünen Familienministerin der Ampel-Regierung, Anne Spiegel, Anfang Januar in ihrem Büro in der Berliner Glinkastraße. Bevor sie Mitglied des Bundeskabinetts wurde, hat Anne Spiegel in Rheinland-Pfalz schon viele Jahre ein ähnliches Ministerium geleitet. Seit 2011 war sie dort Landtagsabgeordnete, seit 2016 Ministerin für Frauen, Familie, Geflüchtete, Jugend und Verbraucherschutz unter der SPD-Ministerpräsidentin Malu Dreyer. Nachdem die Klima- und Umweltministerin Ulrike Höfken 2020 zurückgetreten war, führte Spiegel auch dieses Ministerium. In den Koalitionsverhandlungen zur Ampel verhandelte sie in der Arbeitsgruppe Klimapolitik.

Anne Spiegel ist Jahrgang 1980. Wie viele in ihrer Generation ist sie selbst nicht in einer «traditionellen» Vater-Mutter-Kind-Familie aufgewachsen. Als Kind im Kita-Alter lebt sie mit ihrer alleinerziehenden Mutter in Ludwigshafen in einer WG mit einer anderen Frau. Diese Frau, Heike, hat einen Partner, ist aber kinderlos. «Heike war Familie», erzählt Spiegel. «Sie hat mich von der Kita abgeholt, wir haben zusammen gekocht, waren im Wildpark oder im Wald. Wir sind bis heute in Kontakt und sehr eng.» Damals bemerkt sie aber auch eine leichte Irritation, wenn sie in der Kita von Heike erzählt. Im Familienbild der Kita-Erzieherinnen war eine solche Bezugsperson nicht alltäglich. Eine ähnliche Erfahrung macht Spiegel auch noch als junge Erwachsene, wenn sie von ihrer weit verzweigten Patchworkfamilie spricht. Ihre Mutter wie auch ihr Vater haben später neue Partner, mit denen sie weitere Kinder bekommen. Insgesamt hat Anne Spiegel drei Geschwister, die wiederum untereinander zumindest biologisch nicht verwandt sind. «Auf Partys im Studi-Alter war das manchmal schwierig zu erklären – für diese Verwandtschaftsbeziehungen gibt es ja gar keine Namen», erzählt sie und lacht. «Bei Familienfesten hätte keiner, der von außen dazugekommen wäre, durchgeblickt.» Familienfeste mit allen waren zwar selten, aber ihre Großmutter väterlicherseits zum Beispiel verstand sich weiter gut mit ihrer Mutter. Bei ihrer Hochzeit lädt Anne Spiegel einmal alle ein – das habe auch ganz gut geklappt. Geheiratet hat Anne Spiegel eher aus praktischen Gründen und auch erst dann, als das zweite Kind schon unterwegs war. «Weder für meinen Mann noch für mich hatte das eine große Bedeutung – der viel größere Schritt war für mich, eine Familie zu gründen.»

Auch bei Anne Spiegel sind Biografie, biografisches Narrativ und politische Botschaft sicher eng verwoben, ähnlich, wie Annalena Baerbock ihr Staatsverständnis auch biografisch begründet oder Marco Buschmann seine individualistische Weltsicht. Gleichzeitig sind jüngere Politikerinnen und Politiker tatsächlich in einer Gesellschaft aufgewachsen, die sich stark gewandelt hat und auch mit Blick auf die Familie liberaler und vielfältiger geworden ist. Die Notwendigkeit politischer Veränderungen ergibt sich sowohl aus der biografischen als auch aus der gesellschaftspolitischen Perspektive. Anne Spiegel will gemeinsam mit Justizminister Marco Buschmann das Familienrecht anpassen. Auch für Modelle, die nicht dem Vater-Mutter-Kind-Schema entsprechen, soll es eine bessere rechtliche Absicherung geben. Im Koalitionsvertrag haben sich alle drei Parteien darauf geeinigt, neben der Ehe das Institut der «Verantwortungsgemeinschaft» zu schaffen, das romantische wie nicht romantische Beziehungen fassen soll. Immerhin eine Bezeichnung für die vielen Bezugspersonen in Patchworkfamilien hat Anne Spiegel schon gefunden und in einem Interview platziert: Sie spricht von «Bonus-Kindern» und «Bonus-Eltern».[1]

Die politische Frage, die noch die Vorgängergeneration von Frauenpolitikerinnen stark beschäftigt hat – nämlich, ob und wie gut sich Familie und Beruf miteinander vereinbaren lassen –, hat sich Anne Spiegel selbst hingegen gar nicht mehr wirklich gestellt. Sie und ihr Mann, ein Schotte, haben vier Kinder. Aus Spiegels Sicht wird das in der Politik zunehmend normal. «Je jünger die Politikerinnen und Politiker sind, desto selbstverständlicher bekommen sie auch Kinder», sagt sie.

Spiegels Älteste ist 2011 geboren, der Jüngste 2018. Als sie das erste Mal schwanger war, zog sie gerade in den Landtag ein. Als familien- und frauenpolitische Sprecherin ihrer Fraktion nahm sie an den Koalitionsverhandlungen zur rot-grünen Regierung unter Malu Dreyer teil, praktisch bis wenige Wochen vor der Geburt, «mit so einem Bauch», erzählt sie, zeichnet eine Silhouette in die Luft und lacht. Auch die nächsten beiden Kinder wurden während ihrer Zeit als Abgeordnete geboren, ihr jüngstes erst, als sie schon Ministerin in Rheinland-Pfalz war. Weder für Abgeordnete noch für Minister gibt es Elternzeitregeln, nicht in den Ländern und nicht im Bund. «Man hat den Mutterschutz, und das war's», sagt Anne Spiegel. Dennoch, sie selbst kam mit alldem zurecht, ihr Mann übernimmt den Großteil der Familienarbeit, so ist es auch bei ihrer Kabinettskollegin und Parteifreundin Annalena Baerbock.

Anne Spiegel studiert noch Politik, Philosophie und Psychologie an der Universität Mainz, als sie 2006 zum ersten Mal als Kandidatin der Grünen Jugend für den Landtag Rheinland-Pfalz antritt. Ihr Listenplatz ist aussichtsreich, doch die Grünen schaffen es nicht wieder in den Landtag, ein echter Krisenmoment für die Landespartei. Anne Spiegel beschließt, die Zeit anders zu nutzen. Sie beendet das Studium, packt ihren Rucksack und zieht ab 2007 ein Jahr lang um die Welt – allein. Die erste Station ist Indien, dann fliegt sie nach Thailand, Laos, Kambodscha und Vietnam. In Myanmar meldet sich, nur wenige Stunden nachdem sie eingereist ist, die deutsche Botschaft und bittet sie, das Land wieder zu verlassen – im Sommer 2007 beginnt dort gerade die Safran-Revolution, die einen Monat später von der Militärjunta blutig niedergeschlagen wird. Spiegel nimmt den nächsten Bus zurück zum Flughafen und fliegt wieder nach Vietnam. Von dort fährt sie mit dem Zug über Land nach Peking. Dann geht es nach Australien, Neuseeland, von Chile auf dem Landweg bis nach Kolumbien, mit dem Segelboot nach Panama und auf dem Landweg bis Mexiko. In Südamerika gefällt es ihr am besten. «Das ist mein Lieblingsfleck auf der Erde», sagt sie.

Als sie 2008 nach Rheinland-Pfalz zurückkehrt, ist das Ersparte aufgebraucht. Sie zieht wieder in ihre WG, und ihre Mitbewohnerin vermittelt ihr einen Job in einer Sprachschule. Sie nimmt an einem Training teil und trifft dort zum ersten Mal ihren späteren Mann, der Lehrer an derselben Sprachschule wird. Sie engagiert sich wieder politisch, und bei der nächsten Wahl, im Jahr 2011, schafft sie es in den Landtag.

Innerhalb der grünen Partei gehört Anne Spiegel zum linken Flügel. Mit ihrer Unbedingtheit ist sie in Rheinland-Pfalz auch schon angeeckt. 2017 wird sie öffentlich vom Präsidenten des Oberverwaltungsgerichts Rheinland-Pfalz kritisiert. Das Gericht hatte verschiedene Anordnungen aus Spiegels Ministerium an Ausländerbehörden in Rheinland-Pfalz als Kampfansage verstanden, als Versuch, die Rechtsprechung des Gerichts zu kontern. Das OVG hatte entschieden, Abschiebungen nach Afghanistan seien nicht per se lebensgefährlich, es komme auf die Person, ihren Beruf und die Heimatregion an. Spiegel hingegen wies die Behörden an, Abschiebungen nach Afghanistan nur in Einzelfällen und nach Rücksprache mit dem Ministerium anzuordnen.[2]

Spiegels Flüchtlingspolitik wird also bereits kontrovers diskutiert, als am 27. Dezember 2017 ein junger Afghane in Kandel die fünfzehnjährige Mia V. ermordet, die seine Freundin war, sich aber von ihm getrennt hatte. Der Fall schlägt bundesweit Wellen. Die AfD und Rechtsextreme nutzen den Vorfall für eine Kampagne. Es gibt Vorwürfe an die Behörden, Warnungen nicht ernst genug genommen zu haben, und eine Debatte um die Altersfeststellung von Geflüchteten, der Täter wird nach Jugendstrafrecht verurteilt. Als Spiegel nach ein paar Tagen Weihnachtspause Anfang Januar 2018 in ihr Ministerbüro zurückkehrt, liegen mehrere Aktenordner auf ihrem Schreibtisch. Es sind die Drohschreiben, die seit dem 27. Dezember eingegangen sind. Kurze Zeit später stellt die Landespolizei Anne Spiegel unter Polizeischutz. Polizeischutz, das heißt erhebliche Einschränkungen der Privatsphäre. Sie nimmt es in Kauf.

Als unser Interview stattfindet, hat Anne Spiegel gerade erst ihr Büro in der Glinkastraße bezogen. Noch sind ihr Mann und die Kinder in Speyer, aber eine Wohnung in Berlin ist gefunden, die Familie wird bald umziehen. Spiegel ist sehr erleichtert: «Ich kann es kaum erwarten, dass die alle hier sind. Ich weiß nicht, wie andere das auf die Dauer aushalten.» Im Moment arbeitet sie nicht nur im Ministerium, sie übernachtet auch des Öfteren hier. «Ich schlafe dahinten», sagt sie und zeigt auf eine Tür am anderen Ende des Raumes, hinter dem tischtennisplattengroßen Schreibtisch. Viele Ministerbüros haben einen Schlafraum mit Badezimmer – für den Dauerdienst sozusagen. «Es ist ganz nett, aber irgendwann kriegt man einen Koller. An manchen Tagen hatte ich das Gefühl, diese Etage gar nicht verlassen zu haben. Ich gehe dann abends spazieren.»

Der ministeriale Schlafraum ist emblematisch für das Bild vom (meist männlichen) Politiker, der außerhalb der Arbeit kein nennenswertes Leben mehr hat und nur an den Wochenenden ein enges Zeitfenster für seine Familie reserviert. Während Anne Spiegel einen Moment lang zur Tür hinter dem Schreibtisch schaut, tauchen Bilder vergangener Zeiten vor dem inneren Auge auf. Da ist zum Beispiel Helmut Kohl neben seiner adrett frisierten Familie am Wolfgangsee. Kohls Sohn Peter sagte in einem Interview mit der «Zeit» 2018 einmal: «Er war vor allem Politiker, Politik und Machtanspruch waren für ihn alles. Alles Weitere, auch die eigene Familie, hatte sich dieser, seiner Politik unterzuordnen.»[3]

Heute spürt man in vielen Gesprächen mit Mittvierzigern in der Politik – Männern wie Frauen – das Bedürfnis, zumindest minimal am eigenen Familienleben teilzuhaben. Man erahnt, wie schwierig es ist, zwei Karrieren unter einen Hut zu bringen. Das Modell Kohl gibt es eigentlich nicht mehr. Alle Politikerinnen und Politiker um die vierzig in diesem Buch haben gut ausgebildete Partner mit eigenen Karrieren, die bei manchen sicher nur zeitweise ruhen. Der Unterschied zu früher, meint auch Anne Spiegel, ist, dass sich mittlerweile auch viele männliche Politiker um ihre Kinder kümmern. Bei Männern, sagt sie, gebe es aber «eine stärkere Bandbreite» als bei Politikerinnen. «Bei Frauen in der Politik beobachte ich häufiger, dass die Wert darauf legen, trotz Sechzig-Stunden-Woche noch hin und wieder Raum im Kalender für die Familie zu schaffen, etwa hin und wieder die Kinder zur Schule oder zur Kita zu bringen oder einen Abend für den Elternabend zu blocken», sagt Spiegel. «Bei Politikern gibt es die, bei denen solche Termine auch im Kalender geblockt sind – und solche, die das nicht tun.»

Auch hierzu fehlen Studien, unter den für dieses Buch Befragten finden sich allerdings einige, die sich zumindest teilweise um ihre Familien kümmern. Carsten Schneider ist mit seiner Familie aus Erfurt nach Potsdam gezogen, um sie häufiger sehen zu können. Seinen Hauptwohnsitz hat er weiter in Erfurt, und er ist auch vor Ort präsent. Politisch war der Umzug dennoch ein Risiko, teilweise wurde er in Wahlkämpfen thematisiert. «Anders wäre das aber gar nicht gegangen», sagt er. Er räumt ein, dass viel von der Familienarbeit weiterhin an seiner Frau hängen bleibt, obwohl sie auch eine Vierzig-Stunden-Woche hat. Schneider hat zwei Kinder, Elternzeit hat er nicht genommen, phasenweise aber hat er immer wieder regelmäßig Nachmittage frei gehalten, um die Kinder von der Schule abzuholen oder zum Sport zu begleiten. Lukas Köhler, der Klimaexperte der FDP-Fraktion, hat ebenfalls zwei Kinder, einen Sohn im Grundschulalter und eine noch kleinere Tochter. Als er in den Bundestag einzog, war sein Sohn gerade eineinhalb. Seine Frau ist Wirtschaftsprüferin und arbeitet 75 Prozent. In der vergangenen Legislaturperiode legte er sich Termine im Wahlkreis so, dass er seinen Sohn zur Kita bringen und abholen konnte. «Meine Frau ist der Hammer, was die an Organisation hinkriegt», sagt er. Die beiden bilden Betreuungsgemeinschaften mit Freunden, weil die Großeltern der Kinder einfach zu weit weg wohnen. «Aber das ist natürlich ein Riesenkoordinationsstress.»

Dass es auch viele Politiker gibt, für die Familienzeit normal und wichtig ist, macht es für alle normaler, darüber zu sprechen oder Zeit für die Familie einzufordern. Gerade in der vergangenen Woche, erzählt Anne Spiegel, habe sie einen anderen, männlichen Spitzenpolitiker in den Abendstunden angerufen, da stand bei ihm und seiner Familie gerade das Essen auf dem Tisch. «Es war sofort klar, wir sprechen entweder ganz kurz, oder ich melde mich später wieder. Jetzt hat das Essen mit der Familie Vorrang.» Eine Entwicklung, findet sie, die sehr gut ist, vor allem auch, weil sie «parteiübergreifend und geschlechterübergreifend stattfindet». Am Ende ist es wie in anderen Berufen auch: Es zählt nicht zuletzt, ob eine Frau oder ein Mann das Gefühl hat, dass Kinder und Beruf zusammengehen. Das habe sich deutlich geändert, erzählt Spiegel. In Gesprächen, sagt sie, hätten Politikerinnen der Vorgängergeneration ihr anvertraut, dass sie in ihrer Zeit noch das Gefühl hatten, sich entscheiden zu müssen zwischen Karriere und Familie. Bei manchen, sagt Spiegel, habe sie durchaus Bedauern wahrgenommen, ein Bedauern darüber, nicht etwas später Politikerin geworden zu sein, in einer Zeit, in der beides gleichzeitig möglich erscheint und akzeptiert ist. Annalena Baerbock beobachtet das ähnlich. Selbst bei den Grünen, die von Anfang an strenge Quotierungen hatten und heute mit 58 Prozent den höchsten Frauenanteil unter den Bundestagsfraktionen, waren viele der frühen Spitzenpolitikerinnen kinderlos.

Eine Familie zu haben relativiert aber auch die Bedeutung der Politik im Leben der Einzelnen. Wenn es ein reiches Leben außerhalb des Ministerbüros gibt, gibt es auch andere Rollen, ein Leben, in das man zurückkehren kann, sollte es in der Politik plötzlich vorbei sein – und das kann schließlich jederzeit so kommen. «Das ist eine Generationenfrage, auch parteiübergreifend. Es rücken Leute nach, für die Politik nicht das Einzige im Leben ist. Das stärkt einen auch in der Politik. Man ist nicht zu hundert Prozent abhängig vom Leben als Politiker», sagt Annalena Baerbock.

Möglicherweise ist das einer der Gründe, warum der Typus des narzisstischen Machtpolitikers in der Generation X erstaunlich selten ist. Wer andere, ebenso sinnstiftende Rollen neben der Politik hat, mag auch eine gewisse Gelassenheit haben und die Freiheit, in Machtkämpfen nicht das Letzte herausholen zu müssen. Es ist außerdem ein Anreiz, kraftzehrende Duelle oder Rachefeldzüge, die nicht unmittelbar auf die eigene politische Bilanz einzahlen, nach Möglichkeit zu vermeiden. Zudem können es sich Parteien schlicht immer weniger leisten, Frauen und Männer mit Kindern nicht einzubinden. Fast alle Parteien leiden unter Mitgliederschwund, die Personaldecke wird immer dünner. Das öffnet Ämter und Mandate für weniger bärbeißige Charaktere – oder eben auch für Frauen und Männer, die wie Christina Stumpp und Mario Czaja im Jobgespräch mit dem künftigen Parteivorsitzenden ihre Ansprüche an Familienzeit gleich mitformulieren.

Wie andere Familienväter und -mütter scheinen auch Väter und Mütter in der Politik besonders effizienzorientiert zu sein, um möglichst viel Zeit für die Familie herauszuholen. Anne Spiegel und Christina Stumpp wissen beide gleichermaßen Geschichten zu erzählen von langen Abenden in kommunalpolitischen

Gremien, in denen die «üblichen Verdächtigen», wie Spiegel sagt, ohne Redezeitbegrenzung endlich mal all das sagen dürfen, was sie schon immer mal sagen wollten, während Väter und Mütter unruhig auf ihren Stühlen hin und her rutschen, auf die Uhr schauen und nachrechnen, in wie vielen Stunden der Wecker vor Schulbeginn am nächsten Morgen klingelt.

In den vergangenen Jahren hat es mit der zunehmenden Anzahl von Vätern und Müttern in der Politik immer wieder Anläufe gegeben, diese Arbeitsstrukturen zu ändern – getragen allerdings ganz überwiegend von Frauen. Immer wieder tauchten in der Vergangenheit Mütter auf den Listen der «faulsten Abgeordneten» auf – wenn also Medien die Teilnahmequote von Bundestagsabgeordneten an Abstimmungen auswerteten und schauten, wer oft fehlt. 2014 etwa wurde die spätere Familienministerin und CDU-Politikerin Kristina Schröder an einen solchen Pranger gestellt. Sie war im Sommer ein paar Wochen nicht bei Abstimmungen gewesen, weil sie ein Baby bekommen hatte; ob jemand in Mutterschutz ist, wurde von der Bundestagsverwaltung nicht erhoben, die Abgeordnete gilt dann schlicht als «abwesend».

In dieser Zeit bekam eine ganze Reihe jüngerer Frauen, die eben erst in den Bundestag eingezogen waren, Babys. «Eltern in die Politik» heißt die Initiative. Die Linken-Politikerin und spätere Sozialsenatorin von Berlin Katja Kipping (Jahrgang 1978), die Grünen Franziska Brantner (Jahrgang 1979) und Lisa Paus (1968), die SPD-Politikerinnen Dagmar Schmidt (1973) und Susann Rüthrich (1977) und die CDU-Politikerin und frühere Familienministerin Kristina Schröder (1977) gründen den Bund, Annalena Baerbock gehört auch dazu. Um ein Zeichen zu setzen, nehmen im Sommer 2015 drei Abgeordnete, die Grünen Luise Amtsberg, Katharina Dröge und Annalena Baerbock, ihre Babys zur Sondersitzung zum dritten Euro-Rettungspaket für Griechenland mit in den Bundestag. Sie wickeln und stillen während der langen Sitzung. Dafür gab es keinen Ort in der Nähe des Plenarsaals, schreibt Baerbock in ihrem Buch. «Die Lösung fand sich im Andachtsraum.»⁴ Immer wieder haben Politikerinnen solche Zeichen gesetzt, mal, weil es organisatorisch nicht anders ging, mal demonstrativ. 2015 nimmt Baerbock ihre zweite Tochter mit zum Klimagipfel nach Paris, das Baby wird noch gestillt. 2018 nimmt Anne Spiegel als rheinland-pfälzische Familienministerin ihren kleinen Sohn mit zu einer Bundesratssitzung. Während sie spricht, betreut eine Parteifreundin das Kind im Flur.

Gleichzeitig ist mit «Eltern in die Politik» auch ein partei-übergreifendes Netzwerk entstanden, das ebenfalls typisch für die Generation X ist, in diesem Fall ein regelrechter Frauenpakt. Die Mitglieder dieser Gruppe könnten politisch eigentlich nicht weiter auseinanderliegen. Als Familienministerin ist Kristina Schröder für ihre liberal-konservativen Ansätze in der Familien-politik immer wieder heftig von linksliberalen Politikerinnen kritisiert worden – etwa für ihre Betonung der Wahlfreiheit von Frauen zwischen Familie und Beruf oder die «Flexi-Quote», die es den Unternehmen selbst überließ, den Frauenanteil in ihren Aufsichtsräten und Vorständen festzulegen. Nun aber saß sie mit linken Feministinnen wie Katja Kipping oder Annalena Baerbock an einem Tisch.

Man habe sich durchaus schätzen gelernt, erzählt Katja Kipping rückblickend. «Es gab zwischen den Frauen eine gewisse Leichtigkeit. Man hat sich gegenseitig bestärkt – Mensch, da hast du ja schon wieder viele Hasskommentare bekommen, ich finde deine neue Frisur aber super. Aber wir sind zugleich natürlich Profis und scheuen die Kontroverse nicht.» Die Frauen treffen sich in der Parlamentarischen Gesellschaft und arbeiten einen Forderungskatalog aus. Die Gruppe setzt durch, dass der Mutter-schutz im Bundestag nicht mehr als Abwesenheit gilt. Die Forde-rung allerdings, dass eine Abgeordnete im ersten Jahr kürzertre-ten kann, wurde nicht erfüllt. Nicht zuletzt Annalena Baerbock sei «super» gewesen, erinnert sich Kristina Schröder, «durchset-zungsstark, pragmatisch, kollegial, effizient» – so beschreibt sie die Grünen-Politikerin in dieser Situation. Anne Spiegel sagt, die

Kinder und die Familie seien häufig ein Eisbrecher im Gespräch mit Politikern anderer Parteien. «Eines der ersten Gespräche in der neuen Bundesregierung war das mit Hubertus Heil – und natürlich haben wir uns mit zuerst darüber unterhalten, wie unsere Kinder heißen und wie alt sie sind. Das ist eine Gemeinsamkeit, und es treibt die Leute über Parteigrenzen hinweg um.»

Die individuelle Erfahrung mit unterschiedlichen Familienmodellen und mit doppelter Berufstätigkeit in der Partnerschaft ist sicher ein gemeinsames Merkmal, das die Generation X von Vorgängergenerationen unterscheidet. Eine Familie bei meist doppelter Berufstätigkeit in der Partnerschaft zu managen verbindet junge Politikerinnen und Politiker über Parteigrenzen hinweg. So entstehen nicht zuletzt neue Netzwerke. Es ist normaler geworden, mit kleinen Kindern politische Spitzenämter zu belegen. Und auch hier findet sich ein Grund für das im vorangegangenen Kapitel beschriebene Effizienzdenken dieser Generation.

Dass die sehr unterschiedlichen Politikerinnen im Netzwerk «Eltern in die Politik» so gut miteinander auskamen, liegt aber auch an einer grundsätzlicheren Haltung. Kristina Schröder formuliert es so: Man sei in dieser Generation bereit, sich gegenseitig unterschiedliche Werthaltungen zuzugestehen, ohne den anderen zu einem schlechteren Menschen zu erklären. So sei es auch möglich, «gut inhaltlich miteinander zu sprechen». «Unsere Generation hat nichts Grabenkämpferisches mehr», sagt die frühere Familienministerin. «Viele schätzen es und gefallen sich sogar darin, abseits der harten Diskussion auf Podium und in Talkshows einen kollegialen, selbstironischen, witzigen Umgang zu pflegen.» Um diesen Umgang und darum, was weiße Sneaker damit zu tun haben, soll es im folgenden Kapitel gehen.

12 Generation Sneaker. In weißen Turnschuhen kreuz und quer über ideologische Grenzen

Im Sommer 2017 hat Lars Klingbeil Karten für das Splash-Festival in Gräfenhainichen in Sachsen-Anhalt. Klingbeil liebt Musik und geht auf Konzerte, wann immer er Zeit hat. «Kennen Sie Trettmann?», fragt er bei einem Gespräch im November 2021. Als ich verneine, sieht er ehrlich entsetzt aus, er hebt die Hände zu einer «Wie bitte?!»-Geste und rollt mit den Augen. «Das ist einer der besten deutschen Hip-Hopper!» Trettmann, bürgerlich Stefan Richter, verrät Wikipedia dem Popkulturbanausen, wurde 1973 in Chemnitz geboren, das damals noch Karl-Marx-Stadt hieß, und wuchs in einer Plattenbausiedlung auf. In «Grauer Beton», einem Song über seine Kindheit, heißt es: «Fast hinter jeder Tür lauert 'n Abgrund, nur damit du weißt, wo ich herkomm / Kids aus Übersee waren unsere Ikonen / und weiße Sneaker mehr wert als Millionen». Der Song kommt in dem Jahr raus, als Klingbeil den Hip-Hopper live beim Splash-Festival sieht, und bei dem Konzert trägt Trettmann tatsächlich weiße Sneaker. «Da gab es eine krasse Kulisse», erinnert sich Klingbeil, «und der kommt ganz in schwarzen Klamotten mit weißen Sneakern auf die Bühne – und das wirkt einfach.» Nach dem Konzert kauft sich der SPD-Politiker sein erstes Paar, und auch als wir Anfang November 2021 in einem Raum im Bundes-

tag sprechen, hat er weiße Sneaker an – zu einem dunklen Anzug, unter dem er einen grauen Rollkragenpullover trägt. «Aber
nur, weil ich wusste, ich muss heute nicht vor die Kamera», sagt
er entschuldigend. Die Ampel-Koalitionsverhandlungen laufen
noch, für diesen Tag sind keine öffentlichen Auftritte vorgesehen.
Trotzdem: Weiße Sneaker sind so etwas wie ein Erkennungszeichen vieler Politiker der Generation X – und zwar parteiübergreifend. Der FDP-Politiker Marco Buschmann trägt ein Paar,
als ich ihn im Mai 2021 zum Gespräch treffe, dazu Jeans, Hemd,
Jackett. Christian Lindner war im Wahlkampfsommer 2021 in
einem ganz ähnlichen Outfit an der norddeutschen Küste unterwegs. Tilman Kuban, Abgeordneter und Chef der Jungen Union,
trägt weiße Sneaker. Als Kevin Kühnert im August vor der Bundestagswahl bei Anne Will zu Gast ist, trägt auch er – Trettmannmäßig – ein schwarzes Hemd, eine dunkle Hose und dazu weiße
Sneaker. «Geil, @kuehnikev», twittert Klingbeil, der die Sendung
verfolgt und mit dem zehn Jahre jüngeren Kühnert gut befreundet ist. «Du hast jetzt auch weiße Sneaker?» Sogar Anne Will trat
übrigens schon in solchen Schuhen auf – in einer Sendung, in der
Lars Klingbeil zu Gast war und ebenfalls welche trug.

Als Joschka Fischer 1985 als erster grüner Minister überhaupt
im hessischen Landtag vereidigt wurde, trug er ein Paar weiße
Nike-Turnschuhe zu einem wolligen Fischgrät-Jackett. Das Foto
wurde berühmt, die Schuhe stehen heute im Museum. Sie wurden allgemein als Symbol gesehen – für den politischen und modischen Stil der Grünen, für einen Bruch in der politischen Kultur, für den Protest der Grünen gegen das Establishment. Heute
ist es umgekehrt: Weiße Sneaker *sind* das Establishment.

Lars Klingbeil weist die These zurück, dass mit den weißen
Sneakern eine politische Botschaft verbunden sei. Für ihn sind
sie einfach nur eine Mode. Die Tatsache aber, dass Grüne und
Schwarze, Liberale und Sozialdemokraten dieselbe Mode mögen
und kaum noch eine Notwendigkeit sehen, sich entlang politischer
Haltungen auch modisch voneinander abzugrenzen, ist schon ein

Symbol – für die zunehmende Überwindung klarer inhaltlicher, ideologischer und lebensweltlicher Grenzen zwischen den Parteien. Sneaker sind geradezu gemacht für diese Generation. Sie stehen für Pragmatismus (man kann damit gut und schnell laufen, sie sind bequem), und sie sind anschlussfähig (sie passen zum Anzug ebenso wie zu Jeans). Sie stehen für Lässigkeit und einen «casual look». Sie sind das Gegenstück zum förmlichen Anzugschuh, der Distanz und Amtlichkeit ausdrückt. Sie signalisieren Offenheit und, oberflächlich betrachtet, auch Gleichheit – wobei es in der hoch ausdifferenzierten, hyperindividuellen Gesellschaft natürlich erhebliche Unterschiede machen kann, welche Marke man trägt. Sneaker haben sich seit Joschka Fischers modisch-revolutionärem Akt im Wiesbadener Landtag regelrecht in ihr eigenes symbolisches Gegenteil verkehrt: Sie sind nicht mehr anstößig, sondern stehen für Konformität und Neutralität und damit auch für eine politische Entwicklung: für die habituelle und inhaltliche Annäherung der vier Parteien im demokratischen Zentrum, für die Durchlässigkeit und Gesprächsbereitschaft der politischen Generation X.

In der «Gesellschaft der Singularitäten», um noch einmal Andreas Reckwitz aufzugreifen, sind Alltagspraktiken, Gegenstände, Essgewohnheiten, Kleidung und Sprache symbolisch aufgeladen. Gerade jüngere Menschen definieren sich über das, was sie essen – vegan zum Beispiel oder eben gerade Schnitzel. Die Art der Kleidung, wo man Urlaub macht, ob man Auto fährt: All das steht für Sets von Normen und Werten, denen man einen äußerlichen Ausdruck verleihen möchte.

Politiker sind sich dieser Symbolik bewusst. Für die einen etwa steht das Lastenfahrrad für die moderne Großstadt in einer post-karbonen Gesellschaft, die das Auto weitgehend hinter sich gelassen hat. Für die anderen steht es für eine weltfremde Öko-Romantik, die den Industriestandort Deutschland gefährdet. Solche Symbole können jederzeit politisch instrumentalisiert werden. So wurden etwa die Grünen im Wahlkampf 2021 dafür angegriffen, eine Kaufprämie für Lastenfahrräder ins Spiel gebracht zu haben. Da wolle man Deutschland zu «Bullerbü» machen, spottete Christian Lindner in Anspielung auf Astrid Lindgrens literarisches Dorfidyll, ein Wort, das sich längst als politischer Kampfbegriff etabliert hat.[1] Umgekehrt wird der Widerstand der FDP gegen ein allgemeines Tempolimit auf Autobahnen als Ausdruck eines weltvergessenen Hedonismus gegeißelt. Diese Symbole können dann wiederum mehr oder minder selbstironisch reklamiert und zu Identifikationszwecken umgedeutet werden. Die Berliner Grünen etwa verkündeten im Herbst 2021 stolz und fröhlich, der Koalitionsvertrag der rot-grün-roten Koalition in der Hauptstadt enthalte jede Menge «Bullerbü», wovon sich die Regierende Bürgermeisterin Franziska Giffey dann gleich wieder distanzierte.

Innerhalb der Berliner Politik-Bubble aber hat diese politisch-symbolische Sprache längst keine so eindeutige Grammatik mehr. Dieselben Politiker nämlich, die sie verwenden und instrumentalisieren, lassen sich anhand der von ihnen selbst geschaffenen habituellen Sprache keineswegs mehr so klar kategorisieren, wie man meinen sollte. «Die Logik der habituellen Symbolik hat sich längst erschöpft, sie funktioniert nicht mehr», sagt der Grünen-Politiker Konstantin von Notz, der 1971 geboren ist und um den es später noch gehen wird, weil er zu ebenjenen in seiner Fraktion gehört, die halfen, auf dem Weg zur Ampel kulturelle Differenzen zur FDP zu überwinden. «Die Bilder und Normen, die Zuordnungen, die passen einfach nicht mehr. Mir sagen auch immer Leute, du trägst ja Doppelmanschetten, du musst in der FDP sein. Diese Schablonen passen heute nicht mehr wirklich» – und das zeige sich eben auch in Äußerlichkeiten. Gerade bei Grünen und FDP, aber auch bei SPD und CDU löst sich die Logik äußerlicher Abgrenzung tatsächlich immer stärker auf. Von Notz ist selbst ein gutes Beispiel. Mit Robert Habeck ist er gut befreundet, beide stammen aus Schleswig-Holstein und haben dort mehrere Koalitionen gemeinsam verhandelt – optisch und lebensweltlich allerdings trennen sie Welten. Habeck trägt Stoppelbart, Troyer und verwaschene Jeans, Konstantin von Notz die Haare zurückgegelt. Von Notz ist ein tief im protestantischen Milieu verankerter Gläubiger, Habeck ist Philosoph und sagt von sich, er glaube nicht.[2] Christian Lindner wiederum galt vielen Grünen lange als das habituell verkörperte Böse: Schließlich besitzt er einen Porsche, wurde schon beim Zigarrerauchen gesichtet und hat einen Jagdschein. Lindner trinkt seinen Kaffee allerdings auch mit Hafermilch, lehnt industriell erzeugtes Fleisch ab und isst Pasta Napoli statt Bolognese. Der Porsche, beteuert sein Umfeld, stehe fast immer in der Garage, dafür habe er sowieso kaum Zeit. Und die Jagd, betont Lindner einmal in einem Interview mit dem Magazin «jagderleben», diene schließlich der Pflege der Wälder («Diese Wälder sehen nicht gut aus!»). Darin ein «blutrünstiges Hobby alter Männer» zu sehen sei ein Klischee, das zu widerlegen er gern antrete.[3]

Natürlich weckt Christian Lindner bei grünen Politikern dennoch weiter Abwehrreflexe. Und natürlich weckt auch Tilman Kuban bei der SPD weiterhin Abwehrreflexe. Lars Klingbeil legt großen Wert auf die Feststellung, er sei der Erste mit weißen Sneakern gewesen. «Ich will nicht aussehen wie Tilman Kuban», sagt er. Aber die Dinge sind habituell komplizierter geworden. Auch bei der CDU. Jens Spahn hat immer wieder mit besonders konservativen Positionen kokettiert und wie bereits erwähnt über das englischsprachige Latte-macchiato-Milieu in Berlin-Mitte gelästert. Auf Instagram postet er aber einmal ein Pärchenfoto von sich und seinem Mann (Hipster-Bart, hippe Sonnenbrille) beim Wandern in der Sächsischen Schweiz, auf dem die beiden selbst berlin-mittiger nicht aussehen könnten. Mit der Ausdifferenzierung der Parteien und ihrer Milieus hat sich auch der politische Habitus ausdifferenziert – und in all seiner Vielfalt insgesamt gleichmäßig über die Parteien verteilt, wenn auch zu unterschiedlichen Anteilen. Bei der Vereidigung des neuen Kabinetts hätte ein Nicht-Kenner der deutschen Politik mit ähnlich sozial-habituell geschultem Blick, sagen wir, eine Kanadierin, wohl schwerlich am Stil erraten können, welche Minister zur FDP, zur SPD oder zu den Grünen gehören. Entstanden ist eine interessante Gegenläufigkeit zwischen der zunehmenden gesellschaftlichen Symbolliebe und der daran anknüpfenden politischen Polemik einerseits und der tatsächlichen Praxis im politischen Raum andererseits. Der weiße Sneaker ist dabei der kleinste gemeinsame Nenner im bunten politisch-habituellen Chaos.

Im Oktober 2021 hält die Jugendorganisation der Unionsparteien ihr Jahrestreffen ab, den Deutschlandtag. Es ist die erste große Veranstaltung im Umfeld von CDU und CSU seit der Wahlniederlage, was Rang und Namen hat, steht auf der Gästeliste – Armin Laschet wird sprechen und Carsten Linnemann und Friedrich Merz. Der Deutschlandtag findet in Münster statt, einer Stadt, die zwar einen CDU-Bürgermeister hat, aber eine sehr grün-liberale Kultur. Unweit des Tagungsorts drängeln sich junge Leute in studentische Kneipen, die Pandemie lässt gerade viel Freiheit zu, es sind, ja wirklich, viele Lastenräder unterwegs. In der Kongresshalle geht es habituell anders zu. Parteien, scherzt der «Tagesspiegel»-Journalist Robert Birnbaum während der Konferenz und zeigt um sich, seien ja schon auch Stämme mit einer je eigenen Stammeskultur.

Tatsächlich zeigt sich auf den ersten Blick ein sehr einheitliches Bild. Die Delegierten sind ganz überwiegend selbstbewusste junge Männer mit akkuraten Kurzhaarfrisuren. Sie tragen entweder Hemd und Jackett, Hemd mit wertigem Wollpullover oder Hemd solo. Hier und da wagt einer ein Einstecktuch, in der bayerischen Delegation sieht man modisch überformte Anleihen an Lodenjanker. Nur etwa jeder zehnte Delegierte ist eine Frau.

Einmal tritt ein junger Mann ans Saalmikrofon, um Friedrich Merz eine Frage zu stellen. Was Merz tun wolle, um die Partei zu verjüngen, fragt er und beklagt: «Wir werden wahrgenommen als Partei der Anzugträger.» Er macht dazu eine unterstreichende Geste mit beiden Armen, dann fällt sein Blick auf die große Videoleinwand über der Bühne, auf der er selbst und nun auch seine Hemdsärmel in Übergröße für den ganzen Saal zu sehen sind. Der junge Mann unterbricht sich und sagt dann trotzig: «Und ja, ich sage das jetzt hier mit Manschettenknöpfen.»

Tilman Kuban, der Vorsitzende der Jungen Union, weiß genauso gut wie dieser Redner, dass seine Organisation, ebenso wie die CDU, ein Imageproblem hat, dass viele junge Menschen sie habituell abschreckend finden. Durch die Wahlschlappe fühlt er sich bestätigt. Er will das Image der Jungen Union verändern, überhaupt das Image seiner Partei als Partei alter weißer Männer – und dazu braucht er weiße Sneaker.

Anfang September 2021 läutet die Junge Union die heiße Phase des Wahlkampfs in Hannover ein. Die Bühne ist draußen vor einem Teich aufgebaut, es ist sonnig, wie in einem Video von der Veranstaltung zu sehen ist. Armin Laschet ist gekommen und Vitali Klitschko. Die Moderatorin trägt weiße Sneaker, Tilman Kuban trägt weiße Sneaker. Die Junge Union hat für diesen Wahlkampf extra welche anfertigen lassen, mit Streifen in den Farben der deutschen Flagge an den Außenseiten der Schuhe. Tilman Kuban überreicht Armin Laschet nach dessen Rede ein Paar. Die Junge Union, sagt er, werde dafür kämpfen, Armin Laschet mit diesen Schuhen im Kanzleramt zu sehen. Laschet betrachtet die Schuhe, hält sie hoch, bedankt sich. «Richtige Größe», sagt er anerkennend. Auch Vitali Klitschko bekommt ein Paar geschenkt, eine «Special Edition», erzählt Tilman Kuban später, mit den Deutschlandfarben auf der einen und den Farben der Ukraineflagge auf der anderen Seite. Ein paar Wochen nach der Wahl, auf dem Deutschlandtag, bekommt auch Friedrich Merz nach seiner Rede ein Paar weiße Sneaker. Das sei das Symbol für den «Sneaker-Konservatismus», sagt Kuban dazu.

«Aber was soll das sein, der Sneaker-Konservatismus, Herr

Kuban?» Diese Frage kann ich Tilman Kuban im Oktober 2021 in Berlin stellen, es braucht allerdings ein paar Anläufe. Kuban pendelt zwischen Berlin und Hannover, der ICE hat Verspätung. Wir vertagen einen Teil des Gesprächs auf ein Telefonat, das Kuban auf einer Taxifahrt zum Bahnhof und auf dem Bahnsteig führt. Seit 2021 ist Tilman Kuban Mitglied des Deutschen Bundestags, sein ICE-Schicksal teilt er mit Hunderten anderen Abgeordneten.

Kubans Heimat ist weiterhin sein Wahlkreis Barsinghausen, eine Kleinstadt mit 34 000 Einwohnern westlich von Hannover. Sein Leben als Jugendlicher ist zuerst der Fußball, er spielt beim FC Kirchdorf, in der Abwehr, «das Spiel von hinten aufbauen und so», sagt er und grinst. Nach dem zweiten Kreuzbandriss engagiert er sich als Trainer, später wird er Nachwuchsscout für Hannover 96. «Der JU-Vorsitzende in Barsinghausen hat lange gebaggert», erzählt Kuban. «Engagier dich doch nicht nur für die Fußballkids, sondern für alle», habe der immer wieder gesagt. Irgendwann gibt Kuban nach. Eines der ersten politischen Themen, um die er sich kümmert, ist die bessere Anbindung von Barsinghausen an den öffentlichen Nahverkehr. Wie viele andere Jugendliche im Ort geht Kuban am Wochenende in Hannover feiern, zum Beispiel im Club «Zaza». «Man musste entweder die letzte S-Bahn um 0:30 Uhr nehmen, das war eindeutig zu früh, oder die erste um 6:30 Uhr, das war dann extrem hart.» Kuban und die Junge Union fordern einen Nachtzug, der um drei Uhr fährt. Sie sammeln Unterschriften auf Bahnhöfen. Heute gibt es einen Nachtzug, aber erst seit 2018. «Da merkt man, dass die Mühlen der Politik langsam mahlen», sagt Kuban. 2007, mit zwanzig, wird er Mitglied des Rates in Barsinghausen. Seit 2018 ist er Vorsitzender der Jungen Union.

Die Junge Union stand in den vergangenen Jahren eher rechts der Mutterpartei. Dort positioniert Kubans Vorgänger, der spätere CDU-Generalsekretär Paul Ziemiak, die Organisation 2015 und 2016; ein Kurs, den Kuban zunächst fortführt, als er den Vorsitz von Ziemiak übernimmt. Schon 2015 gehört Kuban zu den Unterzeichnern eines offenen Briefs von CDU-Mitgliedern, die fordern, Flüchtlinge an der Grenze abzuweisen. Noch 2019, nach seiner Wahl zum Bundesvorsitzenden, grenzt er sich in einem Interview von Angela Merkels Kurs ab – nicht nur in der Flüchtlingsfrage. Der Atomausstieg sei ein Fehler gewesen, mit dem Kohleausstieg müsse man die Kernkraftwerke in Deutschland vielleicht wieder einschalten, sagt er. In diesem Interview spielt er auch mit populistischen Motiven. Eine «schweigende Mehrheit» in der CDU habe Merkels Kurs in der Flüchtlingspolitik 2015 nicht mitgetragen, sei aber eben nie gefragt worden. Er spricht auch von einer «Gleichschaltung» der CDU, wofür er sich kurz darauf entschuldigt.[4]

Nach der Wahl schlägt Kuban andere Töne an. «Wir werden der Motor, der Taktgeber der Erneuerung», ruft er auf dem Deutschlandtag in seiner Rede den Delegierten zu. Kuban weiß, dass er etwas ändern muss. Die Junge Union hat, ähnlich wie die CDU, seit den frühen achtziger Jahren die Hälfte ihrer Mitglieder verloren. Die Mutterpartei will er antreiben, sagt er, es müsse mehr Dissens geben: «Die Macht hat alles irgendwie zusammengehalten, und auch wir haben uns eingereiht. Jetzt ist der Topf vom Deckel runter, und jetzt muss mehr geliefert werden.»

Thematisch öffnet sich die Junge Union – ganz langsam, ganz vorsichtig. Einmal tritt auf dem Deutschlandtag eine Frau ans Mikrofon, dunkles Jackett, Perlenohrringe. Sie schlägt vor, die Junge Union möge fordern, die Zubaumengen für erneuerbare Energien konkreter festzulegen. «Derzeit sind die Zahlen des Bundeswirtschaftsministeriums nicht ausreichend.» Die Frau heißt Wiebke Winter und ist Rechtsreferendarin in Bremen, nebenbei promoviert sie zum Medizinrecht und ist Mitglied im Landesvorstand der CDU Bremen, eine energische, fröhliche und charismatische Frau. Bei der Bundestagswahl hat sie in Bremen-Wilhelmstadt für die CDU kandidiert, ist aber nicht eingezogen. Kurz war sie auch Teil des von Armin Laschet im Wahlkampfsommer hektisch zusammengestellten Kompetenzteams, auch dort stand sie für

Klimafragen. 2021 hat Wiebke Winter gemeinsam mit dem Unternehmer und Umweltaktivisten Heinrich Strößenreuther und der Tech-Expertin Bianca Praetorius die «Klimaunion» gegründet, eine CDU-nahe Gruppierung, in der sich sowohl Parteimitglieder als auch externe Experten austauschen. Winters Ziel ist es, wie sie selbst sagt, die Klimapolitik in der Union stärker zu verankern. Das geschieht nicht ohne Widerstand.

Auf dem Deutschlandtag wird ein Antrag gestellt, der dafür sorgen soll, dass die Mitgliedschaft in der Werteunion und in der Klimaunion für unvereinbar mit der Mitgliedschaft in der Jungen Union erklärt wird. Tilman Kuban sagt später, das habe ihn geschockt. «Wenn die erste Antwort nach einer verlorenen Wahl ist, wir müssen jetzt zurück zur Atomkraft und die Werteunion ist das Gleiche wie die Klimaunion – das wäre ein fatales Signal gewesen.» Er, der noch vor zwei Jahren selbst mit einer Rückkehr zur Atomkraft liebäugelte, sagt nun: «Es gibt nur drei Atomkraftwerke in Deutschland, die noch laufen. Die Atomkraft in dieser Form ist vollkommen drüber.» Er wirft sich mit einer flammenden Rede gegen den Antrag – und kann verhindern, dass er angenommen wird. «Wir brauchen Expertenkreise. Und bei der Klimaunion gibt es viele Leute, die Expertise mitbringen: der ehemalige Chef von Tesla Deutschland zum Beispiel, jemand, der bei Greenpeace gewesen ist, Leute, die bei Fridays for Future waren. Man muss ja nicht jeden Vorschlag übernehmen.»

Kuban weiß, die Union braucht jetzt jede Wiebke Winter, die sie kriegen kann. Auch diese Öffnung sei Teil des «Sneaker-Konservatismus», sagt er bei unserem Gespräch im Berliner JU-Büro. «Die Sneaker stehen für einen Lebensstil.» Weiße Turnschuhe seien Ausdruck einer jungen Generation, Ausdruck für den Generationenwechsel. Er wolle zeigen, dass nicht jeder erst seinen Konfirmationsanzug rausholen müsse, um in die Partei einzutreten, er will raus aus dem «Anzugträger-Timberland-Image». Kuban hält kurz inne und versucht, unter dem Tisch zu erkennen, was für Schuhe sein Pressesprecher trägt. «Moment, hast du nicht auch Timberlands?» Der Pressesprecher schaut nun selbst auf seine Füße, er trägt tatsächlich cognacfarbene Mokassins. Er nickt ein wenig betreten und murmelt etwas von «auch bequem». «Na ja. Wir wollen ja auch keine Style-Police einführen», sagt Kuban.

Der französische Historiker Marc Bloch sah Generationen nicht nur als «Zeitgenossenschaften» wie Karl Mannheim, sondern auch als «Kulturen», französisch «civilisations». Er stellte sich Generationen als «Kurzform» der historischen «Langzeitformation» Kultur vor.[5] Es sind tatsächlich nicht zuletzt habituelle Gemeinsamkeiten, in der Mode, der Sprache, beim Essen, die Generationen ebenso voneinander unterscheiden wie andere soziale Gruppen und die teilweise auch bewusst dazu genutzt werden, um sich abzugrenzen. Generationen sind «tribes», generationelle ebenso wie politische Stammeskulturen.

Wenn Tilman Kuban Friedrich Merz ein Paar Sneaker überreicht, ist das auch eine symbolische Aufforderung zu einer generationellen Erneuerung. Die Geste bedeutet: So leben, so kleiden wir uns heute, das ist der politische Stil unserer Generation. Kuban sagt, er wisse natürlich, dass Merz «die Dinger» nie anziehen werde. Aber gerade deshalb dienen sie der generationellen Identifikation. In Kubans Generation sind Turnschuhe die Norm. Sie Merz aufzudrängen ist – im Kosmos der CDU gedacht – fast eine Joschka-Fischer-artige Frechheit. Friedrich Merz gibt auf dem Deutschlandtag dann auch zu verstehen, dass er das Aufbegehren der Jüngeren in Rhetorik und Gestik durchaus verstanden hat. Er mahnt die Delegierten auf recht altväterliche Art, es nicht zu übertreiben. «Junge Besen kehren gut», ruft er ihnen zu. «Aber die alte Bürste kennt die Ecken.»

Auch die Historikerin Ulrike Jureit misst «kulturellen oder sozialen Lebensbedingungen» eine besondere Bedeutung bei. Sie würden «diffuse Gefühlsgemeinschaften erzeugen», ein Zusammengehörigkeitsgefühl zwischen Zeitgenossen, das sich nicht aus einem konkreten historischen Ereignis ableitet oder aus politischen Veränderungen, sondern eher aus einer Lebensweise. Sie nennt zum Beispiel die «Generation Golf» nach dem Generationenbuch von Florian Illies, das Konsumorientierung und Individualisierung herausarbeitet, oder die «Generation Ally» nach der Serienfigur Ally McBeal, einer New Yorker Anwältin, die in den späten Neunzigern mit Einsamkeit, der Zerrissenheit zwischen Kinderwunsch und Karriereambitionen und den Männern zu kämpfen hatte. Der Erfolg des Buches und der Serie sprechen für ein gewisses Maß an Identifikation mit dem Lebensgefühl, das darin beschrieben wird. Aus der Bildung solcher «Gefühlsgemeinschaften» spreche auch «die Erwartung, dass ein gemeinsames Lebensgefühl ausreicht, um sich in modernen Zeiten nicht allein zu fühlen», so Jureit.[6]

Für die politische Generation X, die es mit diffusen «ungebündelten» politischen Konflikten, mit launischen Wechselwählern und einem zunehmend unübersichtlichen politisch-habituellen Raum zu tun hat, sind die Sneaker eine Art Rückzug in die stilistische Neutralität. Vom Sneaker aus kann man jede politische Richtung einschlagen – man kann dazu den liberalen Business-Anzug tragen ebenso wie den «linken» Kapuzenpulli oder das konservative blaue Hemd mit über die Schultern gelegtem Kaschmir. Sie stehen aber, das zeigen Kubans generationelle Abgrenzungsversuche, auch für politische Modernität. Und die besteht gerade in der stilistischen Nicht-Abgrenzung zum politischen Gegner. Sicher, inhaltlich bleiben die Unterschiede groß. Aber ebenso wie heute alle Sneaker tragen, sind heute auch fast alle gesprächsbereit. Die Sneaker markieren nicht nur einen gemeinsamen Stil. Sie stehen für eine weitgehende parteiübergreifende Offenheit, für viele freundschaftliche Kontakte, gerade zwischen Politikern der Generation X und den Millennials.

Am Abend der Wahl zur Hamburger Bürgerschaft im Jahr 1997 nimmt Dietmar Bartsch erstmals an einer «Bonner Runde» teil, der Fernsehrunde mit den Spitzenpolitikerinnen und -politikern unmittelbar nach Bekanntwerden der Hochrechnungen, die heute «Elefantenrunde» genannt wird. Bartsch, seit 2015 Ko-Vorsitzender der Linksfraktion im Bundestag, ist damals Bundesgeschäftsführer der PDS. Für die SPD kommt der damalige Generalsekretär Franz Müntefering in das Bonner Fernsehstudio. «Und selbst jemand wie Franz Müntefering, zu dem ich später ein sehr gutes Verhältnis hatte, gab mir nicht einmal die Hand», erinnert sich Bartsch. So war der Umgang. Von CDU-Abgeordneten ganz zu schweigen.

Die Distanz zwischen den Parteien, erzählt Bartsch, sei noch in den neunziger Jahren groß gewesen. Das betraf natürlich vor allem seine Partei, die heutige Linkspartei, aber auch sonst wurde auf einen gewissen Abstand geachtet. Der Einzige, der einen etwas anderen Umgang mit ihm persönlich pflegte, erinnert sich Bartsch, war der Liberale Guido Westerwelle. «Der nannte mich ‹Herr Kollege›, diese Umgangsform habe ich ihm immer hoch angerechnet.» Das distanzierte Verhältnis der übrigen Parteien zur PDS änderte sich mit der rot-grünen Regierung unter Gerhard Schröder. Noch Rudolf Scharping erwirkte als SPD-Chef 1994 einen Beschluss im Parteivorstand, der Koalitionen mit der PDS ausschloss, wenn auch «normale parlamentarische Kontakte» kein Problem waren. Gerhard Schröder und Oskar Lafontaine waren offener. Für die PDS begann eine Art Tauwetterzeit. Bartsch erinnert sich, dass er «sehr früh» schon einmal zusammen mit dem FDP-Politiker Jürgen Koppelin auf dem Titel der Zeitschrift «Politik & Kommunikation» landete – «als exotische Freundschaft». Er persönlich habe immer ganz gute Kontakte zu anderen Parteien gehabt. Einerseits führt er das auf sein «norddeutsches Naturell» zurück. Andererseits ist er Finanzpolitiker – und unter «Haushältern» gebe es eine besondere Verbindung, «weil die immer streng sein müssen, auch zu Leuten aus der eigenen Partei». Mittlerweile hat sich die frühere Distanz regelrecht in ihr Gegenteil verkehrt. «Als die letzte Bundesregierung vereidigt wurde, die Große Koalition, fiel mir auf, dass ich die Hälfte der Minister duze. Da dachte ich: Das ist kein gutes Zeichen», sagt Bartsch, halb scherzhaft, halb ernst. «Ich habe sehr darauf geachtet, dass da nicht noch Neue dazugekommen sind.» Heute ist Dietmar Bartsch sowohl mit Wolfgang Kubicki als auch mit Christian Lindner per Du. Von einer Freundschaft würde Bartsch nicht sprechen, aber es gebe ein gutes, vertrauensvolles und auch persönliches Verhältnis. In der FDP gilt dieser Kontakt als «legendär». Christian Lindner sagt über Dietmar Bartsch: «Den mag ich sehr gern. Ein superintelligenter, charmanter, angenehmer Gesprächspartner.» Auch bei Lindner zu Hause war Bartsch schon einmal, «in größerer Runde». Das lockere Verhältnis zu dem FDP-Politiker habe sich einfach so ergeben, über die Jahre. Habituelle Abneigungen, wie man sie zwischen einem Linken und einem Liberalen vermuten könnte, gibt es keine. Als Lindner 2018 seinen Jagdschein macht, tut er das in Bartschs Heimat Mecklenburg-Vorpommern. Der Linke zieht den Liberalen auf: «Klar, weil das bei uns am billigsten ist», habe er zu Lindner gesagt, erinnert sich Bartsch. Dass Lindner einen Porsche besitzt, findet Bartsch in Ordnung, «cooles Auto». Ihm selbst sei so etwas nicht wichtig, das habe er mit Merkel gemeinsam. Direkt nach der Wende hatte er mal kurz einen BMW, dann fuhr er lange einen alten Passat, und er hatte auch einen alten Trabant, aus nostalgischen Gründen, aber der ist jetzt verschrottet. Zurzeit brauche er kein Auto, es gibt ja die Fahrbereitschaft des Bundestags.

Natürlich ist die PDS, später die Linke, gewissermaßen ein Sonderfall. Von der CDU stets als «SED-Nachfolgepartei» tituliert (was rein juristisch betrachtet korrekt ist) und in einem Unvereinbarkeitsbeschluss als Koalitionspartnerin ausgeschlossen, hat sie bis heute eine besondere Stellung im deutschen Parteiensystem, was sich zuletzt bei der Thüringen-Wahl 2020 zeigte. Und wenn Bartsch bei unserem Gespräch im Herbst 2021 betont, wie normal mittlerweile mit Politikern seiner Partei umgegangen wird, ist natürlich auch das politische Kommunikation. Reformer-Linken wie Bartsch ist sehr an einer «Normalisierung» ihrer Partei gelegen, er will die Linke regierungsfähig machen, und dazu müssen die anderen ihm und der Linken vertrauen. Vertrauen wiederum wächst immer dann am besten, wenn man sich auf menschlicher Ebene gut versteht, wenn man die Personen, die ein politisches Programm vertreten, gut einschätzen kann, wenn man Doppelspiel und Heimtücke ausschließen kann. Und Bartsch und Lindner sind längst nicht die einzigen Linken und Liberalen, die sich gut kennen und gut verstehen. Marco Buschmann zum Beispiel versteht sich sehr gut mit dem Linken-Politiker Jan Korte. Und natürlich gibt es viel Austausch auf Fachebene. Der FDP-Klimaexperte Lukas Köhler tauscht sich gern mit Ralph Lenkert aus, der für die Linke im Umweltausschuss sitzt.

Gleichzeitig ist längst nicht nur das Verhältnis der übrigen Parteien zur Linkspartei lockerer geworden. Besonders zwischen den Sneaker-Politikern der Generation X und noch einmal stärker zwischen Millennials und der Generation Z, die in Parteien und Bundestag aufrücken, gibt es ein enges Netz persönlicher und professioneller Kontakte kreuz und quer durch das Sechs-Parteien-System – mit Ausnahme der AfD.

Im August 2021, vier Wochen vor der Bundestagswahl, treffen der damalige Generalsekretär der CDU, Paul Ziemiak, und Kevin Kühnert, damals Präsidiumsmitglied der SPD, in der Talkshow von Anne Will aufeinander. Es ist jener Auftritt, bei dem Kühnert weiße Sneaker trägt, was Lars Klingbeil, wie erwähnt, nach der Sendung auf Twitter kommentiert. In dieser Phase des Wahlkampfs haben die Umfragewerte von Olaf Scholz und der SPD schon deutlich angezogen. Die CDU verlegt sich auf eine Rote-Socken-Kampagne und warnt vor einem rot-grün-roten Bündnis auf Bundesebene. Das ist an diesem Abend auch die Botschaft von Paul Ziemiak: Wenn «diese Truppe» (er meint damit die Linke) «das Sagen hat in Deutschland», dann wäre das «katastrophal». Kevin Kühnert hört ihm zu, die Kamera fängt ihn ein, als er mit den Augen rollt. Dann legt er los: «Das war ja alles sehr herzergreifend, aber natürlich grandioser Quatsch, den du gerade hier vorgetragen hast», sagt Kühnert. «Ich weiß, du musst das vortragen, die Verzweiflung ist groß vier Wochen vor der Wahl, die Umfragen sind schlecht, aber wenn das die Verteidigungslinie sein soll in diesem Wahlkampf, dann gute Nacht, Marie.» Wer ernsthaft glaube, dass mit Olaf Scholz, «ich wiederhole – mit Olaf Scholz», die «kommunistische Gewaltherrschaft» in Deutschland einziehe, «der ist ein bisschen falsch gewickelt».

In diesem kleinen Schlagabtausch steckt das ganze Dilemma der in der Berliner Bubble und im Sechs-Parteien-System versammelten Jungpolitiker. Einerseits sind die politischen Grenzen weiterhin wichtig. Schon aus strategischen und wahlkampftechnischen Gründen verfallen Parteien nach wie vor in die alte Gewohnheit, die «cleavages» zu betonen, indem sie sich gegenseitig als neoliberale Steuersenkerpartei oder sozialistische Enteigner darstellen. So grenzen sie sich ab und mobilisieren ihre Kernklientel. Aber wie glaubhaft wirkt das auf die Wählerinnen und Wähler, wenn sich zwei einflussreiche Nachwuchspolitiker im inszenierten politischen Richtungsstreit die ganze Zeit duzen? Wie viel kann «den Paul» und «den Kevin» tatsächlich trennen, wenn «der Kevin» noch beinahe verständnisvoll hinzufügt, er wisse ja, der andere sei gerade in einer ganz blöden strategischen Lage?

Kevin Kühnert und Paul Ziemiak kennen sich gut. Als frühere Köpfe ihrer jeweiligen Jugendorganisationen sind sie sich schon sehr häufig über den Weg gelaufen. Da die Umgangsformen insgesamt lockerer werden, ist man schnell beim Du. Einen systematischen Austausch zwischen den Jugendorganisationen gebe es nicht, sagen auch andere junge Politiker. Aber doch zahlreiche persönliche Verbindungen. Man trifft sich bei Veranstaltungen in der Bubble, verabredet sich aber auch gezielt zum Mittagessen, auf einen Kaffee oder ein Bier, um sich auszutauschen. Dabei bietet sich die Gelegenheit, die eigene Außenwahrnehmung zu testen. Auch die Juso-Chefin und Abgeordnete Jessica Rosenthal hat sich recht bald nach ihrem Amtsantritt mit dem JU-Chef und Abgeordneten Tilman Kuban getroffen. Inhaltlich, sagen beide, finde man natürlich nicht zusammen. Aber als junge Politiker habe man eben viele ähnliche Themen. Welche Erfahrungen macht man mit den Älteren in der eigenen Partei, dem Vorstand? Wie hierarchisch oder nicht hierarchisch geht es bei euch zu? Manchmal entstehen daraus echte Freundschaften – und die wachsen mit der Karriere mit. Der SPD-Generalsekretär Kevin Kühnert zum Beispiel ist gut mit der Grünen-Ko-Vorsitzenden Ricarda Lang befreundet, eine Freundschaft, die entstanden ist, als beide Vorsitzende ihrer Jugendorganisationen waren. «Wir tauschen uns schon auch über Themen aus, aber das ist keine Pizza-Connection», sagt Kühnert in Anspielung auf die Treffen zwischen jungen Grünen und jungen CDU-Politikern ab den neunziger Jahren in einer Bonner Pizzeria, die damals ein Kennenlernen, aber eben ein strategisches war. «Wir treffen uns in erster Linie, weil wir uns gerne treffen», sagt Kühnert. Dabei werde, «weil wir beide turbopolitische Menschen sind», natürlich über Politik geredet. «Wir teilen aber auch Leidensgeschichten aus unseren Parteien, man macht auch mal eine Flanke auf und fragt, ob das bei anderen auch so läuft, da ist genügend Vertrauen da, um Momente des Zweifels auch mal zuzulassen», erzählt er.

Tatsächlich muss man auch erst einmal Freunde finden, die so ein Leben mitmachen. Ricarda Lang räumt ein, dass es außerhalb der Politik oft nicht viel anderes gebe. «Das ist mit der Rolle, die ich mir jetzt ausgesucht habe, schwierig.» Es bleibe kaum Zeit für Hobbys. «Ich versuche, mir für meine Beziehung Zeit zu nehmen», sagt sie. Aber ihr Leben ist durchdrungen von Politik. Eine Zeit lang hatte sie wenigstens noch zwei Mitbewohner, die nicht in der Partei waren. Ihr Lebenspartner lebt in Wien – seit fünf Jahren führen die beiden eine Fernbeziehung. Langs Freund ist Mathematiker, immerhin das ist eine andere Welt, wenn auch eine, zu der sie keinen echten Zugang hat. «Ich war bei der Verteidigung seiner Promotion dabei, aber ich habe zwischen ‹Guten Tag, sehr geehrte Damen und Herren› und ‹Danke für Ihre Aufmerksamkeit› nichts verstanden. Er hätte Chinesisch sprechen können. Dabei war ich in Mathe gut in der Schule, ich mag das.» Mit dem Begriff «Freundschaft» sind viele Politiker, auch die Jüngeren, dennoch vorsichtig. Der Übergang zwischen kollegialem, strategischem und freundschaftlichem Umgang ist häufig fließend, man muss aufpassen, was man sagt und mit wem man gesehen wird – schließlich ist das «Who meets whom», wie die erneute Rote-Socken-Kampagne der CDU im Bundestagswahlkampf 2021 zeigt, eine zutiefst politische Frage. Natürlich gibt es Kombinationen, bei denen ein freundschaftlicher Umgang mehr oder weniger unverfänglich ist. Zwischen FDP und Linken ist der lockere, persönliche Umgang besonders leicht, weil man weder um Wähler konkurriert noch befürchten muss, dass persönliche Freundlichkeiten als Bündnisanbahnung ausgelegt werden. Zu groß ist die inhaltliche Distanz. Zwischen Linken und Grünen wird es schon schwieriger, denn hier herrsche «Futterneid», wie Dietmar Bartsch es ausdrückt. Zwischen Grünen und SPD geht es relativ unverkrampft zu, weil beide Parteien sich als natürliche Bündnispartner wahrnehmen. Schwieriger wiederum ist es zwischen Linken und SPD. Manche in der SPD-Spitze würden noch sehr darauf achten, Politiker der Linken nur zu förmlichen Treffen in offizielle Räumlichkeiten einzuladen, berichtet eine Linken-Politikerin. Andere würden schon auch mal eine persönliche SMS schreiben oder ein bisschen Small Talk halten. Die Frage bleibt in fast jeder dieser Kombinationen: Finden die sich nur nett – oder wird hier ein Bündnis vorbereitet? Denn natürlich schwingt bei vielen Gesprächen der Gedanke mit, dass man diesen Kontakt ja in Zukunft noch einmal brauchen könnte.

Einig sind sich aber die meisten interviewten Vertreter der «Generation Sneaker», dass gerade der Umgang über Parteigrenzen hinweg in ihrer Generation lockerer und normaler geworden ist. In der älteren Generation hätten sich Politiker teilweise regelrecht gegenseitig «zum Satan erklärt», sagt Marco Buschmann. Zwischen Grünen und FDP etwa habe es immer starke Animositäten gegeben. Sich aus politischen Gründen auch «auf persönlicher Ebene abgestoßen zu fühlen», das sei heute «überwunden». Von Älteren habe er oft den Satz gehört: «Freundschaften gibt es in der Politik nicht», sagt Kevin Kühnert. «Ich glaube, bis in die Neunziger gehörte es zu den Ritualen der Politik, einen auf ganz hart zu machen, harte Schale und Gefühligkeiten haben hier keinen Raum und so, Ellenbogenmentalität. Das ist nicht mehr so. Und das macht Spaß.»

Den Jüngeren fällt es auch deshalb oft leichter, Kontakte zu pflegen, weil sie noch keine politische Vergangenheit teilen. «Man schleppt nicht die Verletzungen von zehn, zwanzig, dreißig Jahren mit sich herum», sagt Ricarda Lang. «Das macht unbefangener.» In Langs Partei etwa spielen noch immer Konflikte mit der SPD eine Rolle, die auf die Zeit in der rot-grünen Regierung zurückgehen. «Ich sage dann: ‹Damals konnte ich noch nicht mal laufen›», meint die 1994 geborene Politikerin und lacht. «Wobei, doch, laufen konnte ich gerade schon», korrigiert sie sich. «Aber diese Dinge haben mich nicht geprägt.» Etwas ältere Politiker bestätigen den Trend. «Diese Generation, die im Digitalen aufgewachsen ist, mit flacheren Hierarchien, geht anders an die Zusammenarbeit in der Politik heran», beobachtet Saskia Esken, Jahrgang 1961.

Dass ein unbefangener Umgang möglich ist, liegt wiederum am Ende der Blockkonfrontation. Der Politikwissenschaftler Michael Koß weist darauf hin, dass es in Deutschland bis in die unmittelbare Zeitgeschichte eine tiefgreifende Tradition des gegenseitigen Ausschließens zwischen den politischen Kräften gab. Aufgrund der späten Demokratisierung und eines «unbestimmten Nationalismus» konnte dem politischen Gegner lange die «Loyalität zum Staat» aberkannt werden, schreibt er, «was dann im Umkehrschluss dazu berechtigte, diesen auch die demokratische Teilhabe vorzuenthalten». Er erinnert an die Stigmatisierung deutscher Sozialdemokraten als «vaterlandslose» Gesellen.[7] Nun, da es mit der AfD tatsächlich eine dezidiert antidemokratische Partei in Landesparlamenten und im Bundestag gibt, scheinen die Demokraten näher zusammenzurücken. Die Rechtsextremen, die sich auch in ihrem aggressiven Habitus stark absetzen, erinnern Politikerinnen und Politiker der fünf anderen Parteien immer wieder daran, wie ähnlich sie sich in ihrer Grundhaltung und ihren Umgangsformen sind.

Ist die gläserne Wand zwischen den Parteien einmal durchbrochen, zeigen sich schnell die vielen praktischen Vorteile von Kontakten über Parteigrenzen hinweg. Viele auch jüngere Politiker betonen, die härteste Konkurrenz finde schließlich innerhalb der eigenen Partei statt. Dort ringt man gerade mit jenen, mit denen man politisch am meisten gemeinsam hat und im Alltag am engsten zusammenarbeitet. Es geht um Listenplätze, Posten, Ämter.

Eines der besten Beispiele ist das Verhältnis zwischen Annalena Baerbock und Robert Habeck, die als Tandem ihre Partei führten und gleichzeitig um die Kanzlerkandidatur rangen. Als schließlich die Wahl auf Annalena Baerbock fiel – im allerengsten Kreis der Parteispitze –, schaffte Robert Habeck es nicht immer, seine Frustration nach außen zu verbergen. Nur wenige Tage nach der Nominierung erschien ein Interview mit Habeck in der «Zeit», in dem er von einem «bittersüßen» Tag sprach und sagte: «Nichts wollte ich mehr, als dieser Republik als Kanzler zu dienen.»[8] Als Baerbock bei ihrem Wahlkampftermin im Naturschutzgebiet Biesenthaler Becken fälschlich glaubte, sie befände sich im Oderbruch, trat er vor laufender Kamera wie zu Demonstrationszwecken in die sandige Brandenburger Erde. Auch sie erlaubte sich öffentliche Nickeligkeiten gegen den Ko-Parteichef. In der Wahlnacht dann, nach einem Ergebnis, das viel besser ist als 2017, aber doch deutlich hinter den von den Umfragen geweckten Erwartungen zurückbleibt, bricht der Machtkampf wieder aus. Die beiden müssen an diesem Abend gemeinsam von Termin zu Termin ziehen, interne Runden und öffentliche Auftritte reihen sich aneinander. Am Morgen danach treten sie in der Bundespressekonferenz auf. Die Anspannung ist mit Händen zu greifen. In den Folgetagen ist immer wieder die Frage: Wer spricht zuerst? Erst als die Ministerposten verteilt sind, entspannt sich das Verhältnis wieder, berichten Parteifreunde.

Freundschaften in der eigenen Partei funktionieren am besten, wenn die Machtfragen geklärt sind. Der Austausch mit Politikern anderer Parteien kann dagegen geradezu ein Ventil sein. Nicht zuletzt aber sind es, wie dieses Kapitel zeigen sollte, habituelle Gründe, die es der Generation X und ihren Nachfolgern erleichtern, parteiübergreifend Kontakte zu pflegen. Saskia Esken zum Beispiel sieht in der Gesprächsbereitschaft dieser Generation eine zentrale Voraussetzung dafür, dass das Ampel-Bündnis zustande gekommen ist. Die Ampel sei «Ausdruck einer neuen Offenheit für den Dialog. Man ahnt, dass man sich immer zweimal im Leben trifft, der gegenseitige Respekt ist gewachsen.»

Das gehört nicht zuletzt zur Modernitätserzählung der Ampel-Regierung und lenkt ab von den harten Machtkämpfen, etwa um das Finanzministerium. Aber es hat einen wahren Kern. Weiße Sneaker stehen für die parteipolitische Offenheit, den Pragmatismus und die vergleichsweise egalitäre Haltung dieser Politikergeneration – zentrale Voraussetzungen für die Bildung der Ampel. Wie aus der «Generation Sneaker» die Ampel wurde, darum soll es im folgenden Kapitel gehen.

13 Whisky im «Lebensstern».
Wie in einer Berliner Bar die Ampel
vorbereitet wurde

Zum Eingang der alten Villa geht es ein paar Stufen hinauf.
Neben der Tür ist eine goldglänzende Klingelanlage angebracht. «Lebensstern» steht auf einem Schild, darüber eine
Gegensprechanlage. An der Kurfürstenstraße im Westen Berlins
gelegen, verteidigt das Haus recht einsam die Altberliner Grandezza, rundherum verbreiten Nachkriegsbeton und moderne Bürogebäude zugige Unwirtlichkeit. Im Erdgeschoss der Villa liegt
das Stammhaus des Café Einstein, ein Restaurant im Wiener Kaffeehausstil. Hier essen Mitarbeiter der nahe gelegenen CDU-Parteizentrale, Journalisten und Westberliner Bürger mit einem Faible fürs Nostalgische. Es gibt tellergroße Schnitzel und Strudel.
Der «Lebensstern» ist eine Bar im Obergeschoss – gerade weit genug entfernt vom Regierungsviertel, um kein zentraler Politiker-Treffpunkt zu sein, aber nah genug, um nach einem langen Tag
in der Sitzungswoche noch auf einen Sprung vorbeizuschauen.

Genau der richtige Ort für eine Runde, die zwar nicht geheim
ist, aber doch ohne großes Aufsehen tagen will, dachten sich der
Grünen-Abgeordnete Konstantin von Notz und der FDP-Abgeordnete Stephan Thomae 2018. Die beiden Politiker hatten sich
im Zuge der Sondierungen zu einer Jamaika-Koalition im November 2017 näher kennengelernt. Thomae war da fünfzig Jahre

alt, von Notz siebenundvierzig. Nach dem Aus der Jamaika-Verhandlungen beschlossen die beiden, eine Gesprächsrunde zwischen jüngeren FDP- und Grünen-Abgeordneten zu gründen. So entstand der Kreis «Lebensstern».

Es gibt, wie beschrieben, in der Berliner Bubble unterschiedliche Formen des überparteilichen Dialogs. Historisches Vorbild dieser Runde ist die «Pizza-Connection», bis heute ein Mythos im politischen Berlin. Der Journalist Ralph Bollmann, zu der Zeit Leiter des Hauptstadtbüros der «taz», heute Autor bei der «Frankfurter Allgemeinen Zeitung» und Merkel-Biograf, hat die Geschichte dieses Bündnisses recherchiert. Es war eine erste Annäherung von Grünen und Schwarzen. Damals, gegen Ende der Ära Kohl, war das noch eine kleine Revolution. Das erste Treffen fand am 1. Juni 1994 statt, man traf sich im «Sassella», einem Restaurant in Bonn. Oben im Gastraum aß auch manchmal Helmut Kohl. Die «Pizza-Connection» fand sich beinahe konspirativ im Untergeschoss zusammen, in einem Zimmer neben dem Lagerraum, das nur durch die Küche erreichbar war, wie Bollmann schreibt.[1]

Seither ist eine Vielzahl weiterer mehr oder weniger formeller überparteilicher Gesprächsrunden entstanden, und gerade hier kommen Merkmale des Politikstils einer neuen politischen Generation zum Ausdruck. Stephan Thomae und Konstantin von Notz sind beide Juristen, und beide entdeckten bei den Jamaika-Verhandlungen in ihrem Fachgebiet, der Innen- und Rechtspolitik, viele Gemeinsamkeiten zwischen FDP und Grünen. In Fragen wie dem Familienrecht oder der Vorratsdatenspeicherung ticken beide Parteien liberal. Das dürfte gerade in den Jamaika-Sondierungen deutlich geworden sein, als Thomae und von Notz CSU-Politikern wie dem ehemaligen Innenminister Joachim Herrmann gegenübersaßen, der Sicherheit einmal als ein «Supergrundrecht» bezeichnet hat, das Freiheitsrechte überstrahle – ein Satz, auf den sowohl FDP- als auch Grünen-Politiker allergisch reagierten.

«Wir haben doch da so viele schöne Sachen aufgeschrieben», soll heißen: politische Vorhaben für den Koalitionsvertrag formuliert, erinnert sich Konstantin von Notz. Es wäre doch schade, meinten beide, die nicht weiterzuentwickeln. Darüber hinaus gab es viel Misstrauen aufzuarbeiten, das während der Jamaika-Verhandlungen entstanden war. Dass sich das lohnt, davon waren die Teilnehmer der Runde überzeugt. Schließlich war absehbar, dass ein Dreierbündnis auf Bundesebene keine Ausnahme bleiben würde. «Wir wollten das nicht zu PR-Zwecken machen, um nach außen zu dokumentieren, dass Grüne und FDP jetzt miteinander reden, sondern damit tatsächlich Verbindungen entstehen», sagt von Notz bei einem Gespräch im Oktober 2021. Tatsächlich berichten 2018 dann doch ein paar Zeitungen über das erste Treffen.

Beide Politiker sprechen 2018 Parteifreunde an. Bei den Grünen, sagt Konstantin von Notz, hätten alle zugesagt, auch Leute aus dem linken Flügel, die er unbedingt dabeihaben wollte. Die allermeisten, sowohl die Teilnehmer aus der FDP als auch die der Grünen, sind Generationsgenossen der «Gen X», aber auch Jüngere sind dabei. Und es finden sich in den Reihen des «Lebensstern» viele, die nach der Bundestagswahl 2021 in höhere Positionen aufrücken. Bei den Grünen sind es unter anderem Franziska Brantner, Jahrgang 1979, und Oliver Krischer, Jahrgang 1969, die Parlamentarische Staatssekretäre bei Robert Habeck im Wirtschaftsministerium werden; Chris Kühn, Jahrgang 1979, der Parlamentarischer Staatssekretär im Umweltministerium wird, und Katharina Dröge, Jahrgang 1984, ab Herbst 2021 Ko-Fraktionsvorsitzende der Grünen im Bundestag; außerdem Dieter Janecek und Luise Amtsberg (Jahrgang 1976 beziehungsweise 1984), seit Anfang 2022 Menschenrechtsbeauftragte der Bundesregierung. Aufseiten der FDP war Florian Toncar dabei, Jahrgang 1979, seit 2021 Parlamentarischer Staatssekretär bei Christian Lindner im Finanzministerium; Lukas Köhler, Jahrgang 1986, Klimaexperte seiner Fraktion und seit 2021 stellvertretender Fraktionsvorsitzender; außerdem Linda Teuteberg, Jahrgang 1981, zwischenzeitlich Generalsekretärin der FDP, und Katja Suding, Jahrgang 1965, stellvertretende Bundesvorsitzende der FDP, die allerdings 2021 ihre politische Karriere beendet hat. Insgesamt nehmen achtzehn Personen teil. Die Runde trifft sich alle paar Monate. Die ersten zwei, drei Mal spricht man ohne feste Tagesordnung; es folgen fünf, sechs Themenabende, an denen beide Seiten, FDP und Grüne, je ein kurzes Referat halten, das dann diskutiert wird. Bei manchen Themen, sagt Konstantin von Notz, sei hart gestritten worden, besonders beim Klimaschutz. Aber persönlich sei man sich nähergekommen. «Das war tatsächlich eine ebenso interessante wie nette Runde.» Lebensweltlich und biografisch hat man einiges gemeinsam, die nostalgische Atmosphäre der Bar trägt zur Vertrauensbildung bei. Da krieche noch «das Berlin der Weimarer Republik durch die Ritzen», so von Notz. Man sitzt in tiefen Ledersesseln, in den Vitrinen an den Wänden sind verschiedene Whiskys ausgestellt. Davon habe man auch mal den einen oder anderen probiert, erzählt von Notz.

Der Gesprächskreis im «Lebensstern» ist typisch für die Herangehensweise der «Generation Sneaker» an die Politik. Im Sechs-Parteien-System, das wissen alle, kann man sich schneller wieder am Verhandlungstisch gegenübersitzen, als man gucken kann, sei es auf Landesebene oder im Bund. Statt also die Feindschaften und Verletzungen zu pflegen, die bei den Jamaika-Verhandlungen entstanden sind, setzt man sich lieber zusammen und versucht, die politische Konkurrenz besser kennenzulernen, die Menschen hinter der oft barocken Fassade der politischen Kommunikation zu verstehen. Ohnehin waren es vor allem die politischen Spitzen, also Angela Merkel, Horst Seehofer, Christian Lindner, Wolfgang Kubicki, Katrin Göring-Eckardt und Cem Özdemir, die sich während der Jamaika-Verhandlungen verhakt hatten und mit Blessuren vom Feld gingen. In der zweiten Reihe, zum Beispiel unter den aufstrebenden Generation-X-Politikern, die man als Fachexperten dabeihatte, ging es lockerer zu.

Der «Lebensstern» ist, rückblickend betrachtet, sicher ein Grund dafür, warum die Ampel-Verhandlungen so viel reibungsloser liefen. So wie überhaupt das «Phänomen Ampel» ohne das Scheitern von Jamaika nicht zu verstehen ist. Bis heute empfinden viele der Beteiligten die Sondierungswochen im Herbst 2017 als Trauma – auch der «Lebensstern»-Mitgründer Konstantin von Notz, damals Mitglied im Sondierungsteam der Grünen, spricht von einem «einschneidenden politischen Erlebnis».

Am Abend des Scheiterns der Jamaika-Verhandlungen, am Sonntag, den 19. November 2017, wird der Grünen-Politiker von den Verhandlungsführern seiner Partei um Cem Özdemir und Katrin Göring-Eckardt in die Sendung von Anne Will abgeordnet. Die Spitzen des Verhandlungsteams befinden sich ebenso wie die Spitzen von Union und FDP in der Landesvertretung Baden-Württemberg, wo noch verhandelt wird, und sind unabkömmlich. Man macht ihm deutlich, es stehe Spitz auf Knopf, er solle vorsichtig sein, was er sage. Die FDP schickt Johannes Vogel in die Runde, ebenfalls einer der wichtigsten Nachwuchspolitiker der Generation X, im Dezember 2021 wird er in Nachfolge von Marco Buschmann Erster Parlamentarischer Geschäftsführer der FDP-Bundestagsfraktion. Die Jamaika-Verhandlungen laufen seit dem 24. Oktober 2017 und hätten eigentlich schon zu Ende sein sollen, man befindet sich in der Verlängerung, und Christian Lindner hat diesen Sonntag, den 19. November, zur absoluten Deadline erklärt.

Kurz nach dem Abbruch der Gespräche hat die «Frankfurter Allgemeine Zeitung» den Verlauf der vorangegangenen Verhandlungstage detailliert rekonstruiert. Zu den inhaltlichen Knackpunkten zählt die Frage, wie stark die Kohleverstromung reduziert werden soll. Ein weiterer Streitpunkt ist der Familiennachzug für Geflüchtete, der ist zum Zeitpunkt der Sondierungen teilweise ausgesetzt, die Grünen wollen das ändern. Die CSU zeigt sich kurz vor dem Scheitern kompromissbereit, doch plötzlich ist es Lindner, der verkündet, die FDP werde nicht umfallen. Man holt Lindner vorerst wieder ins Boot, die Verhandlungen gehen in die Verlängerung. Auch um den Soli wird noch gerungen, die FDP hat im Wahlkampf die Abschaffung versprochen. Und die Europapolitik spielt eine Rolle. Merkel will – mit Blick auf Macron – die Frage offenlassen, ob die Eurozone ein eigenes Budget bekommen kann, erneut ein Punkt, der für die FDP ein politisches Problem wäre. So beschreiben es verschiedene Spitzenpolitiker 2017 den Journalistinnen und Journalisten der «Frankfurter Allgemeinen Zeitung».[2]

Am Vormittag des Sonntags, an dem die Verhandlungen platzen werden, eilt Lindner an den wartenden Journalisten vorbei in die Landesvertretung Baden-Württemberg am Berliner Tiergarten, gut sichtbar in der Hand die «Bild am Sonntag». Er ist, und das soll man sehen, verärgert über ein Interview, das Jürgen Trittin gegeben hat und das in der Nacht erschienen ist. In dem Interview besteht Trittin in vielen der Kernstreitpunkte noch einmal auf der Position der Grünen. Es gelingt Merkel und Seehofer, Lindner zum Weiterverhandeln zu bewegen, man einigt sich, nur über die wichtigsten Punkte zu sprechen, so rekonstruiert es die FAZ. Am Abend aber kommen die Verhandlungen erneut ins Stocken, etwa zu der Zeit, als Konstantin von Notz sich im ARD-Studio in Berlin-Adlershof bei Anne Will einfindet.

Nach der Sendung kehrt von Notz in die baden-württembergische Landesvertretung zurück. Seit elf Uhr abends tagt dort wieder die Spitzenrunde mit Merkel, Dobrindt, Seehofer, Lindner, Özdemir und Göring-Eckardt. Lindner hat zu diesem Zeitpunkt wohl schon entschieden, die Gespräche endgültig abzubrechen. Das berühmt gewordene Statement ist schon formuliert. Die übrigen Verhandler stehen in der Eingangshalle der Landesvertretung und essen Maultaschensuppe, erinnert sich von Notz. Dann kommen die FDP-Verhandler die Treppe herunter, packen wortlos ihre Jacken und Taschen und verlassen das Gebäude. Von Notz steht neben Julia Klöckner und Volker Bouffier; Jens Spahn lehnt an einem Fernseher, der in der Halle aufgebaut ist. Vor der

Glastür, keine zehn Meter entfernt, tritt Lindner vor die Presse, das Statement wird live auf den Fernseher in der Eingangshalle übertragen.

«Ja, meine Damen und Herren», sagt Lindner. «Wir haben Stunden, Tage und Wochen miteinander gerungen.» Er schaut auf ein DIN-A4-Blatt, das er in der Hand hält, was eher untypisch ist, er spricht sonst so gut wie immer frei. Die Liberalen hätten «zahlreiche Angebote zum Kompromiss gemacht», es fehle aber eine «Vertrauensbasis» und eine «gemeinsam geteilte Idee». Und dann der Satz: Es sei «besser, nicht zu regieren, als falsch zu regieren».

Die Empörung in der Halle sei «schon krass» gewesen, sagt von Notz. Aber es sind nicht nur Grüne, FDP und Union, die an diesem Tag durchgerüttelt werden. Für die SPD war der Sonntagabend nicht minder traumatisch. Lars Klingbeil ist zu diesem Zeitpunkt designierter, aber noch nicht gewählter SPD-Generalsekretär. Er sitzt neben Martin Schulz in einem Flugzeug, die beiden reisen zurück nach Berlin, nachdem sie in Franken an einer Regionalkonferenz teilgenommen haben. Während sie auf den Start warten, bekommt Klingbeil eine SMS: Es sehe so aus, als könnte Jamaika scheitern. Als sie in Berlin landen, erhält Klingbeil Nachrichten, die Entwarnung geben. Es klappe wohl irgendwie doch noch. Der designierte SPD-Generalsekretär fährt nach Hause und geht schlafen. Mitten in der Nacht wird er wach und schaut auf sein Handy. Es zeigt zahlreiche verpasste Anrufe und SMS an. «Du musst morgen um sieben im Willy-Brandt-Haus sein. Die Verhandlungen sind gescheitert», schreiben ihm gleich mehrere Leute. «Und dann war Chaos», erinnert sich Klingbeil bei unserem Gespräch im Herbst 2021. «So was prägt einen.» Noch eine Woche zuvor habe er in einer vertraulichen Runde gefragt: «Was machen wir eigentlich, wenn Jamaika scheitert?» Die SPD gab sich damals keine ehrliche Antwort auf diese Frage. Die Partei wird kalt erwischt. Seitdem habe er immer einen Plan B, sagt Lars Klingbeil, auch für unwahrscheinliche Szenarien.

Es gibt verschiedene Thesen darüber, warum die Jamaika-Verhandlungen geplatzt sind. Christian Lindner ist dabei eine Schlüsselfigur. Die Entscheidung zum Abbruch der Gespräche traf letztlich er, auch wenn er sich mit seinen Mitverhandlerinnen und -verhandlern beriet. Bis heute hält sich ein gewisses Misstrauen, was Lindners Motive betrifft. Warum, fragen Beteiligte, sagte Lindner in den letzten Tagen der Verhandlungen plötzlich Nein zum Familiennachzug, ausgerechnet zu jenem Zeitpunkt, als die CSU einlenkt und obwohl der FDP das zuvor nicht wichtig war? Warum der demonstrative Auftritt mit der «Bild»-Zeitung unter dem Arm am Vormittag? War der Ärger über das Interview nur ein Vorwand? Wollte Lindner die Verhandlungen in jedem Fall platzen lassen? Wenn ja, warum? Manche der anderen Verhandler sagten später, die FDP sei nicht bereit gewesen, es habe an Expertise, an versierten Mitarbeitern gefehlt. Schließlich hatte die FDP vier Jahre lang keine Bundestagsfraktion, was auch einen enormen Verlust an Wissen bedeutete. Dass Lindner und die Seinen das in den Verhandlungen immer deutlicher spürten, sei ein Grund dafür gewesen, dass es nicht weiterging. Andere wiesen darauf hin, dass sich Lindner gut mit Alexander Dobrindt verstand, und erwähnten seine Freundschaft mit Jens Spahn. Hoffte die «Boygroup» auf eine Regierung ohne Angela Merkel für den Fall, dass es Neuwahlen geben würde? Wurde dieser Plot nur dadurch durchkreuzt, dass sich die SPD zu einer Großen Koalition durchrang? Es wäre eine wahnwitzige Geschichte – und es ist auch schon eine Geschichte, dass manche Christian Lindner einen solchen Plot zutrauen. Belege dafür gibt es keine.

Christian Lindner selbst sagt bei unserem Gespräch im August 2021, die FDP sei bereit gewesen. «Fachlich waren wir auch damals auf der Höhe.» Er führt das Scheitern der Verhandlungen vor allem auf das mangelnde Vertrauen zurück. «Es gab keinen Common Ground, und niemand kannte einander. Das war mit ein Grund dafür, dass die Gespräche gescheitert sind: Man hat die FDP falsch eingeschätzt, weil man uns nicht kannte.» Aus seiner Perspektive war der Wunsch nach einer schwarz-grünen Regierung prägend gewesen. Während der zweiten Großen Koalition, so Lindner, sei «auf den Fluren des Bundestages» der Tenor gewesen: 2017 muss es klappen. «Aber dann gab es keine schwarz-grüne Mehrheit, sondern die FDP. Und da gab es kein Verständnis für unsere Anliegen.» Auch habe man sich persönlich zu wenig gekannt und einschätzen können. Sicher, er kannte Angela Merkel, Peter Altmaier, Katrin Göring-Eckardt und Cem Özdemir, auch persönlich. «Aber die ganzen Fachabgeordneten der FDP und die Unterhändler, die ja neu in den Bundestag kamen, die kannten sich nicht. Das war auch ein Grund, warum die FDP am Ende nichts in den Händen hatte.» Andere, die für die FDP Jamaika mitverhandelt haben, erklären es ähnlich.

Unplausibel ist das nicht. In seiner Recherche zur «Pizza-Connection» schreibt Ralph Bollmann, Guido Westerwelle haben die schwarz-grüne Annäherung stets mit großer Skepsis gesehen.[3] Westerwelle fürchtete, die Grünen könnten längerfristig die FDP als «natürlichen Partner» der CDU ablösen. Diese strategische Sicht hat er sicher mit Lindner geteilt.

Jedenfalls zieht Lindner nach dem Scheitern Konsequenzen. Zu den 2017 wieder in den Bundestag eingezogenen Abgeordneten habe er gesagt: «Schwärmt aus zu euren Wahlkreiskollegen von den anderen Fraktionen, knüpft Kontakte zu den Fachabgeordneten anderer Fraktionen in euren Ausschüssen und bildet auch gemeinsame Gesprächsrunden zwischen FDP und Union.» FDP-Abgeordnete bestätigen das. Als der Klimaexperte Lukas Köhler einmal gemeinsam mit seinem grünen Kollegen Danyal Bayaz, später Finanzminister in Baden-Württemberg, eine Gesprächsrunde zwischen jungen Abgeordneten von Grünen und FDP mit Joschka Fischer organisiert, horcht er vorsichtig bei «CL» nach, ob das in Ordnung gehe – und er bekommt sofort grünes Licht.

Vor allem Grüne und FDP sprechen zwischen 2017 und 2021

auf vielen Ebenen miteinander. Man redet im «Lebensstern», vor allem aber arbeiten die beiden Fraktionen in der Legislaturperiode 2017 bis 2021 eng zusammen. Als die Große Koalition Stimmen von Grünen und FDP braucht, um den «Digitalpakt Schule» zu verabschieden, stimmen sich die beiden Oppositionsparteien genau ab – damit der Bund in die Digitalisierung von Schulen investieren darf, muss eine Grundgesetzänderung vorgenommen werden, die wiederum eine Zwei-Drittel-Mehrheit benötigt. Vor den Verhandlungen mit SPD und Union treffen sich die Fraktionsspitzen von Grünen und FDP im Büro von Christian Lindner. Die beiden Fraktionen klagen außerdem gemeinsam beim Bundesverfassungsgericht gegen die Wahlrechtsreform der Großen Koalition und erarbeiten Gesetzentwürfe. Besonders die Parlamentarischen Geschäftsführer kennen sich 2021 deshalb bereits gut, wenn auch das Verhältnis zwischen den Parteispitzen Baerbock, Habeck und Lindner distanziert bleibt. Diese drei Politiker lernen sich erst während der Ampel-Sondierungen näher kennen.

Natürlich redet die FDP nicht nur mit den Grünen, auch zwischen FDP und CDU gibt es schon lange systematische Gespräche. Ein wichtiges schwarz-gelbes Forum ist nach wie vor der Gesprächskreis «Kartoffelküche», den es seit der Bundestagswahl 2013 gibt, bei der die FDP aus dem Bundestag flog. Ins Leben gerufen haben ihn der FDP-Politiker Otto Fricke und der CDU-Politiker Steffen Kampeter, Mitglied ist unter anderem der designierte FDP-Generalsekretär Bijan Djir-Sarai. Fricke und Kampeter kannten sich als Haushaltspolitiker gut. Nach den vier gemeinsamen Regierungsjahren von CDU und FDP zwischen 2009 und 2013 saß der Frust tief, besonders natürlich bei der FDP, die den Dauerstreit in der Koalition mit dem Exitus aus dem Bundestag bezahlte. Otto Fricke bekam besonders hart zu spüren, was das bedeutete: Als einer der «Liquidatoren» der Partei hatte er Personal und Sachgüter der Bundestagsfraktion abzuwickeln. Dennoch hätten er und Kampeter sich damals gesagt, es gelte, «antizyklisch zu denken», so Fricke. Also gründeten sie die «Kartoffelküche».

Auch in diesem Kreis ging es vor allem darum, Vertrauen aufzubauen. Fricke zitiert ein niederländisches Sprichwort, um seine Motive zu beschreiben: «Vertrauen verschwindet auf dem Rücken eines Pferdes und kommt zu Fuß zurück.» Die «Kartoffelküche» trifft sich auch nach dem Scheitern der Jamaika-Verhandlungen, etwa alle sechs Monate, in recht großer Runde, meist in «klassischen bürgerlichen Gaststätten, wo es Kassler oder Schnitzel gibt», erzählt Fricke. Auf dem Einladungsverteiler stehen etwa sechzig Personen aus beiden Parteien, Landespolitiker und Abgeordnete ebenso wie frühere Politiker, die in die Wirtschaft gewechselt sind. Auch in Ampel-Zeiten werde man sich weiter treffen, so Fricke. Viele in diesem Kreis hätten 2021 Jamaika der Ampel vorgezogen.

Dass Olaf Scholz es schafft, während der Ampel-Sondierungen relativ schnell ein gewisses Grundvertrauen auch bei der FDP herzustellen, ist umso erstaunlicher, als es zwischen SPD und FDP zwischen 2017 und 2021 gar keine mit dem «Lebensstern» oder der «Kartoffelküche» vergleichbaren Gespräche gab. Für die FDP wären solche Gespräche heikel gewesen. Lindner plant nicht, 2021 «das Lager zu wechseln», und will noch während des Wahlkampfs jeden Anschein vermeiden, er könne in die sozialliberale Richtung abbiegen. Fragt man ihn nach Kontakten zur SPD, sagt er noch im Sommer 2021, diese Konstellation habe niemand im Blick. «Man ging lange davon aus, es gibt Schwarz-Grün oder es gibt Jamaika.» Allerdings gab es offenbar schon Ende 2019 einen Auftrag aus der Fraktionsspitze der FDP, nun auch das Gespräch mit der SPD zu suchen, wie eine Quelle berichtet. Regelmäßige persönliche Treffen wie im «Lebensstern» kommen aber wegen des Ausbruchs der Coronapandemie nicht mehr zustande.

Natürlich bedeuten solche Gesprächskreise so oder so nicht das Ende liebevoll gepflegter Antipathien. Noch im Mai 2021 sagt zum Beispiel Jürgen Trittin der Nachrichtenseite t-online. de in einem Interview: «Die FDP will keinen Klimaschutz, das interessiert die einen Dreck. Genauso wenig, wie sie die Nöte der Menschen mit kleinem Einkommen interessieren. Sie ist die Anti-Klima-Partei geblieben, die sie immer war.»[4] Im Juli 2021 zitierte Trittin in einem Tweet einen nicht gerade raffinierten Witz aus der Satiresendung «Die Anstalt»: «F. D. P.: Fick den Planeten».[5]

Die Teilnehmer des «Lebensstern»-Kreises aber kennen und schätzen da schon den FDP-Klimaexperten Lukas Köhler. Der hat in Philosophie promoviert und war Geschäftsführer des Zentrums für Umweltethik und Umweltbildung an der Universität München, bevor er in den Bundestag einzog. In den Koalitionsverhandlungen dürften solche Kontakte einen großen Unterschied gemacht haben. Fragt man Konstantin von Notz, was er im «Lebensstern» über die FDP gelernt hat, das er vorher nicht wusste, sagt er: «Es war hilfreich, um die Klischees zu überwinden, die man sich gegenseitig zugeschrieben hat. Die FDP bestreitet zum Beispiel nicht den Klimawandel.» Trittin ist zwar auch einer der Verhandler der Ampel – die «Gen X» aber dominiert klar die Verhandlungen. Die Mitglieder des «Lebensstern»-Kreises sind fast geschlossen Mitglieder der Verhandlungsteams ihrer jeweiligen Parteien.

Nach meinen Gesprächen mit mehreren Verhandlungsführern aller drei Parteien lassen sich kursorisch vier zentrale Gründe für den Erfolg der Koalitionsverhandlungen nennen, die alle direkt oder indirekt mit dem Pragmatismus, der Arbeitsweise oder der überparteilichen Kommunikationsfähigkeit der Generation X zu tun haben.

Erstens gab es dank der zahlreichen Kontakte in der Berliner Bubble und auf Länderebene sowie aufgrund des Traumas von Thüringen und der gescheiterten Jamaika-Verhandlungen ein starkes Bewusstsein für die psychologischen Klippen, die es in diesen Verhandlungen zu umschiffen galt. Sowohl der SPD-

Führung als auch den Spitzen der Grünen war klar, dass die FDP in vielen Punkten den weitesten Weg zu gehen haben würde und sich als kleinster Partner marginalisiert fühlen könnte. Es herrschte Sorge vor der Impulsivität und dem Misstrauen von Christian Lindner. Sowohl die Verhandler der SPD als auch die der Grünen wurden von ihren Parteispitzen und Spitzenkandidaten angehalten, das zu berücksichtigen. «Wir haben uns da viele Gedanken gemacht bei uns im Team», erzählt eine Grünen-Verhandlerin. «Wir wollten nicht, dass der Eindruck entsteht, wir haken uns mit der SPD unter und pflügen die anderen um.» Oft verfolge man ja auch dieselben Ziele, berichtet eine SPD-Verhandlerin, sei aber uneins über die Analyse des Ist-Zustands oder die politische Methode. Bevor man sich ineinander verbiss, habe sie das Gespräch dann eben wieder auf die «Vision» gelenkt, um das Gemeinsame zu betonen. Dass es ab und zu auch mal hart und laut wurde, bestreitet niemand – insgesamt aber sei der Ton gut und konziliant gewesen, und auch dazu wurden alle von den politischen Spitzen angehalten, berichten Verhandler übereinstimmend.

Zweitens waren die befürchteten Zwei-gegen-einen-Konstellationen, die Verhandlungen zwischen drei Parteien bestimmen können, weniger prägend als von vielen erwartet. Tatsächlich ergaben sich häufig wechselnde Mehrheiten je nach Arbeitsgruppe. In der Außenpolitik etwa gab es eine gelb-grüne Allianz für eine menschenrechtsorientierte Außenpolitik, während viele in der SPD meinten, es sei nicht unbedingt nötig, im Koalitionsvertrag «seitenweise Schurkenstaaten zu geißeln», wie es ein SPD-Politiker ausdrückt. In der Verkehrspolitik wiederum bildete sich eine Allianz von SPD und FDP, denen die Anforderungen der Grünen an eine Verkehrswende zu weit gingen. In sozial- und arbeitsmarktpolitischen Fragen wiederum bildeten Grüne und SPD eine Allianz. An dieser Stelle kam das Geschick der Generation X als Politikmanager ins Spiel – und natürlich auch das von Olaf Scholz. Damit sich Allianzen in den Arbeitsgruppen nicht zugunsten der einen oder anderen Partei summierten und sich Unzufriedenheit nicht aufstaute, wurde ein enges Monitoring durch die politischen Spitzen etabliert. Die Generalsekretäre tauschten sich jeden Morgen mit den «Note-Takern» aus, den Protokollanten der Arbeitsgruppen, die oft Mitarbeiter aus Abgeordnetenbüros, Ministerien oder selbst Fachpolitiker sind, um den Überblick zu behalten. Die Gruppenleiter wiederum sprachen regelmäßig mit den politischen Spitzen, also Olaf Scholz, Saskia Esken, Christian Lindner, Volker Wissing, Annalena Baerbock und Robert Habeck, sie reichten «Konfliktpunkte» «nach oben» weiter. In der politischen Kopfgruppe konnte dann ein Interessenausgleich verhandelt werden, ein Verlust bei einem Thema gegen einen Gewinn bei einem anderen.

Drittens setzten alle Parteien auf einige wenige Kernpunkte, die sie priorisieren und möglichst ohne Abstriche durchsetzen wollten, statt bei vielen Punkten ein bisschen zu erreichen. In den Sondierungen soll Christian Lindner einmal gesagt haben, es gebe ja eigentlich nur drei Zahlen: 2030, zwölf und null – also den vorgezogenen Kohleausstieg für die Grünen, den Mindestlohn für die SPD und den Ausschluss einer Neuverschuldung nach 2022 für die FDP. «Auf der Basis kommen wir bestimmt gut durch die Sondierungen», habe Lindner gesagt. Zwar gab es auch bei den Jamaika-Verhandlungen schon die Beschränkung auf einige wenige, dafür aber hoch priorisierte Themen, für Christian Lindner etwa die vollständige Abschaffung des Solis. Es steckt aber ein Stück generationelle Abgrenzung darin. Vor allem in der FDP werden Formelkompromisse als typisches Merkmal der Merkel-Ära gesehen. Die Große Koalition habe ständig versucht, «schwarzen Kaffee und roten Tomatensaft in ein Glas zu schütten», sagt Marco Buschmann schon bei einem Gespräch im Mai 2021. «Dabei schmeckt die Mischung wirklich niemandem. Es ist besser zu sagen: Heute gibt es frischen Tomatensaft, und morgen gibt es dann schwarzen Kaffee.» Wofür auch immer dann der Tomatensaft und der Kaffee stehen: Für die SPD ging es jedenfalls vor allem um den Mindestlohn, das Wohnungsbauprogramm und die sichere Rente, für die Grünen um ein Bekenntnis zum Ausbau der erneuerbaren Energien und für die FDP um einen soliden Haushalt, eine dritte Säule für das Rentensystem und die Modernisierung von Staat und Verwaltung.

Durchgängig funktioniert dieses Prinzip allerdings nicht, am wenigsten wohl für die Grünen – vielleicht auch ein Grund, warum sie nach den Koalitionsverhandlungen zunächst als größter Verlierer wahrgenommen wurden. Sie sehen die ökologische Wende als Querschnittsaufgabe, die in einem früheren Kohleausstieg zwar ein Symbol findet, aber aus ihrer Sicht in jedem Kapitel Niederschlag finden müsste. Tatsächlich wird übereinstimmend von mehreren Verhandlern berichtet, dass die Grünen versuchten, in vielen Kapiteln vergleichsweise viele Details festschreiben zu lassen, was die anderen ablehnen. Manchmal – und das habe es in Verhandlungen mit CDU und CSU nie gegeben – habe man sogar gemeinsam Neues entwickelt, etwas, das keine Partei so vorher im Programm hatte, berichtet ein SPD-Verhandler. So wurde etwa in der Arbeitsgruppe Arbeit und Soziales die Idee entwickelt, Alltagshelfer in Familien zu bezuschussen, als Babysitter, Pflegerinnen oder Haushaltshilfen.

Viertens spielten die teils engen persönlichen Kontakte auch während der Verhandlungen eine entscheidende Rolle. Die Verhandlungsteams waren zwar bunter gemischt als in der Berliner Blase, generationell wie geografisch, da viele Fachpolitiker aus den Ländern einbezogen wurden. Weil aber auch auf Länderebene seit Jahren ein buntes Koalitionswirrwarr herrscht, sind hier die Kontakte ebenso enger geworden. Irgendjemand aus der eigenen Partei weiß die anderen Verhandler immer einzuschätzen, man kann sich also intern darüber austauschen, wie mit dieser oder jenem umzugehen ist. Im Zweifel können Politikerinnen mit guten parteiübergreifenden Kontakten auch «backchanneln», also informelle Gesprächskanäle nutzen. Eine Grünen-Verhandlerin erzählt, dass sie manchmal, wenn es am Verhandlungstisch hakte, einen FDP-Kollegen außerhalb des Verhandlungsteams anrief, dem sie besonders vertraute, um sich die Vorbehalte gegen den einen oder anderen Punkt noch einmal genau erklären zu lassen.

Es wäre zu viel gesagt, wollte man den Erfolg der Ampel-Verhandlungen allein auf den Politikstil der Generation X zurückführen. Die Zwänge des Sechs-Parteien-Systems, die weitgehende Einigung zumindest darüber, was die wichtigsten Themen sind, und nicht zuletzt die Schwäche der CDU spielten ebenfalls eine wichtige Rolle. Man kann allerdings sagen, dass die politische Generation X wie keine zuvor an die Anforderungen des Sechs-Parteien-Systems angepasst ist. Die Zahl der politischen Alphatiere, der «Kings», wie Lars Klingbeil sie nennt, ist gesunken. Am Verhandlungstisch saßen viel mehr der biegsameren, weniger eitlen, psychologisch versierten und bestens vernetzten Gen-X-Politiker – die politische «Generation Sneaker». Ihre «Lagerung» (Karl Mannheim) in der Zeit bedingt, dass Kooperationsfähigkeit ein politisch-evolutionärer Vorteil ist – kein Wunder, dass ein guter Teil der Whiskytrinkerinnen aus dem «Lebensstern» nach der Wahl Karriere machten. Natürlich haben längst nicht alle in der «Generation Sneaker» die Ampel gewollt. Und dennoch wurde im Laufe der Jahre 2017 bis 2021 aus der «Generation Sneaker» die «Generation Ampel».

Schluss

Auf seiner Küstentournee im Wahlkampfsommer 2021 hat Robert Habeck, damals noch Ko-Vorsitzender der Grünen, häufig vom «Schweinswalfrieden von Eckernförde» gesprochen. Die Geschichte, wie Habeck sie erzählt, geht so: Die Fischer von Eckernförde fangen den Dorsch mit Stellnetzen. Das sei eigentlich eine schonende Methode, denn anders als der Einsatz von Schleppnetzen «rasiert das nicht den Meeresboden», so Habeck. Doch immer wieder verfingen sich auch Schweinswale in den Netzen und erstickten. Das sei zu seiner Zeit als Landwirtschaftsminister ein hochemotionales Thema gewesen, sagt Habeck, und er könne das verstehen, «das sind große, wertvolle Tiere, eine berührende Lebensform». Jahrelang habe sich der Kampf hingezogen zwischen den Tierschützern («Unser Flipper muss leben») und den Fischern («Wir müssen auch von etwas leben»). Die Frage, so Habeck, lautete: «Wie löst man einen ideologisch zugespitzten Konflikt, in dem beide recht haben?» Am Ende fand man einen Kompromiss. Die Fischer reduzierten die Länge der Netze, der Umweltverband finanzierte dafür eine Werbekampagne für die Ostseefischerei mit. Außerdem seien Sendegeräte an den Netzen befestigt worden, die «die Sprache der Schweinswale sprechen», wie Habeck es ausdrückt, und die Tiere warnen.

Es ist eine Einigung, die, wenn man so will, tatsächlich repräsentativ ist für die Art und Weise, wie die Parteien im «demokratischen Zentrum» sich Kompromissfindung unter schwierigen Bedingungen vorstellen: als eine Lösung, die ideell-umweltpolitische genauso wie marktwirtschaftliche Interessen respektiert, die sowohl auf staatlichen Subventionen als auch auf technischen Innovationen basiert. Eine Kombination der bevorzugten Ansätze von Parteien, die früher unterschiedlichen Lagern zugeordnet wurden. Der Geist der Ampel-Regierung – und der Geist der politischen «Generation Sneaker», die sie prägt – ist genau das: ein großer gesellschaftlicher Schweinswalfrieden.

Die politische Generation X, die die Generation Merkel weitgehend ablöst, hat, wie beschrieben, kein sonderlich starkes Generationenbewusstsein. Oder besser: hatte sie bisher nicht – bis zur Regierungsbildung. Nun ist die Methode «Schweinswalfrieden» zur gemeinsamen Identität jüngerer Politiker von Grünen, SPD und FDP geworden: eine von Ideologien gelöste, kohäsionsorientierte Transformationspolitik. Politiker der Generation X einigen sich parteiübergreifend darauf, dass, erstens, eine große Transformation von Wirtschaft, Staat und Gesellschaft überfällig ist und dass, zweitens, diese Transformation einer überaus zerbrechlichen, durch zahlreiche neue und alte Konfliktlinien gezeichneten Gesellschaft zugemutet wird.

Die Bildung der Ampel-Regierung war insofern auch ein Akt des «generation building» (Ulrike Jureit) – der generationellen Vergemeinschaftung durch ein gemeinsames Narrativ. Indem man sich selbst erzählt, wer man sein will, entwickelt sich ein Selbstbild, eine gemeinsame Identität. Mit der Bildung der Ampel wurde aus einer Kohorte gleichaltriger Politiker eine Generation. Klingbeil, Lindner, Baerbock und Co. waren gezwungen, das Verbindende zwischen ihren Parteien auf Begriffe zu bringen, ein gemeinsames politisches Projekt und damit auch eine generationelle Marke zu formen.

Der Zusammenhalt, die «Zeit-Genossenschaft» dieser Altersgruppe, entsteht auch dadurch, dass man die Verjüngung zum

Teil der identitätsstiftenden Erzählung macht. Man erklärt den Aufbruch nach den als zäh empfundenen letzten Jahren der Merkel-Regierung zum «Mission Statement» der Ampel: Die generationelle Erneuerung ist Teil des «Fortschritts», den die neue Koalition verspricht. Damit knüpft sie an alte Vorstellungen von Fortschritt an, wie sie schon Karl Mannheim formuliert hat. Der Wechsel wird als ein neues Ansetzen im «Rhythmus der Geschichte» verstanden.

Aber kann der Schweinswalfrieden gelingen? Ist der Zeitgeist dieser Generation der Zeit gewachsen? Paradoxerweise sind es genau jene Eigenschaften, die die Generation X wie vielleicht keine andere zu dieser Aufgabe befähigen, die auch die Gefahr bergen, an der Aufgabe zu scheitern.

Einerseits hat die Zeitgeschichte jüngere Politikerinnen und Politiker als «Generation Sneaker» perfekt vorbereitet auf die anstehenden Herausforderungen. Sie haben sich angepasst an die Veränderungen des politischen Systems in Deutschland und sind hocheffizient darin, durch ein komplexer gewordenes Gewirr aus Konfliktlinien zu navigieren. Politiker dieser Generation pflegen eine gewisse analytische Distanz zur eigenen Zeitgeschichte. Essenzialismus liegt ihnen fern, sei es in der Identitätspolitik oder in Bezug auf die Wirtschaftsordnung. Sie waren selbst – so sie wie der überwiegende Teil in Westdeutschland geboren sind – biografisch kaum «essenziell» von der Zeitgeschichte berührt, und so machen sie auch Politik: als «Beobachtungspolitiker», die in vielem zuerst ein Managementproblem sehen. Das befähigt sie zu jener großen Toleranz gegenüber abweichenden Positionen, die ihnen die Zusammenarbeit im Sechs-Parteien-System ermöglicht. Ihr Repräsentationsanspruch ist umfassend. Sie fühlen sich weder jung noch alt, sie wollen für alle und alles stehen. Außerdem begreifen sich viele als Manager – und die größten Herausforderungen, die diese Generation zu bewältigen hat, haben den Vorteil, dass sie sich als Managementprobleme definieren lassen: Der demografische Wandel und die Zukunft der Sozialsysteme, die Klimakrise und die Coronapandemie zeichnen sich durch eine bezwingende Faktizität aus. Gleichzeitig sind die jüngeren Politiker selbst ausreichend traumatisiert, um zu verstehen, dass nichts sicher ist, dass es jederzeit zu essenziellen Konflikten kommen kann. Aufgewachsen in Zeiten, in denen das «Ende der Geschichte» proklamiert wurde, haben die etwas Älteren schon in den Neunzigern eine Welle des Rechtsradikalismus erlebt und in den vergangenen Jahren gesehen, wie mit der Flüchtlingskrise, dem Erstarken der AfD, dem Brexit und der Wahl von Donald Trump alte Gewissheiten fundamental infrage gestellt wurden.

Der Wut und der Irrationalität vieler dieser Bewegungen stehen die neuen Politiker allerdings teils ratlos gegenüber. Selbst auf Nüchternheit, Analyse, Wissenschaftlichkeit trainiert, Idealisten und Überzeugte, aber nicht Ideologen und Emotionspolitiker, haben sie auch eine große innerliche Distanz zu Wutbürgern und Corona-Leugnern, Impfverweigerern und militanten Windradgegnern, Vegetarierhassern und Verbrennungsmotorliebhabern, zu Ethno-Nationalisten im In- und Ausland. Sie haben gelernt, solche Emotionen und Ressentiments «einzupreisen», sie als Teil ihrer politischen Wirklichkeit zu akzeptieren. Doch sie bleiben ihnen fremd – und sie selbst bleiben so womöglich den Wütenden fremd. In ihrer eigenen Konsensorientierung und Toleranz verstehen sie die Lust an der Abgrenzung, an der Stammesbildung nicht, die zunehmend ein Merkmal der Gesellschaft ist. Sie begegnen ihr wie Olaf Scholz (obschon kein Generationsgenosse, doch jemand, der ähnlich denkt) mit performativem Sprechen: «Unsere Gesellschaft ist nicht gespalten», sagte er in seiner Regierungserklärung. Sie setzen sich der Wut aus wie Robert Habeck, wenn er mit Milchbauern spricht, oder der sächsische Ministerpräsident Michael Kretschmer, wenn er Demonstranten gegenübertritt. Aber sie bleiben doch Beobachter, sind nicht Beteiligte.

In dieser vergleichsweise großen Distanz liegt auch eine Gefahr. Das Kuschelbedürfnis kollidiert mit der Stammesgesellschaft. Die Zahl der «cleavages» – also der Konfliktachsen, entlang derer sich eine Gesellschaft organisiert und mit ihr auch das Parteiensystem – ist viel größer als noch zu den politischen Hochzeiten der Vorgängergeneration. Kulturelle Konfliktachsen zwischen «Heimatverbundenen», die Veränderungen und Zuwanderung ablehnen, und urbanen, kosmopolitisch offenen Bevölkerungsteilen kreuzen sich vielfach mit traditionellen wirtschaftlichen Konfliktachsen, die Befürworter von «mehr Staat» und «mehr Markt» voneinander trennen, ein Konflikt, der sich im Kampf gegen den Klimawandel tendenziell wieder verstärkt. Hinzu kommt eine überzeitliche Konfliktachse: In der Bekämpfung der Klimakrise wird es immer wichtiger, einen Interessenausgleich zwischen Jüngeren und Älteren zu finden. Die Interessen zukünftiger Generationen zu berücksichtigen, dazu hat das Bundesverfassungsgericht die Generation X mit seinem Urteil zum Klimagesetz der Großen Koalition 2020 verpflichtet. Gut möglich, dass sich dieses Urteil auch auf die Sicherung der Altersvorsorge übertragen lässt. In Deutschland mit seiner Wasserkopfdemografie ist das eine besondere Herausforderung.

All das sind essenzielle Konflikte, und es ist eine essenziell betroffene Generation, die nachwächst. Auch viele Jüngere sind – wie die Stammeskrieger unter den Rechtspopulisten oder Impfgegnern – Essenzialisten, deren Gefühlswelt die «Generation Sneaker» zwar verstehen, aber nicht nachempfinden kann. In vielen Fragen ist die Ampel-Regierung auch abhängig von außenpolitischen Entwicklungen, vom Zusammenhalt in der Europäischen Union, von der Verlässlichkeit der Partnerregierungen in den USA und in Frankreich, von der Entwicklung der Konflikte mit Russland und China. Zum Redaktionsschluss dieses Buches lässt sich noch nicht absehen, ob es reicht, Politik als Management der Gefühle, Bedürfnisse und Interessen anderer zu verstehen – oder ob es nicht doch irgendwann nötig wird, sich auf die eine oder andere Seite zu schlagen, sich zu identifizieren.

Zudem besteht die Gefahr, dass der große Startvorteil der «Generation Sneaker» – die vergleichsweise große Nähe im «demokratischen Zentrum» – zur Unkenntlichkeit unterschiedlicher politischer Positionen führt. Mit dem Erstarken des Populismus hat die Notwendigkeit zugenommen, unterschiedliche politische Positionen deutlich zu machen. Politiker wie Donald Trump oder Alice Weidel spielen mit dem Bild der eingeschworenen politischen Elite, die das «wahre Volk» unterjocht und nicht den Interessen des Landes, sondern nur den eigenen dient. Und tatsächlich gibt es in der Berliner Bubble die Tendenz zu Insidertum und Abschottung, zum nach innen gerichteten Blick. Der egalitäre und tolerante politische Stil der «Generation Sneaker» und die Notwendigkeit, ständig in unterschiedlichsten Dreier-Bündnissen zu koalieren, könnte das Bild einer eingeschworenen Gemeinschaft verstärken und damit das Misstrauen in «die Politik». Viele Politiker der Generation X sind sich dieser Gefahr bewusst, ohne ein Patentrezept zur Lösung des Problems anbieten zu können. Der zunehmende Fokus auf einzelne Personen mit besonders hoher Glaubwürdigkeit ist nur scheinbar ein Ausweg. Er droht, die inhaltliche Debatte und die Rolle von Parteien zu entwerten.

Der Zwang zur Kompromissfindung, das Priorisieren von Stabilität und Kohäsion, könnte zu genau dem führen, was viele Ampel-Politiker eigentlich vermeiden wollten: eine Fortsetzung der Merkel'schen Methode von Politik als Aneinanderreihung von Formelkompromissen. In den Wochen, in denen dieses Buch fertiggestellt wird, Anfang 2022, wird heftig über eine Impfpflicht debattiert. Viele in der FDP lehnen sie ab, viele bei SPD und Grünen befürworten sie. Um keinen Koalitionsstreit zu riskieren, hebt man den Koalitionszwang auf, was nicht falsch, aber auch nicht richtungsweisend ist. Die Uneinigkeit darüber, ob es sinnvoll ist, die von Russland bedrohte Ukraine mit Defensivwaffen zu beliefern (einige in der FDP sind dafür, viele Grüne und Sozialdemokraten dagegen), mündet in das PR-Desaster, dass man fünftausend Helme in ein Land schickt, an dessen Grenze über hunderttausend russische Soldaten auf einen Marschbefehl warten.

301

Für eine Bilanz ist es im Frühjahr 2022 natürlich zu früh, aber die Dimension der Aufgabe lässt sich umreißen. Es geht nicht nur um den Erfolg einzelner Projekte oder einzelner politischer Persönlichkeiten. Es geht darum, den Beweis zu erbringen, dass die fragmentierte deutsche Demokratie eine große Transformation bewältigen kann, ohne zu zerbrechen. Es geht darum zu beweisen, dass man in weißen Sneakern regieren kann.

Anmerkungen

1 Zeit-Genossen. Die Entstehung einer Generation und der Rhythmus der Geschichte

1 Karl Mannheim: Das Problem der Generationen. Zuerst erschienen in: Kölner Zeitschrift für Soziologie und Sozialpsychologie, 7/1928, Heft 2, S. 157–185. Hier zitiert nach dem Nachdruck in: Kölner Zeitschrift für Soziologie und Sozialpsychologie, 2017, Suppl. 1/69, S. 81–119, hier S. 83.

2 Mannheim: Das Problem der Generationen, S. 93.

3 Ebd., S. 94.

4 Vgl. Ulrike Jureit: Generation, Generationalität, Generationenforschung. https://docupedia.de/zg/Jureit_generation_v2_de_2017#cite_ref-4.

5 Mannheim: Das Problem der Generationen, S. 19.

6 Ebd., S. 97.

7 Reinhart Koselleck: Vergangene Zukunft. Zur Semantik geschichtlicher Zeiten. Frankfurt am Main 1979, S. 367.

8 Jureit: Generation, Generationalität, Generationenforschung.

9 Vgl. Bernd Weisbrod: Generation und Generationalität in der Neueren Geschichte. https://www.bpb.de/apuz/29210/generationengerechtigkeit. Siehe auch Louis Menand: It's time to stop talking about «generations». From boomers to zoomers, the concept gets social history all wrong. https://www.newyorker.com/magazine/2021/10/18/its-time-to-stop-talking-about-generations.

10 Bobby Duffy: Generations. Does When You're Born Shape Who You Are? London 2021, S. 10.

11 Vgl. ebd., S. 12 ff.

12 Jureit: Generation, Generationalität, Generationenforschung.

13 Christian Lindner: Schattenjahre. Die Rückkehr des politischen Liberalismus. Stuttgart 2017, S. 51.

14 https://www.youtube.com/watch?v=w0rL6Ju9H2Q.

15 Koselleck: Vergangene Zukunft, S. 9.

16 Ebd., S. 12.

17 https://www.zeit.de/politik/2021-07/bundestagwahl-annalena-baerbock-kanzlerkandidatin-wahlkampf-kritik-politikpodcast.

18 Ulrike Franke: A Millennial Considers the New German Problem after 30 Years of Peace. https://warontherocks.com/2021/05/a-millennial-considers-the-new-german-problem-after-30-years-of-peace/.

2 Im Osten geboren. Wie die Wende junge Politiker prägt – oder auch nicht

1 Vgl. Andreas Malycha und Peter Jochen Winters: Die SED. Geschichte einer deutschen Partei. München 2009, S. 384 ff.; Ilko-Sascha Kowalczuk: Die Übernahme. Wie Ostdeutschland Teil der Bundesrepublik wurde. München 2019, S. 250 ff.

2 https://dserver.bundestag.de/btd/13/113/1311353.pdf, S. 23 und 279.

3 https://dserver.bundestag.de/btd/16/024/1602466.pdf, S. 16.

4 https://dserver.bundestag.de/btd/13/113/1311353.pdf, S. 279; vgl. auch https://www.bpb.de/geschichte/zeitgeschichte/deutschlandarchiv/311231/verschwundene-parteifinanzen#footnode13-13.

5 https://www.dietmar-bartsch.de/bartsch/; vgl. Malycha/Winters: Die SED, S. 389.

6 Adriana Lettrari: Potenziale der Dritten Generation Ostdeutschland. In: Michael Hacker, Adriana Lettrari u. a. (Hg.): Dritte Generation Ost. Wer wir sind, was wir wollen. Berlin 2012, S. 202–209, hier S. 202.

7 Lettrari: Potenziale der Dritten Generation Ostdeutschland, S. 207.

8 Annalena Baerbock: Jetzt. Wie wir unser Land erneuern. Berlin 2021, S. 9 ff.

9 https://www.lr-online.de/nachrichten/plumpe-provokation-statt-kohletalk-36787842.html.

3 Die Nanny und der Liberalismus. Neue Antworten auf die alte Frage von Staat und Markt

1 https://www.youtube.com/watch?v=_sVYNXqe36U.

2 Robert Habeck: Von hier an anders. Eine politische Skizze. München 2021, S. 344.

3 Ebd., S. 158 ff., hier S. 159.

4 Ebd., S. 330 ff.

5 Ebd., S. 163 ff.

6 Baerbock: Jetzt, S. 13.

7 Ebd., S. 95.

8 Ebd., S. 117.

9 Ebd.

10 Olaf Scholz: Hoffnungsland. Eine neue deutsche Wirklichkeit. Hamburg 2017, S. 12.

11 Caroline de Gruyter: Olaf Scholz's Quiet Revolution in German Economics. https://foreignpolicy.com/2021/10/08/olaf-scholzs-quiet-revolution-in-german-economics/?fbclid=IwAR1hvhp5Zoio_M_044KcHjk LNM3ucM_xJb8LHYWdz-tN82vn2ySLv6_ozRk.

12 Philippa Sigl-Glöckner u. a.: Eine neue deutsche Finanzpolitik. https://www.dezernatzukunft.de/wp-content/uploads/2021/06/Eine_neue_deutsche_Finanzpolitik_29.6._2.pdf.

13 https://www.youtube.com/watch?v=GrA8wwy5pLI; https://www.landtag.nrw.de/portal/WWW/dokumentenarchiv/Dokument?Id=MM P16%2F78|7903|7965.

14 Lindner: Schattenjahre, S. 59.

15 Ebd., S. 160 f.

16 Ebd., S. 39.

17 Ebd., S. 42.

18 Ebd., S. 117 f.

19 https://www.zeit.de/2021/45/christian-lindner-finanzminister-warnung-joseph-stiglitz-adam-tooze.

20 https://www.wp.de/region/sauer-und-siegerland/kritik-an-geplantem-lobby-verein-sauerlaender-botschaft-id233083045.html.

21 Andreas Macho: «Man holt sich jemanden wie Merz, weil er Kontakte herstellen kann». https://www.wiwo.de/politik/deutschland/merz-als-wepa-aufsichtsrat-man-holt-sich-jemanden-wie-merz-weil-er-kontakte-herstellen-kann/23702228.html.

22 Friedrich Merz: Neue Zeit. Neue Verantwortung. Demokratie und Soziale Marktwirtschaft im 21. Jahrhundert. Berlin 2020, S. 48 f.

23 Ebd., S. 67.

4 Die Rückkehr der Geschichte. Wie die Generation X
die Demokratie verteidigen will

1 Huntingtons Aufsatz von 1993, dem später eine Buchveröffentlichung folgte, findet sich hier: http://www.columbia.edu/itc/sipa/S6800/courseworks/foreign_aff_huntington.pdf.

2 Stefan Weidner: 9/11 und das Ende «des Westens». https://www.bpb.de/apuz/nine-eleven-2021/336152/9-11-und-das-ende-des-westens.

3 Bernd Baumanns Rede kann hier nachgelesen werden: https://dserver.bundestag.de/btp/19/19001.pdf. Faktencheck: https://www.zeit.de/news/2017-10/24/bundestag-faktenchecklex-afd-in-nazi-tradition-24155205.

4 Baumanns zweite Rede: https://dserver.bundestag.de/btp/20/20001.pdf.

5 Die Rede von Carsten Schneider: https://dserver.bundestag.de/btp/20/20001.pdf.

6 Daniel Ziblatt, Steven Levitsky: Wie Demokratien sterben. Und was wir dagegen tun können. Aus dem Englischen von Dieter Schmidt. München 2018, S. 9 ff.

7 https://www.bertelsmann-stiftung.de/fileadmin/files/BSt/Publikationen/GrauePublikationen/ZD_Einwurf_2_2020_Populismusbarometer.pdf.

8 https://www.zeit.de/2020/08/olaf-scholz-spd-aufstieg-bildung-arbeiter.

9 Olaf Scholz: Plädoyer für eine Gesellschaft des Respekts. https://www.faz.net/aktuell/politik/die-gegenwart/olaf-scholz-plaedoyer-fuer-eine-gesellschaft-des-respekts-17220691.html.

10 Michael Young: The Rise Of The Meritocracy 1870–2033. An Essay on Education and Equality. London 1958 (dt. Es lebe die Ungleichheit. Auf dem Wege zur Meritokratie. Düsseldorf 1961).

11 Michael J. Sandel: The Tyranny of Merit. What's Become of the Common Good? New York 2020, S. 206 (dt. Vom Ende des Gemeinwohls. Wie die Leistungsgesellschaft unsere Demokratien zerreißt. München 2020).

12 Habeck: Von hier an anders, S. 48 und 59 ff.

13 Andreas Reckwitz: Die Gesellschaft der Singularitäten. Zum Struktur-
    wandel der Moderne. Berlin 2017, S. 47 ff.

14 Vgl. Reckwitz: Gesellschaft der Singularitäten, S. 181 ff., Begriff auf
    S. 432.

15 Marco Buschmann: Die sterbliche Seele der Freiheit. Zur Verteidigung
    der liberalen Demokratie. Basel 2020, S. 21.

16 Ebd., S. 22.

17 Ebd., S. 205.

5 Snowflakes gegen Boomer. Warum sich alles um Identität dreht

1   Cem Özdemir: Ich bin Inländer. Ein anatolischer Schwabe im Bundes-
    tag. München 1997, S. 13.

2   Ebd., S. 35.

3   Ebd., S. 11.

4   https://www.faz.net/aktuell/gesellschaft/menschen/cem-oezdemir-
    im-interview-meine-frau-hat-ein-vetorecht-1581113-p2.html.

5   Özdemir: Ich bin Inländer, S. 101 ff.

6   Hatice Akyün: Warum es immer noch entscheidend ist, wo man her-
    kommt. https://plus.tagesspiegel.de/meinung/so-tickt-deutschland-
    warum-es-immer-noch-wichtig-ist-wo-man-herkommt-82583.html.

7   Helene Bubrowski: Das sind die neuen Vorsitzenden der Grünen.
    https://www.faz.net/aktuell/politik/lang-und-nouripour-das-sind-
    die-neuen-gruenen-vorsitzenden-17762405.html?premium.

8   https://www.sueddeutsche.de/politik/diversitaet-minister-1.5468645.

9   Duffy: Generations, S. 135.

10 Wolfgang Thierse: Wie viel Identität verträgt die Gesellschaft? https://
    www.faz.net/aktuell/feuilleton/debatten/wolfgang-thierse-wie-viel-
    identitaet-vertraegt-die-gesellschaft-17209407.html.

11 So etwa die Überschrift in der «Süddeutschen Zeitung». https://www.
    sueddeutsche.de/leben/gesellschaft-spd-zoff-ueber-identitaetspolitik-
    thierse-bekraeftigt-kritik-dpa.urn-newsml-dpa-com-20090101-2103
    07-99-728063.

12 https://www.deutschlandfunkkultur.de/wolfgang-thierse-ueber-kevin-
    kuehnert-hasserfuellte-100.html.

13 https://www.tagesspiegel.de/politik/gesine-schwan-kritisiert-juso-chef-ich-habe-kevin-kuehnert-einmal-sehr-geschaetzt/25381112.html.

14 https://www.vice.com/de/article/qjp5mw/kevin-kuhnert-uber-coming-out-berliner-feiernachte-und-schwulsein-in-der-spd.

6 Apokalypse und Mietenpolitik. Über die neuen
Konflikte zwischen Jung und Alt

1   https://plus.tagesspiegel.de/forschung-zu-jugendprotesten-es-gibt-keine-generation-fridays-for-future-238379.html.

2   Steffen Mau: Die Jungen sind ganz schön erwachsen. https://www.zeit.de/kultur/2021-10/generation-greta-soziologie-junge-generation-bundestagswahl-fdp-klimakrise.

3   Vgl. zum Beispiel https://verfassungsblog.de/ein-grundrecht-auf-generationengerechtigkeit/.

4   https://twitter.com/jakobblasel/status/1463519991043665922?s=20.

5   https://twitter.com/max_lucks/status/1463542025656188933?s=20.

6   https://www.zeit.de/politik/deutschland/2021-10/jessica-rosenthal-spd-jusos-bundestag-direktmandat.

7   Vgl. Duffy: Generations, S. 31.

8   https://www.sueddeutsche.de/wirtschaft/wohnen-studie-weniger-junge-leute-wohnen-in-den-eigenen-vier-waenden-dpa.urn-newsml-dpa-com-20090101-190809-99-398341#:~:text=Dabei%20sank%20vor%20allem%20der,weniger%20als%20im%20Jahr%202010.

9   Yannick Haan: Enterbt uns doch endlich! https://taz.de/Soziale-Ungleichheit/!5657285/.

10 https://plus.tagesspiegel.de/gesellschaft/aufstieg-zum-chefstrategen-der-spd-die-methode-lars-klingbeil-277870.html.

7 Deutschland und die sechs Zwerge. Wie die Zersplitterung
des Parteiensystems das Land verändert

1   Florian Grotz, Wolfgang Schroeder: Das politische System der Bundes-republik Deutschland. Wiesbaden 2021, S. 158 f.

2   Michael Koß: Demokratie ohne Mehrheit. Die Volksparteien von ges-

tern und der Parlamentarismus von morgen. München 2021, S. 19 f., hier
S. 21.

3 Buschmann: Die sterbliche Seele der Freiheit, S. 5 und 61; Lindner:
Schattenjahre, S. 126 f.

4 https://www.spd.de/fileadmin/Dokumente/Sonstiges/Evaluierung_
SPD_BTW2017.pdf.

5 Frank Decker: Jenseits von links und rechts. Lassen sich Parteien noch
klassifizieren? In: Aus Politik und Zeitgeschichte 46–47 (2018). https://
www.bpb.de/apuz/279819/lassen-sich-parteien-noch-klassifizieren?
p=all.

6 Silja Häusermann: «Es ist keine Option, zu den ‹neuen Grünen› zu werden». https://causa.tagesspiegel.de/politik/volksparteien-ohne-volk/
es-ist-keine-option-zu-den-neuen-gruenen-zu-werden.html.

7 Grotz/Schroeder: Das politische System der Bundesrepublik Deutschland, S. 149.

8 https://www.kas.de/documents/252038/11055681/Vermessung+der+
W%C3%A4hlerschaft+vor+der+Bundestagswahl+2021.pdf/a3352fb6-
c2d2-f4ea-44f6-57853f88f78d?version=1.1&t=1626162245338, hier
S. 57.

9 Koß: Demokratie ohne Mehrheit, S. 53.

10 Martin Debes: Demokratie unter Schock. Wie die AfD einen Ministerpräsidenten wählte. Essen 2021, S. 96 ff.

11 Debes: Demokratie unter Schock, S. 136 ff.

12 Ebd., S. 11.

13 Ebd., S. 13.

14 Ebd., S. 213 ff.

15 Ebd., S. 154.

16 https://www.ardmediathek.de/video/lindner-stellt-vertrauensfrage/
phoenix/Y3JpZDovL3dkci5kZS9CZWl0cmFnLTk5OGNiNjRjLWE1N
WYtNGVhZS04MjE1LTc0YTkwZTYzNmU2OA/.

17 Debes: Demokratie unter Schock, S. 10.

18 Grotz/Schroeder: Das politische System der Bundesrepublik Deutschland, S. 167.

1   Hartmut Welscher: Bundesverdienstkreuz für Igor Levit. Ein Meister der Selbstinszenierung. https://www.deutschlandfunkkultur.de/bundesverdienstkreuz-fuer-igor-levit-ein-meister-der-100.html.

2   Helmut Mauró: Igor Levit ist müde. https://www.sueddeutsche.de/kultur/igor-levit-daniil-trifonov-1.5071896.

3   Michael Bröcker, Gordon Repinski: Das System Scholz. https://www.thepioneer.de/originals/hauptstadt-das-briefing/briefings/das-system-scholz.

4   Georg Ismar: Warum Olaf Scholz auf die «Hamburger Schule» setzt. https://www.tagesspiegel.de/politik/stuehleruecken-im-kanzleramt-warum-olaf-scholz-auf-die-hamburger-schule-setzt/27875386.html.

5   Christoph Hickmann u.a.: Der Mann hinter Scholz. https://www.spiegel.de/politik/spd-strippenzieher-wolfgang-schmidt-der-mann-hinter-olaf-scholz-a-00000000-0002-0001-0000-000167093454.

6   https://www.tagesspiegel.de/politik/deal-mit-staatsanwaltschaft-neuer-kanzleramtschef-zahlt-5000-euro-ermittlungen-wegen-twitter-post-eingestellt-/27872632.html.

7   Financial Intelligence Unit, Jahresbericht 2019, abrufbar unter https://www.zoll.de/SharedDocs/Pressemitteilungen/DE/Bargeld/2020/z87_fiu_jahresbericht.html.

8   Klaus Ferdinand Gärditz: Politisierte Strafverfolgung? Zur Debatte um die Durchsuchung von Bundesministerien im Rahmen von Geldwäsche-Ermittlungen. https://verfassungsblog.de/politisierte-strafverfolgung/; Joachim Wieland: Durchsuchungen von Bundesministerien, eine Pressemitteilung und der Bundestagswahlkampf. https://verfassungsblog.de/durchsuchungen-von-bundesministerien-eine-pressemitteilung-und-der-bundestagswahlkampf/.

9   Jost Müller-Neuhof: Olaf Scholz, Jan Böhmermann und eine Razzia als vermeintliche Verschwörung. https://plus.tagesspiegel.de/gesellschaft/olaf-scholz-jan-bohmermann-und-eine-razzia-als-vermeintliche-verschworung-297244.html.

10 Jens Spahn: Sprechen Sie doch Deutsch! https://www.zeit.de/2017/35/berlin-cafes-hipster-englisch-sprache-jens-spahn.

11 Karl Lauterbach: Bevor es zu spät ist. Was uns droht, wenn die Politik nicht mit der Wissenschaft Schritt hält. Berlin 2022, S. 55 ff.

12 Baerbock: Jetzt, S. 23.

9 Digital authentisch? Politik im Zeitalter der Hyperpersonalisierung

1   Der «Spiegel» hat die Verhältnisse vor Ort in Augenschein genommen: https://www.spiegel.de/politik/deutschland/olaf-scholz-wer-ist-der-spd-politiker-der-bald-deutschland-regieren-koennte-a-7ce9e69c-cbd5–40d0-bf79–1ec786ddbdcf.

2   Susanne Beyer u. a.: So tickt der Mensch Olaf Scholz. https://www.spiegel.de/politik/deutschland/olaf-scholz-wer-ist-der-spd-politiker-der-bald-deutschland-regieren-koennte-a-7ce9e69c-cbd5–40d0-bf79–1ec786ddbdcf; https://www.youtube.com/watch?v=vUOR5y5ldDo.

3   Koß: Demokratie ohne Mehrheit, S. 74 f.

4   Elmar Wiesendahl: Hinterzimmer versus Inszenierung. Wie man in Deutschland heute Kanzlerkandidat:in wird. https://www.progressi ves-zentrum.org/wp-content/uploads/2021/09/Wiesendahl-Elmar_ Hinterzimmervs.Inszenierung_DiscussionPaper.pdf.

5   Lindner: Schattenjahre, S. 306.

6   Maik Baumgärtner u. a.: Im Visier der Hetzer. https://www.spiegel.de/ politik/deutschland/annalena-baerbock-im-visier-rechter-desinforma tionskampagnen-a-356da8e0-0002-0001-0000-000178494495.

7   Anna Sauerbrey: Wird Saskia Esken benachteiligt? https://www. tagesspiegel.de/politik/frauen-in-der-politik-wird-saskia-esken-be nachteiligt/25453694.html.

8   https://annalena-baerbock.de/2018/01/27/das-ist-erst-der-anfang-bewerbungsrede-auf-der-bdk18-in-hannover/.

10 Whiteboards, Key-Performance-Indicators, Moderatorenkoffer. Wie aus Politikern Politikmanager werden

1   https://www.youtube.com/watch?v=XvDzY40LUd8.

2   Lindner: Schattenjahre, S. 132.

3   Ebd., S. 131.

4   Ebd., S. 136.

5   Thomas de Maizière: Regieren. Innenansichten der Politik. Freiburg 2019, S. 31 ff.

6   Ebd., S. 59 ff.

7   Ebd., S. 88 und 114.

8   Ebd., S. 70.

11 Versuch einer Familie. Was die doppelte Berufstätigkeit für die Politik bedeutet

1 https://www.spiegel.de/politik/deutschland/anne-spiegel-kuendigt-paradigmenwechsel-an-fuer-mich-ist-familie-vor-allem-vielfalt-a-e31a7f8a-53df-499c-9bd1-c3826c2026a0.

2 https://www.rhein-zeitung.de/region/rheinland-pfalz/landespolitik_artikel,-spiegel-beharrt-auf-einem-abschiebeverbot-_arid,1767929. html.

3 https://www.zeit.de/zeit-magazin/2018/24/peter-kohl-erinnerungen-helmut-kohl-vater-politik/komplettansicht.

4 Baerbock: Jetzt, S. 59.

12 Generation Sneaker. In weißen Turnschuhen kreuz und quer über ideologische Grenzen

1 https://www.bild.de/politik/inland/politik-inland/fdp-chef-im-interview-herr-lindner-sind-sie-ein-einluller-77450908.bild.html.

2 https://www.zeit.de/2019/26/robert-habeck-gruene-klimawandel-protestantismus-schuld.

3 https://www.jagderleben.de/praxis/gespraech-jaeger-fdp-chef-christian-lindner.

4 Robin Alexander: Junge Union spricht von «Gleichschaltung» in der CDU. https://www.welt.de/politik/deutschland/article190727161/Til man-Kuban-Junge-Union-spricht-von-Gleichschaltung-in-der-CDU. html.

5 Vgl. Weisbrod: Generation und Generationalität in der Neueren Geschichte.

6 Ulrike Jureit: Generationenforschung. Göttingen 2006, S. 17 f.

7 Koß: Demokratie ohne Mehrheit, S. 17.

8 https://www.zeit.de/2021/17/robert-habeck-gruene-bundestagswahl-klimapolitik-corona/seite-2.

13 Whisky im «Lebensstern». Wie in einer Berliner Bar die Ampel vorbereitet wurde

1   Ralph Bollmann: Wenn Schwarz und Grün fein schlemmen gehen. https://taz.de/!471944/.
2   Peter Carstens u. a.: Woran ist Jamaika wirklich gescheitert? https://www.faz.net/aktuell/politik/woran-ist-jamaika-wirklich-gescheitert-innenansichten-eines-gescheiterten-experiments-15312630.html.
3   Bollmann: Wenn Schwarz und Grün fein schlemmen gehen.
4   https://www.t-online.de/nachhaltigkeit/id_89980156/ex-umwelt minister-juergen-trittin-die-volkspartei-ist-ein-auslaufmodell-.html.
5   https://twitter.com/jtrittin/status/1418681002390704130?lang=en.

Personen

Dank

Dies ist mein erstes Buch. Es war also ein Abenteuer, und ich war mir nicht immer sicher, ob ich da lebend wieder herauskomme. Ich danke daher vor allem meinem Partner, Mann, Liebesmenschen und Mitabenteurer Tobias Dürr, der anders als ich nie daran gezweifelt hat, dass aus dem Projekt ein Buch wird. Danke für Kaffee, Schokolade, Palak Paneer, Babysitting und Wärme. Danke für Ideen, Gespräche, Geduld, dass ich deine Bibliothek nutzen durfte und für das Lesen des Manuskripts. Danke, dass du da bist. Ich danke Ulrich Wank für die Idee zu diesem Buch und das gemeinsame Brainstorming. Frank Pöhlmann vom Rowohlt Berlin Verlag danke ich sehr für die Begleitung beim Schreiben, für entscheidende Ideen zu Struktur und Inhalt, für die sensible und sorgfältige Redaktion und für die notwendige Strenge in der Schlussphase. Mein Dank gilt auch allen, die sich Zeit für Interviews zu diesem Buch genommen haben.

Ich danke dem «Tagesspiegel» für den Freiraum, dieses Buch zu schreiben. Maria Fiedler und Felix Hackenbruch danke ich sehr, dass sie sich trotz des Daueradrenalins im Hauptstadtbüro des «Tagesspiegel» die Zeit genommen haben, einige Kapitel zu lesen, und für die wertvollen Anmerkungen. Ebenso danke ich der großartigen und einmaligen Hatice Akyün für das Lesen und den Zuspruch.

Meinen Eltern, Helga und Rolf Sauerbrey, danke ich auch. Einfach so und für alles.